人民检察院民事行政抗诉
案 例 选

第十八集

最高人民检察院民事行政检察厅　编

中国检察出版社

图书在版编目（CIP）数据

人民检察院民事行政抗诉案例选．第18集/最高人民检察院民事行政检察厅编．—北京：中国检察出版社，2012.8
ISBN 978 - 7 - 5102 - 0701 - 3

Ⅰ.①人…　Ⅱ.①最…　Ⅲ.①行政诉讼 - 抗诉 - 案例 - 汇编 - 中国 ②民事诉讼 - 抗诉 - 案例 - 汇编 - 中国　Ⅳ.①D925.05

中国版本图书馆 CIP 数据核字（2012）第 142703 号

人民检察院民事行政抗诉案例选（第十八集）

最高人民检察院民事行政检察厅 编

出版发行：中国检察出版社
社　　址：北京市石景山区鲁谷东街 5 号（100040）
网　　址：中国检察出版社（www.zgjccbs.com）
电　　话：(010)68658769（编辑）　68650015（发行）　68636518（门市）
经　　销：新华书店
印　　刷：保定市中画美凯印刷有限公司
开　　本：A5
印　　张：9.625 印张　　插页 2
字　　数：266 千字
版　　次：2012 年 8 月第一版　　2014 年 2 月第三次印刷
书　　号：ISBN 978 - 7 - 5102 - 0701 - 3
定　　价：28.00 元

《人民检察院民事行政抗诉案例选》
《民事行政检察指导与研究》
通讯编辑名单

北京市人民检察院	李欣宇
天津市人民检察院	尹英志
上海市人民检察院	张心恬
重庆市人民检察院	徐　燕
河北省人民检察院	贾　岚
山西省人民检察院	王稼瑶
内蒙古自治区人民检察院	张蒙臣
辽宁省人民检察院	孙晓宁　田慧颖
吉林省人民检察院	别亚楠
黑龙江省人民检察院	王功杰
江苏省人民检察院	徐科雷
浙江省人民检察院	陈　莹
安徽省人民检察院	张克德
福建省人民检察院	杨福珍
江西省人民检察院	杨　乐
山东省人民检察院	高　峰　车晓洋
河南省人民检察院	巴　金
湖北省人民检察院	王海滨
湖南省人民检察院	钟孝明
广东省人民检察院	陈　昉

广西自治区人民检察院	谢忠文　覃兴盛
海南省人民检察院	蔡　闽
四川省人民检察院	吴华斌　陈　爽
贵州省人民检察院	吴俊伽
云南省人民检察院	何星涛
西藏自治区人民检察院	林　敏
陕西省人民检察院	彭艳妮　杨　辉
甘肃省人民检察院	张泽武
青海省人民检察院	梁青云
宁夏自治区人民检察院	白　玉
新疆自治区人民检察院	石　钰
新疆建设兵团检察院	尚　丽
军事检察院	田　毅

目　录

民事·合同纠纷

民事·离婚析产、人身与财产损害赔偿纠纷

民事·其他

行　政

检察建议

民事·合同纠纷

1. 本溪对外经济技术合作有限公司诉徐长贵、田波、田伟、范中会劳务担保合同纠纷抗诉案

【抗诉机关和受诉法院】

抗诉机关：辽宁省本溪市人民检察院

受诉法院：辽宁省本溪市中级人民法院

【基本案情】

申诉人（原审被告）：徐长贵，男，1961年2月18日生，汉族，辽宁省桓仁满族自治县人，农民，住桓仁满族自治县普乐堡镇南拐磨子村。

申诉人（原审被告）：田波，男，1963年8月18日生，汉族，辽宁省桓仁满族自治县人，无业，住桓仁满族自治县桓仁镇莲沼街。

申诉人（原审被告）：田伟，男，1968年1月1日生，汉族，辽宁省桓仁满族自治县人，桓仁满族自治县桓仁镇市场物业管理所工作人员，住桓仁满族自治县桓仁镇新安街。

申诉人（原审被告）：范中会，男，1956年5月12日生，汉族，辽宁省桓仁满族自治县人，工人，住桓仁满族自治县桓仁镇正阳街。

被申诉人（原审原告）：本溪对外经济技术合作有限公司。住桓仁满族自治县普乐堡镇南拐磨子村。法定代表人：李佳新，经理。

原审被告：杜德有，男，1970年8月29日生，汉族，辽宁省

桓仁满族自治县人，农民，住桓仁满族自治县普乐堡镇南拐磨子村。

2000年，本溪对外经济技术合作有限公司（以下简称本溪对外公司）以受中国建筑工程总公司（以下简称中建公司）委托的名义，在桓仁地区招收赴韩国研修生，杜德有被招收为赴韩国研修生。2001年6月29日，杜德有向本溪对外公司出具欠据一张，欠据的内容为"我因赴韩国研修，欠贵公司履约保证金15万元人民币。若我在国外履约时间发生违约，此保证金做贵公司经济损失和信誉损失赔偿金。欠款人杜德有"。徐长贵、田波、田伟、范中会和姚桂芝（因姚桂芝下落不明，本溪对外公司放弃对其主张权利）五人每人给杜德有担保3万元并与本溪对外公司签订了担保书，合同签订当日在桓仁满族自治县公证处进行了公证。担保合同主要内容如下：若杜德有在国外履行研修合同中发生违约行为，担保人愿意支付3万元人民币履约保证金，此欠据及担保书在杜德有依法履行合同回国后自行作废。2001年7月19日，中建公司韩国代表处将产业技术研修合同交给杜德有签字，杜德有签字后将合同交还中建公司，但中建公司并未在合同上盖章或经法定代表人签字。该合同条款规定，杜德有赴韩国研修，期限为二年；合同期限为赴韩国入境之日至研修期满出境为止。合同签订后，杜德有赴韩国企业研修，后下落不明。

2005年11月16日和2006年3月23日，本溪对外公司两次向徐长贵、田波、田伟、范中会送达"劳务违约处理通知书"，该通知书存根上写明杜德有违约时间为2004年10月30日，要求徐长贵、田波、田伟、范中会每人给付3万元保证金。徐长贵、田波、田伟、范中会未予支付。2006年4月4日，本溪对外公司为索要保证金，将杜德有、徐长贵、田波、田伟、范中会诉至桓仁满族自治县人民法院。

【原审裁判】

2006年9月11日，辽宁省本溪市桓仁满族自治县人民法院作出（2006）桓民一初字第663号民事判决，认为杜德有在韩国企业研修期间逃离研修企业，在国外履行研修合同中发生了违约行为，给本溪对外公司造成了经济损失和信誉损失，杜德有应给付本溪对外公司履约保证金 15 万元人民币。徐长贵、田波、田伟、范中会作为杜德有研修履约保证金 15 万元的担保人，每人担保履约保证金 3 万元与本溪对外公司签订了担保合同并经公证处公证，该担保合同合法有效。杜德有在外国研修期间发生了违约行为，徐长贵、田波、田伟、范中会应承担担保责任，即每人给付本溪对外公司履约保证金 3 万元。杜德有与中建公司签订的产业技术研修合同为二年，是主合同，而杜德有给本溪对外公司出具的欠据和其他四名担保人与本溪对外公司签订的担保合同为从合同，从合同约定此欠据及担保书在出国人依法履行合同回国后自行作废，保证期间设定不明，保证期间应为二年。本溪对外公司于 2004 年 10 月 28 日得知杜德有下落不明，又于 2005 年 11 月 16 日和 2006 年 3 月 23 日向其他四名担保人送达劳务违约处罚通知书。因此，本溪对外公司向担保人主张权利没有超过诉讼时效。遂判决：杜德有给付本溪对外公司履约保证金 15 万元人民币。徐长贵、田波、田伟、范中会承担连带责任，每人给付本溪对外公司 3 万元人民币履约保证金。

【抗诉理由】

徐长贵、田波、田伟、范中会不服一审判决，向检察机关提出申诉。2009 年 8 月 17 日，本溪市人民检察院以本检民抗（2009）9 号民事抗诉书向本溪市中级人民法院提出抗诉。理由如下：

1. 原审法院认定的基本事实缺乏证据证明。

（1）原审法院认定本溪对外公司在 2004 年 10 月 28 日得知杜德有下落不明，缺乏证据证明。根据产业技术研修合同，杜德有赴韩研修时间为二年，即 2001 年 7 月 19 日至 2003 年 7 月 19 日。2003 年 7 月 20 日，杜德有没有回国，本溪对外公司就已经知道杜德有违约。本溪对外公司出具的"劳务违约处理通知书"记载杜德有于 2004 年 10 月 28 日违约，是本溪对外公司单方书写的，没有得到四名保证人的认可，不具有证据的效力。

（2）原审法院主、从合同认定错误。本案有3份合同，杜德有与中建公司签订的产业技术研修合同；杜德有给本溪对外公司出具的15万元履约保证金欠据；徐长贵、田波、田伟、范中会与本溪对外公司签订的对杜德有欠款15万元进行担保的保证合同。在这3份合同之间，产业技术研修合同是一份独立的合同；杜德有出具的欠据也是一份独立的借款合同，该借款合同与保证合同相关联，借款合同是主合同，保证合同是借款合同的从合同。

2. 原审法院认定徐长贵、田波、田伟、范中会的保证责任期间为二年系适用法律错误。

根据《中华人民共和国担保法》第19条规定："当事人对保证方式没有约定或者约定不明确的，按照连带责任保证承担保证责任。"第26条规定："连带责任保证的保证人与债权人未约定保证期间的，债权人有权自主债务履行期届满之日起六个月内要求保证人承担保证责任。在合同约定的保证期间和前款规定的保证期间，债权人未要求保证人承担保证责任的，保证人免除保证责任。"本案中，徐长贵、田波、田伟、范中会与本溪对外公司签订的保证合同没有约定保证期间，故四名保证人的保证责任期间是6个月，即从2003年7月20日至2004年1月20日。因此，本溪对外公司于2005年11月16日才首次向保证人主张权利，徐长贵、田波、田伟、范中会的保证责任期间已过，不应再承担保证责任。

【再审结果】

辽宁省本溪市中级人民法院受理本案后，于2009年9月11日作出（2009）本审民抗字第14号民事裁定，指令桓仁满族自治县人民法院再审。2010年4月16日，桓仁满族自治县人民法院作出（2009）桓民再字第26号民事判决书，认为被申诉人与原审被告杜德有签订的研修合同，合法有效。原审被告杜德有构成违约，原审判决杜德有给付被申诉人履约保证金15万元正确。2001年6月19日，申诉人徐长贵、田波、田伟、范中会为原审被告杜德有赴韩研修提供担保书，是对外出劳务人员杜德有的行为提供的担保，该担保合同不违反国家法律、行政法规的强制性规定，对四申诉人具有约束力，但该担保书未约定保证方式及保证期间。根据《中华人民共和国担保法》第 19 条规定："当事人对保证方式没有约定或者约定不明确的，按照连带责任保证承担保证责任。"因此，四申诉人应属连带责任保证。《中华人民共和国担保法》第 26 条规定："连带责任保证的保证人与债权人未约定保证期间的，债权人有权自主债务履行期届满之日起六个月内要求保证人承担保证责任。在合同约定的保证期间和前款规定的保证期间，债权人未要求保证人承担保证责任的，保证人免除保证责任。"本案保证合同对应的主合同即产业技术研修合同约定研修合同期为二年（2001 年 7 月 19 日至 2003 年 7 月 19 日），由于当事人未约定保证期间，依法计算当事人承担保证责任的期间应为主合同履行期满后的 6 个月，即 2003 年 7 月 20 日至 2004 年 1 月 20 日为当事人承担保证责任的期间。本溪对外公司于 2005 年 11 月 16 日和 2006 年 3 月 23 日向申诉人徐长贵、田波、田伟、范中会送达劳务违约通知书主张保证责任。四申诉人保证责任期间已过，依法应当免除保证责任。原审判决四申诉人承担保证责任不妥，应予改判。本案经本院审判委员会讨论决定，依照《中华人民共和国合同法》第 44 条、第 60 条、第 107 条，《中华人民共和国担保法》第 19 条、第 21 条、第 26 条，《中华人民共和国民事诉讼法》第 121 条、第 130 条、第 186 条之规定，判决如下：一、撤销本院（2006）桓民一初字第 663 号民事判决；二、原审被告杜德有于本判决生效后立即给付被申诉人本溪对外经济技术合作有限公司履约保证金人民币 15 万元；三、驳回被申诉人本溪对外公司对徐长贵、田波、田伟、范中会的诉讼请求。

【点评】

近年来，出国考察、劳务输出类案件逐渐增多，此类案件一般都涉及主合同与担保合同之间的关系。本案的关键是杜德有与中建公司之间的产业技术研修合同的效力；杜德有向本溪对外公司出具欠据的效力；徐长贵、田波、田伟、范中会保证合同的效力，及保证期间的问题。本案办理过程中，存在以下争议：

　　争议一，杜德有与中建公司之间的合同是否成立生效，对杜德有是否具有约束力。有意见认为，2001 年 7 月 19 日，杜德有与中建公司韩国代表处签订"产业技术研修合同"未成立。由于该合同是单方面签字，并没有中建公司盖章或法定代表人签字。因此，该协议并未成立，对杜德有的行为没有约束力。

　　笔者认为，杜德有与中建公司韩国代表处签订的产业技术研修合同是成立的。虽然该合同没有中建公司方盖章或法定代表人签字，但中建公司以自己的实际行为表示愿意接受该协议的约束，并按照该协议履行了自己的义务，杜德有也认可、接受了中建公司的履行。根据《中华人民共和国合同法》第 37 条"采用合同书形式订立合同，在签字或者盖章之前，当事人一方已经履行主要义务，对方接受的，该合同成立"的规定，可以认定杜德有与中建公司签订的合同成立生效。该合同的期限为两年，即杜德有最迟应该在 2003 年 7 月 20 日回国。因此，杜德有出国未归的行为构成违约。

　　争议二，徐长贵、田波、田伟、范中会与本溪对外公司签订的保证合同的地位与效力。有意见认为，杜德有与中建公司签订的产业技术研修合同是主合同，杜德有出具的欠据与徐长贵、田波、田伟、范中会出具的保证是从合同。甚至在检察机关抗诉后，再审法院仍然认为保证合同是产业技术研修合同的从合同。

　　笔者认为，本案有 3 份合同，杜德有与中建公司签订的产业技术研修合同；杜德有向本溪对外公司出具的 15 万元欠据；徐长贵、田波、田伟、范中会与本溪对外公司签订的对杜德有欠款 15 万元进行担保的保证合同。在这 3 份合同之间，产业技术研修合同是一份独立的合同；杜德有向本溪对外公司出具的欠据也是一份独立的借款合同，该合同与保证合同相关联，借款合同是主合同，保证合同是从合同。根据中建公司与本溪对外公司之间的约定，以及产业技术研修合同，杜德有应向本溪对外公司交纳履约保证金 15 万元，用于保证不出现违约行为。如出现违约行为则本溪对外公司直接扣取杜德有 15 万元履约保证金，如不出现违约行为则杜德有回国时，本溪对外公司返还履约保证金。因为杜德有经济困难，无法支付履约保证金才出具了欠据。本溪对外公司对于杜德有资信能力存在怀疑，不能肯定在杜德有违约后能顺利实现该笔债权，要求徐长贵、田波、田伟、范中会等保证。故保证合同是欠款合同的从合同，而非产业技术研修合同的从合同。

争议三，关于徐长贵、田波、田伟、范中会连带保证责任期间的计算。原审法院认为杜德有与中建公司签订的产业技术研修合同是主合同，期限为二年，而杜德有给本溪对外公司出具的欠据和其他四名保证人与本溪对外公司签订的担保合同为从合同，从合同规定此欠据及担保书在杜德有依法履行合同回国后自行作废，保证期间设定不明，保证期间应为二年。因此，本溪对外公司向四名保证人主张权利没有超过保证责任期间。

原审法院的上述认定，检察机关认为系适用法律错误。本案中，担保书上写明"欠据及担保书在杜德有依法履行合同回国后自行作废"。但是并没有约定保证责任期间，而非设定不明。根据《中华人民共和国担保法》第19条规定："当事人对保证方式没有约定或者约定不明确的，按照连带责任保证承担保证责任。"第26条规定："连带责任保证的保证人与债权人未约定保证期间的，债权人有权自主债务履行期届满之日起六个月内要求保证人承担保证责任。在合同约定的保证期间和前款规定的保证期间，债权人未要求保证人承担保证责任的，保证人免除保证责任。"因此，徐长贵、田波、田伟、范中会的保证责任期间是6个月。

但是本案保证期间何时起算，却引起了争议。有一种意见认为，四名保证人的保证期间应该从本溪对外公司向杜德有主张权利时起算。这是因为，杜德有向本溪对外公司出具的15万元履约保证金欠据，是一种附条件合同，条件是杜德有的违约行为，只有在杜德有违约之后，本溪对外公司才可以对杜德有主张15万元债权。因该借款合同没有约定还款期限，因此当杜德有于2003年7月20日违约之后，本溪对外公司可以随时主张权利。四名保证人是连带责任保证，保证期限为6个月，当本溪对外公司对杜德有主张债权时，应规定杜德有在一定期限内偿还，而杜德有怠于还款后，才能开始计算保证人的保证责任期间。

笔者认为，此种意见关于杜德有向本溪对外公司出具的 15 万元履约保证金欠据，是一种附条件合同，条件是杜德有的违约行为的论述是正确的。但同时笔者也注意到，根据中建公司与本溪对外公司之间的约定、产业技术研修合同以及徐长贵、田波、田伟、范中会与本溪对外公司签订的保证合同，杜德有应在出国前就交纳履约保证金，一旦出国后发生违约行为，本溪对外公司会自动扣取履约保证金，而且杜德有出具的欠条上也明确写明欠履约保证金。因此，根据合同目的解释，杜德有在 2003 年 7 月 20 日违约后，就已经给本溪对外公司带来了经济与信誉损害，因为杜德有没有交纳履约保证金，才造成本溪对外公司立即扣款不能。此时，本溪对外公司的权利已经受到损害，履约保证金的诉讼时效就已经开始计算，保证期间也应从此开始计算。故徐长贵、田波、田伟、范中会的保证责任期间从 2003 年 7 月 20 日起至 2004 年 1 月 20 日止。本溪对外公司于 2005 年 11 月 16 日才首次向保证人主张权利，徐长贵、田波、田伟、范中会的保证责任期间已过，不应再承担保证责任。

案例来源：辽宁省本溪市人民检察院

案例编写：曲斌

案例点评：李继军　曲斌

2. 易泽民诉刘国弟、刘连等四人委托合同纠纷抗诉案

【抗诉机关和受诉法院】

抗诉机关：四川省宜宾市人民检察院

受诉法院：四川省宜宾市中级人民法院

【基本案情】

申诉人（原审被告）：刘国弟，男，1952 年 10 月 31 日出生，汉族，四川省兴文县人，居民，住兴文县古宋镇鱼塘湾。

申诉人（原审被告）：刘连，女，1965 年 11 月 21 日出生，汉族，四川省兴文县人，居民，住兴文县古宋镇鱼塘湾。

申诉人（原审被告）：何定华，男，1955 年 6 月 24 日出生，汉族，四川省兴文县人，居民，住兴文县古宋镇鱼塘湾。

申诉人（原审被告）：瞿周红，男，1970 年 1 月 3 日出生，汉族，四川省兴文县人，居民，住兴文县古宋镇鱼塘湾。

被申诉人（原审原告）：易泽民，男，1977 年 7 月 16 日出生，汉族，四川省兴文县人，居民，住兴文县古宋镇鱼塘湾。

刘国弟等四申诉人与被申诉人均居住在兴文县古宋镇鱼塘湾，由于该地距天然气城市规划较远，多年来，该片区的天然气一直未安通。2008 年 8 月，包括被申诉人易泽民在内的兴文县古宋镇鱼塘湾 70 余户居民共同委托刘国弟等四申诉人代为处理安装天然气的所有事务，2008 年 8 月 26 日，四申诉人召开了多数居民大会，口头约定根据距离远近以 5000 元、5200 元、5500 元的不同金额确

定安装天然气所需费用。截至 2008 年 8 月 31 日，共有 78 户向四申诉人预交了上述款项，被申诉人易泽民预交了 5200 元安装费。四申诉人找到天然气公司并向该公司书面承诺：所有埋地管道所需的管沟开挖恢复及其费用全部由 78 户用户承担，天然气公司仅作技术指导。经过 4 个月的努力，于 2009 年 1 月 6 日正式通气。刘国弟等四申诉人将天然气公司收取的网管费和材料费发票分别交给各户，并向易泽民退款 755 元。被申诉人易泽民认为刘国弟等四申诉人尚欠原告余款 1415 元，遂起诉至四川省兴文县人民法院，请求被告退回余款。

【原审裁判】

2009 年 9 月 23 日，四川省兴文县人民法院作出（2009）兴古民初字第 279 号民事判决，认为公民、法人在民事活动中应遵循合法、诚实信用原则，因此没有合法根据取得的利益，造成他人损失的，应将取得的不当利益予以返还。四被告代为处理安装天然气事宜，尚有 1415 元未退还原告，四被告的该行为使原告遭受损失，应向原告返还 1415 元。原告请求四被告给付资金利息 25.5 元，诉讼杂费 7.7 元，未提供相应证据，本院不予支持。据此，依照《中华人民共和国民法通则》第 92 条"没有合法根据，取得不当利益，造成他人损失的，应当将取得的不当利益返还受损失的人"；第 130 条"二人以上共同侵权造成他人损害的，应当承担连带责任"以及《最高人民法院关于民事诉讼证据的若干规定》第 2 条"当事人对自己提出的诉讼请求所依据的事实或者反驳对方诉讼请求所依据的事实有责任提供证据加以证明。没有证据或者证据不足以证明当事人的事实主张的，由负有举证责任的当事人承担不利后果"之规定，判决：一、被告刘国弟、刘连、何定华、瞿周红于本判决生效之日起 3 日内返还原告易泽民不当得利 1415 元；二、四被告承担连带清偿责任。

【抗诉理由】

刘国弟等不服一审判决，向检察机关提出申诉。2010 年 5 月 12 日，宜宾市人民检察院以宜检民抗（2010）3 号民事抗诉书向宜宾市中级人民法院提出抗诉。理由如下：

原审判决错误认定法律关系之性质导致适用法律错误。经查实，本案中，包括被申诉人易泽民在内的兴文县古宋镇鱼塘湾78户居民共同委托刘国弟等四申诉人代为处理安装天然气的所有事务，四申诉人完成联系安装天然气事宜后，因费用结算，当事人发生纠纷诉至法院，此事实既是本案双方当事人认可的事实，也是原审判决采信的证据委托书、承诺书等证明的事实。双方当事人在这一事实下发生的纠纷应是典型的委托合同纠纷，原审判决错把合同之债定性为不当得利之债，使本案的判决丧失了正确的前提条件。原审判决对本案的定性错误导致原审判决适用民法通则"不当得利返还"条款属适用法律不当。

【再审结果】

宜宾市中级人民法院受理本案后，指令兴文县人民法院再审。2010年10月25日，兴文县人民法院作出（2010）兴民再字第2号民事判决书，认为四申诉人刘国弟、刘连、何定华、瞿周红召开居民大会，口头约定以5000元、5200元、5500元的不同金额确定安装天然气所需费用，原审原告易泽民向申诉人交款5200元，双方的行为符合合同成立的构成要件，视为委托合同成立。在委托合同完成后双方就结算问题发生纠纷，应为委托合同纠纷。另四申诉人代为安装天然气过程中所支出的管道超长费、埋地管道开挖恢复等费用56172.5元也应由78户居民承担。本院对宜宾市人民检察院抗诉理由予以支持。依据《中华人民共和国合同法》第396条、第398条、第405条、第409条以及《最高人民法院关于民事诉讼证据的若干规定》第2条之规定，判决：一、撤销本院（2009）兴古民初字第279号民事判决；二、原审被告刘国弟、刘连、何定华、瞿周红于本判决生效之日起10日内返还原审原告易泽民694.84元；原审四被告相互承担连带清偿责任；三、驳回原审原告的其他诉讼请求。

【点评】

本案属认定法律关系错误的典型案例。案情并不复杂，也不存在证据采信错误问题，只是由于审判人员未能厘清法律关系，将委托合同之债错误认定为不当得利之债，从而造成适用法律错误，判决不当。笔者认为，本案中有以下两个问题值得研究。

一、不当得利之债与委托合同之债的区别

我国目前的债法理论将债发生的原因分为两大类：一是基于法律行为，即民事法律主体之间建立的某种双务契约行为（如买卖、租赁、委托、仓储等）或者民事法律主体的单独单务行为（如赠与等）；二是基于法律的直接性规定，意在恢复或修护受损的民事权益（如侵权行为、无因管理、不当得利等）。虽然不当得利和委托合同都是引起债发生的原因，但却归属于债的不同类别。不当得利之债是由法律直接规定形成之债，委托合同之债是基于民事法律主体的双务契约行为引发之债，是有明显区别的。那么二者之间有哪些具体区别呢？《中华人民共和国民法通则》第 92 条规定："没有合法根据，取得不当利益，造成他人损失的，应当将取得的不当利益返还受损失的人"，这是不当得利之债的法律根据。所谓不当得利，是指没有合法根据，使他人受有损失而自己获得的一种利益。不当得利由于没有合法的根据，这种既成的事实不受法律保护，当事人之间形成债权债务关系，故这种因不当得利而生的债被称为不当得利之债。因不当得利事实发生而遭受损失的一方称为债权人，因不当得利事实而获取财产利益的一方是债务人，债权人有权请求债务人返还该利益。不当得利的构成要件包括四个方面：1. 一方获得利益；2. 他方受有损害；3. 受益和受损之间存在因果关系；4. 受益没有合法根据。不当得利以返还原物为原则，偿还原物的价额为补充，如原物有孳息的，应一并返还。利用不当得利所取得的其他利益，扣除劳务管理费用后，应当予以收缴。

而委托合同之债，根据《中华人民共和国合同法》第 396 条"委托合同是委托人和受托人约定，由受托人处理委托人事务的合同"，第 398 条"委托人应当预付处理委托事务的费用。受托人为处理委托事务垫付的必要费用，委托人应当偿还该费用及其利息"，第 404 条"受托人处理委托事务取得的财产，应当转交给委托人",第405条"受托人完成委托事务的,委托人应当向其支付报酬"等这些规定,表明了委托合同之债的具体内容。所谓委托合同,是指委托人与受托人根据意思自治原则,通过平等协商,达成由受托人代为委托人办理委托事务的合意,并对委托事项及范围、委托报酬、委托权限、委托期限、涉托财产交付等作出约定,由此而在委托人与受托人之间发生履行给付内容,即为委托合同之债。委托合同之债有以下特征:(1)一方委托他方办理委托事务;(2)办理委托事务是双方的合意;(3)给付内容的依据是双方平等自愿达成的合同条款;(4)双方可互负债务;(5)委托办理的事务是合法的;(6)以完成委托事务为目的。在委托合同的履行中,存在给付报酬、给付办理委托事务取得的财产、返还预付委托费用、给付垫付费用等履行内容,由此形成委托合同之债。根据以上区别,本案显然属委托合同之债,而非不当得利之债。

二、不当得利的司法认定

在司法实践中,为什么会出现原本不难认定的法律关系变得难以厘定呢?主要原因在于司法人员对不同类别之债的特殊形态未能准确把握,忽略了对案件中基础法律关系的区别判断,本案便是个适例。对于不当得利的司法认定,应特别注意某些特殊情况。有些情形虽然具备不当得利的构成要件,如履行道德义务的给付、因不合法的目的的给付、清偿未到期的债务等,却不属于不当得利。在不当得利的司法认定过程中,除了对"一方受损害他方没有合法根据的收益"的界定之外,还应注意以下问题:(1)受益(或所有)是否有合法的基础法律关系,若有,则不应认定为不当得利。本案中,易泽民等78户居民共同委托刘国弟等四申诉人代为处理安装天然气的所有事务,这是基础法律关系,且属合法行为,虽然在委托费用上虚增少退,应属合同结算事务,而非不当得利。(2)合同履行过程中的与标的相关费用虚增、虚报等一般民事欺诈而获利的情形,也不应认定为不当得利;本案中四申诉人在合同结算中有虚增费用情况,且对部分费用产生分歧,最后按自己的意思未据实清退预付委托费用从而使自己获利较多,应属合同结算不合理，而非不当得利的性质。（3）债的原因行为不违反法律法规强制性规定的不合理获利，不应认定为不当得利。如采摘野生菌高价出售而高额获利，也不是不当得利的性质。（4）有合法的基础法律关系，但获得与履行标的无关的利益，应认定为不当得利。如受雇修沙发工人，在修沙发过程中发现雇主藏匿于沙发布中遗忘的现金，占有而不退还，应认定为不当得利。

民行办案实践中，审查法律关系是否存在错误属于法律审查的范畴。法律审查是与事实审查相对应的一种审查方式，是指审查原审裁判适用法律是否存在不当。由此，法律审查必须了解法律适用的步骤。按照德国学者的观点，法律适用的步骤：（1）查明待决纠纷，即认定案件事实；（2）找法，即找寻对于评价事实具有决定性意义的相关法律规范；（3）涵摄，即检验所认定的事实是否满足相关法律规范的构成事实；（4）裁判，即案件事实符合相关法律规范的事实构成且不违反法律的整体目的时，作出裁判。办案实践中，法律审查涉及的内容很多，比如法律条文的理解与适用，合同条款的理解，法律关系的定性，民事责任的确定等。英国大法官丹宁勋爵说过，"法律条文本身并非正义，正义就藏在法律背后，法官的神圣职责就是找出正义并把它输送给当事人。"笔者认为，对于民行办案人也同样需要从立法精神乃至法律精神的高度去理解法律，如此才能准确发现裁判的错误所在，从而维护法律的正确统一实施。

案例来源：四川省兴文县人民检察院

案例编写：陈超　　岳定勇

案例点评：陈超　　岳定勇　　王水明

3. 深圳市横岗镇经济发展有限公司、深圳市横岗投资管理有限公司诉郝佩君、深圳市联合拍卖有限责任公司、深圳国际高新技术产权交易所股份有限公司股权转让合同纠纷抗诉案

【抗诉机关和受诉法院】

抗诉机关：广东省人民检察院

受诉法院：广东省高级人民法院

【基本案情】

申诉人（一审原告、反诉被告、二审上诉人）：深圳市横岗镇经济发展有限公司。住所地：深圳市龙岗区横岗街道松柏二街经发大厦。法定代表人：钟挺杰，董事长。

申诉人（一审原告、反诉被告、二审上诉人）：深圳市横岗投资管理有限公司。住所地：深圳市龙岗区横岗街道松柏二街经发大厦。法定代表人：张红，副董事长。

被申诉人（一审被告、反诉原告、二审上诉人）：郝佩君，女，汉族，1952年2月27日出生，住黑龙江省克山县古城镇。

被申诉人（一审被告、二审被上诉人）：深圳市联合拍卖有限责任公司。住所地：深圳市罗湖区红岭中路国信证券大厦。法定代表人：黄建国，总经理。

被申诉人（一审被告、二审被上诉人）：深圳国际高新技术产权交易所股份有限公司。住所地：深圳市南山区高新南一道。法定代表人：陈潮，公司负责人。

深圳市横岗汽车运输有限公司（以下简称横岗运输公司）是深圳市龙岗区国有企业，深圳市横岗镇经济发展有限公司（以下简称横岗经发公司）、深圳市横岗投资管理有限公司（以下简称横岗投资公司）共同拥有该公司的股权。因国有企业改制，经深圳市龙岗区国有资产监督管理办公室（以下简称龙岗国资办）同意，横岗经发公司、横岗投资公司决定转让拥有的该公司的股权，转让采用公开挂牌拍卖的方式。龙岗国资办批复重申转让价以不低于净资产评估人民币2278.22万元的价格。必须完善转让合同，股权转让协议中应明确受让方必须承诺履行横岗运输公司原已签订的《深圳市横岗汽车运输有限公司承包经营合同》、《深圳市东部公共交通有限公司设立合同》。2007年12月29日，横岗经发公司、横岗投资公司与联合拍卖公司签订《委托拍卖合同》，委托联合拍卖公司拍卖横岗运输公司的股权，起拍价2278.22万元。委托日期至2008年3月31日。联合拍卖公司和高新产权交易所就拍卖标的股权于2008年1月24日在《深圳特区报》B3版刊登公告，并发布联合拍卖会拍卖须知、联合拍卖会拍卖须知之补充说明以及横岗运输公司提示性公告（一）、（二）、（三）、（四），告知买受人须在拍卖成交日后五日内将股权转让成交价款余款（除已支付的保证金）转入联合拍卖公司，并签订股权转让协议。郝佩君于2008年1月28日支付拍卖保证金700万元。2008年1月31日，竞拍人郝佩君以成交价3000万元，竞得横岗运输公司100%的股权，联合拍卖公司当场出具了《成交确认书》。2008年2月1日，郝佩君支付拍卖款2300万元到联合拍卖公司的账户。2008年2月3日，郝佩君支付联合拍卖公司拍卖佣金150万元。拍卖成交后，郝佩君与横岗经发公司、横岗投资公司没有签《股权转让合同书》。联合拍卖公司没有将拍卖款转到横岗经发公司、横岗投资公司的账户。横岗经发公司、横岗投资公司在2008年2月27日致函高新产权交易所及联合拍卖公司，称郝佩君拒不签订《股权转让合同书》，要求取消其受让人资格。法院认定在拍卖成交后，由于郝佩君对《股权转让合同书》中肖炎胜20年承包合同条款提出异议，双方没有签订转让合同。

横岗经发公司、横岗投资公司请求判令：1. 解除拍卖合同关系，解除拍卖成交确认书，取消郝佩君的买受人资格，收回拍卖标的物另行处分；2. 联合拍卖公司、高新产权交易所、郝佩君连带承担违约责任，赔偿横岗经发公司、横岗投资公司已付的律师费人民币 20 万元、因拍卖纠纷支付的交通费 2000 元和调查取证费 250 元。郝佩君提出反诉请求：1. 各方当事人全面履行合同义务，且横岗经发公司、横岗投资公司尽快与郝佩君签订横岗运输公司的股权转让协议，以确定郝佩君在该公司的全资股东的法律地位；2. 横岗经发公司、横岗投资公司在本案中承担全部违约责任，并赔偿郝佩君因横岗经发公司、横岗投资公司违约所导致的直接经济损失律师费人民币 20 万元。

【原审裁判】

2008 年 12 月 8 日，深圳市罗湖区人民法院作出 (2008) 深罗法民二初字第 1177 号民事判决，认为从本次拍卖会进行的情况看，拍卖程序合法，拍卖有效。本案中，联合拍卖公司出具成交确认书后，买受人郝佩君对股权转让合同中的肖炎胜 20 年承包提出异议，要求横岗经发公司、横岗投资公司予以修改而没有当天签订。之后，郝佩君多次致函横岗经发公司、横岗投资公司，要求确认 20 年承包合同无效。延至 2008 年 4 月 23 日，郝佩君提出了折中的方案，即：如横岗经发公司、横岗投资公司确认承包合同有效，则保留该条款，签订股权转让合同；如横岗经发公司、横岗投资公司确认承包合同无效，则删除该条款。在此期间，横岗经发公司、横岗投资公司已经提出解除拍卖合同的请求，并通知郝佩君。

归纳横岗经发公司、横岗投资公司的观点，横岗经发公司、横岗投资公司解除的理由主要有两点：1. 买受人要求修改股权转让合同的条款，不接受拍卖合同约定的条款，拒不签订《股权转让公同书》，违反买受人的义务，属于违约行为；2. 拍卖合同的期限至 2008 年 3 月 31 日，买受人在合同期内拒不签订合同，委托合同因此而终止。对于上述两点，在拍卖关系中，如是动产，拍卖后拍卖公司可以即时交付的，不存在签订书面的买卖合同。如非动产，如房产、股权等，需要签订书面合同以办理产权变更手续的，则必须签订书面合同。在本案中，买卖双方签订书面合同是委托人和买受人的法定义务。买受人郝佩君拒不签订书面的股权转让合同，且超过了合理的期间，构成违约。

针对横岗经发公司、横岗投资公司的诉讼请求及郝佩君的反诉请求，由于拍卖程序合法有效，拍卖成交后，横岗经发公司、横岗投资公司要求解除与郝佩君之间的拍卖合同关系，解除联合拍卖公司与郝佩君之间的拍卖成交确认书，取消郝佩君的买受人资格，收回拍卖标的物的诉讼请求，没有法律依据，不予支持。横岗经发公司、横岗投资公司因本案诉讼产生的律师费等损失，自行承担。由于郝佩君在拍卖成交后，合理的期限内，拒不签订书面的股权转让合同，致使无法办理产权转让登记手续，郝佩君的行为构成违约。由于郝佩君的违约行为，导致合同目的不能实现，即无法进行股权转让登记，实现产权变更的目的，郝佩君现要求横岗经发公司、横岗投资公司尽快签订股权转让合同，确定其股东法律地位的诉讼请求，不予支持。郝佩君因本案诉讼受到的损失，由郝佩君自行承担。遂判决：1. 驳回横岗经发公司、横岗投资公司的诉讼请求；2. 驳回郝佩君的反诉请求。

横岗经发公司、横岗投资公司及郝佩君均不服一审判决，向深圳市中级人民法院提出上诉。2009 年 6 月 2 日，深圳市中级人民法院作出（2009）深中法民二终字第 452 号民事判决，认为拍卖是一种以公开竞价的形式转让财产权利的买卖方式。横岗经发公司、横岗投资公司委托联合拍卖公司拍卖横岗运输公司的股权，拍卖成交并由联合拍卖公司与郝佩君签署成交确认书后，委托人横岗经发公司、横岗投资公司与买受人郝佩君之间成立股权转让合同关系。横岗经发公司、横岗投资公司要求解除与郝佩君之间的拍卖合同关系，实指解除横岗经发公司、横岗投资公司与郝佩君之间的股权转让合同关系。

在横岗经发公司、横岗投资公司与郝佩君的股权转让合同关系中，郝佩君的主要义务是按照成交确认书向横岗经发公司、横岗投资公司支付股权转让价款，横岗经发公司、横岗投资公司的主要义务是按照成交确认书将自己持有的横岗运输公司股权让与郝佩君。根据联合拍卖公司发布的联合拍卖会拍卖须知的要求，买受人须在拍卖成交日后5天内将股权转让成交价款余款（此前已支付的保证金充抵拍卖价款）转入联合拍卖公司账号。郝佩君于2008年1月31日以最高应价3000万元购得拍卖标的物横岗运输公司100%股权，郝佩君于2008年1月28日支付拍卖保证金700万元，于2008年2月1日将成交价款余款2300万元付到联合拍卖公司的账户，完全履行了自己支付拍卖标的价款的义务。郝佩君已经履行了自己在股权转让合同项下的主要义务，横岗经发公司、横岗投资公司可以要求联合拍卖公司交付价款，从而实现乙方的合同目的。

联合拍卖公司、高新产权交易所发布的横岗运输公司提示性公告（二）及联合拍卖会拍卖须知之补充说明，已向竞买人告知横岗运输公司与肖炎胜签订了承包期限从2004年1月1日至2023年12月31日的承包经营合同，肖炎胜在承包期间对横岗运输公司享有独任经营权这一事实。承包经营是横岗运输公司的一种经营方式，横岗运输公司与肖炎胜签订的承包经营合同在横岗运输公司与郝佩君股权转让合同的内容，不论横岗运输公司的股东是否变更，均不影响承包经营合同对横岗运输公司及肖炎胜的约束力。郝佩君在拍卖成交后提出异议要求废除承包合同，并不影响本案股权转让合同的履行，而且郝佩君于2008年4月23日向联合拍卖公司表示不再坚持异议。横岗经发公司、横岗投资公司以郝佩君违约为由，要求解除股权转让合同，不符合《中华人民共和国合同法》第94条的规定。一审判决驳回横岗经发公司、横岗投资公司的诉讼请求，是恰当的。

在拍卖成交后，联合拍卖公司与郝佩君签署了成交确认书，明确了成交标的、成交价格。成交确认书与联合拍卖会拍卖须知、联合拍卖会拍卖须知之补充说明以及横岗运输公司提示性公告（一）、（二）、（三）、（四）之中关于说明拍卖标的情况的条款相结合，构成了横岗经发公司、横岗投资公司与郝佩君之间的股权转让合同。郝佩君与联合拍卖公司签署成交确认书即表明郝佩君与横岗经发公司、横岗投资公司之间的股权转让合同关系成立，郝佩君与横岗经发公司、横岗投资公司并不需要在拍卖成交后另行签署《股权转让协议》文本以证明股权转让合同关系成立。《中华人民共和国拍卖法》第55条规定："拍卖标的需要依法办理证照变更、产权过户手续的，委托人、买受人应当持拍卖人出具的成交证明和有关材料，向有关行政管理机关办理手续。"郝佩君与横岗经发公司、横岗投资公司可以持联合拍卖公司出具的成交证明及相关材料，向工商行政管理机关申办横岗运输公司股权过户手续。联合拍卖会拍卖须知第11条告知买受人凭联合拍卖公司的成交确认书和高新产权交易所提供的有关资料与委托方签订《股权转让协议》并自行到有关部门办理过户登记手续，郝佩君可与横岗经发公司、横岗投资公司按该条款的要求，自行办理横岗运输公司股权的过户登记手续。但签署《股权转让协议》不是本案股权转让合同的成立或生效要件，若郝佩君与横岗经发公司、横岗投资公司不能协商签署《股权转让协议》，也不影响办理股权过户手续。

郝佩君向横岗经发公司、横岗投资公司提出"各方当事人全面履行合同义务"的反诉请求即要求股权出让方横岗经发公司、横岗投资公司及股权受让方郝佩君均履行合同义务。郝佩君已履行了按照成交确认书支付股权转让价款的主要合同义务并要求继续履行合同，横岗经发公司、横岗投资公司应履行自己的合同义务。横岗经发公司、横岗投资公司拒绝履行自己的合同义务，构成违约，应承担继续履行的违约责任。横岗经发公司、横岗投资公司在本案中的合同目的是获得相应的股权转让价款。郝佩君已向联合拍卖公司交付股权转让价款，横岗经发公司、横岗投资公司可以实现自己的合同目的。一审判决以郝佩君的违约行为导致合同目的无法实现为由驳回郝佩君要求继续履行合同的反诉请求，是不当的，予以纠正。

对于本案纠纷的发生，郝佩君与横岗经发公司、横岗投资公司均有责任。对双方当事人提出的要求对方承担律师费损失的诉讼请求，一审法院均不予支持，是恰当的。遂判决：一、维持（2008）深罗法民二初字第 1177 号民事判决第一项；二、撤销（2008）深罗法民二初字第 1177 号民事判决第二项；三、横岗经发公司、横岗投资公司与郝佩君于判决生效之日起 10 日内，按照《拍卖成交确认书》以及联合拍卖会拍卖须知、联合拍卖会拍卖须知之补充说明和横岗运输公司提示性公告（一）、（二）、（三）、（四）的规定，履行各自的义务（横岗经发公司、横岗投资公司应协助郝佩君办理深圳市横岗汽车运输有限公司股权过户手续）；四、驳回郝佩君的其他诉讼请求。

【抗诉理由】

横岗经发公司、横岗投资公司不服二审判决，向检察机关提出申诉。2009 年 12 月 1 日，广东省人民检察院以粤检民抗字（2009）327 号民事抗诉书向广东省高级人民法院提出抗诉。理由如下：

1. 拍卖可不可以另行约定合同内容？

依据《中华人民共和国拍卖法》第 3 条的规定，拍卖是一种"以公开竞价的形式，将特定物品或者财产权利转让给最高应价者"的买卖方式。一宗拍卖可以确定当事人、标的物、合同价款，但对于买卖合同的其他内容，例如履行方式、违约责任、争议解决等，当事人可以另行约定。因此，拍卖并不排斥当事人的另行约定。

2. 本案中当事人有没有约定特别条款？为什么作特别约定？

第一，当事人特别约定必须签订书面《股权转让协议》。

2007 年 12 月 29 日签订的《委托拍卖合同》第 6 条约定："甲、乙两方应在拍卖成交当天按《成交凭证》上列的拍卖成交价格与买受人签订《股权转让协议》并交由丙方保管。"2008 年 1 月 31 日《拍卖须知》第 11 条规定："卖受人凭本公司的成交确认书和高交所提供的有关资料和委托方签订《股权转让协议》并自行到有关部门办理过户登记手续。"买受人代表赵文波签字确认。在拍卖前公告的 50 份文件资料及数份公告中，对所有合同事项均予以披露。尤其是深龙国资复（2007）64 号《关于深圳市横岗汽车运输有限公司对外挂牌转让 100% 股权的批复》及 2008 年 1 月 24 日深圳市龙岗区横岗街道法律服务所出具的《法律意见书》，均明确了双方成交后必须签订《股权转让协议》事宜。由此可知，出卖人通过拍卖公司及交易所对成交后必须签订《股权转让协议》作出了特别说明，买受人依据拍卖前披露的文件已经知悉签订协议事宜并签字认可。双方当事人拍卖前已经对签订书面协议达成一致。

第二，出卖人基于制度要求与现实需要两方面原因提出特别要求。

首先，制度要求签订书面《股权转让协议》。为规范国有产权转让，防范国有财产流失，相关部门陆续出台了一系列规定。《企业国有产权转让管理暂行办法》第 17 条第 4 款规定："企业国有产权转让成交后，转让方与受让方应当签订产权转让合同，并应当取得产权交易机构出具的产权交易凭证。"《广东省企业国有集体产权交易暂行规则》第 27 条规定："交易达成后，交易双方应在交易机构的主持下，按《中华人民共和国合同法》的有关规定，签订《企业国有集体产权转让合同》，并经交易机构审核；委托机构会员进行交易的，机构会员须在合同上签字盖章。"第 28 条规定："《企业国有集体产权转让合同》自双方签字盖章之日起成立，自到有关部门办理产权登记手续之日起生效。所有权和风险的转移按《中华人民共和国合同法》的规定执行。"基于上述规定，深圳国际高新技术产权交易所自行颁布实施的《国有、集体产权交易规则》第 5 条及龙岗区国资办的《关于深圳市横岗汽车运输有限公司对外挂牌转让 100% 股权的批复》中均明确要求必须签订书面《股权转让协议》。出卖人要求签订书面《股权转让协议》，是因为存在明确具体的制度规范要求。

其次，现实需要签订书面《股权转让协议》。国有企业改制过程中的股权转让，并非一卖了之，还需要处理好职工安置与企业发展两项现实任务。《企业国有产权转让管理暂行办法》第 19 条第 2

款规定："转让企业国有产权导致转让方不再拥有控股地位的，在签订产权转让合同时，转让方应当与受让方协商提出企业重组方案，包括在同等条件下对转让标的企业职工的优先安置方案。"此处提及的"职工的优先安置方案"与"企业重组方案"，就是针对职工安置与企业发展两方面现实需要的。本案中，出卖人、龙岗区国资办在公告文书中明确要求买受人承诺认可《深圳市横岗汽车运输有限公司承包经营合同》及《深圳市东部公共交通有限公司设立合同》，正是为确保企业按照政府原有规划和安排平稳发展。

3. 应当如何对未签订书面协议行为定性判处？

《中华人民共和国合同法》第 10 条规定："当事人订立合同，有书面形式、口头形式和其他形式。法律、行政法规规定采用书面形式的，应当采用书面形式。当事人约定采用书面形式的，应当采用书面形式。"当事人拍卖前约定必须签订书面《股权转让协议》，在性质上属于约定了合同成立的条件，在条件未成就前，合同不成立。本案中当事人约定拍卖成交的当天应签订书面《股权转让协议》，经人民法院一审查明，买受人因不认可租赁关系而拒绝签订协议，事后双方一直未就签订协议事宜达成一致，约定的合同成立条件未能成就，应依法认定合同不成立。出卖人诉请"解除拍卖关系"，含义表述需进行释明。一、二审均分别进行了一定程度的释明，其中二审的释明是"解除股权转让合同关系"，人民法院应在诉讼中将合同是否成立释明为争议焦点，并进行判处。

终审判决认定买受人支付了价款，履行了合同主要义务，合同目的已经实现，径直判处合同成立有效并应履行。此处必须强调《合同法》第 36 条和第 37 条的规定。《合同法》第 36 条规定："法律、行政法规规定或者当事人约定采用书面形式订立合同，当事人未采用书面形式但一方已经履行主要义务，对方接受的，该合同成立。"第 37 条规定："采用合同书形式订立合同，在签字或者盖章之前，当事人一方已经履行主要义务，对方接受的，该合同成立。"依据上述规定，在合同未成立时，当事人一方履行主要义务对方接受的，可认定合同成立，本案中的关键是"对方不接受"。

买受人确实将价款汇入了拍卖行账户，但是出卖人拒绝接受该笔款项。依法合同不成立。出卖人诉讼请求中的解除合同关系及赔偿损失，应释明为（1）确认合同不成立；（2）拍卖行承担委托合同的违约责任、买受人承担缔约过失损害赔偿责任，两者连带。其中确认之诉与缔约过失损害赔偿之诉应予满足。

【再审结果】

2010 年 12 月 2 日，广东省高级人民法院作出（2010）粤高法审监民提字第 48 号民事判决书，认为检察机关抗诉理由和申诉人的申诉理由部分有理，二审判决对部分主要事实未予查明。依照《中华人民共和国民事诉讼法》第 153 条第 1 款第（三）项、第186 条第 1 款之规定，裁定：一、撤销深圳市中级人民法院（2009）深中法民二终字第 452 号民事判决；二、本案发回深圳市罗湖区人民法院重审。

【点评】

股权作为《公司法》规定的一种综合性的新型权利形态，具有不同于普通商品的性质。股权拍卖涉及法律关系十分复杂，在具体实践中操作难度较大，本案的股权拍卖还涉及企业国有产权转让的相关问题，下面对本案涉及的有关法律问题进行探讨。

一、股权拍卖的范围及类型

股权拍卖是股权转让的一种形式。它是指公司股东依法将自己的股东权益通过拍卖方式有偿转让给受让人，受让人取得股权的民事法律行为。

（一）股权拍卖的范围

股权拍卖的范围可以通过下面表格进行说明：

	有限责任公司股权	非上市公司的股份公司的股权	上市公司的股权	
			流通股	非流通股
强制拍卖	首选	首选	首选	必须
任意拍卖	可以	审批后可以	审批后可以	审批后可以

股权是否可以进行拍卖主要可以从两个方面考察：1. 是否强制拍卖；2. 股权的形式，是有限责任公司的股权还是股份公司的股权，是上市公司还是非上市公司的股权，是流通股还是非流通股。股权强制拍卖一般是首选或者必须拍卖，而股权任意拍卖，有限责任公司是可以拍卖，而其他股权则应经过审批后才可拍卖。

（二）股权拍卖的类型

现阶段拍卖公司接受委托较多的是人民法院的强制股权拍卖，但也存在任意股权拍卖。

1. 股权强制拍卖。强制拍卖，这里主要是指人民法院委托商业性拍卖机构进行拍卖。民事执行中强制拍卖的不仅有动产、不动产等财产而且有财产权利。自 2005 年 1 月 1 日起施行的《最高人民法院关于人民法院民事执行中拍卖、变卖财产的规定》第 1 条和第 2 条分别规定："在执行程序中，被执行人的财产被查封、扣押、冻结后，人民法院应当及时进行拍卖、变卖或者采取其他执行措施。""人民法院对查封、扣押、冻结的财产进行变价处理时，应当首先采取拍卖的方式，但法律、司法解释另有规定的除外。"股权就是一种财产权利。股权中的有限责任公司、非上市公司股份公司的股权以及上市公司流通股等不是《最高人民法院关于冻结、拍卖上市公司国有股和社会法人股若干问题的规定》（以下简称《国有股和社会法人股若干问题的规定》）所规范的范围，应当按照《最高人民法院关于人民法院民事执行中拍卖、变卖财产的规定》来执行，在民事执行中人民法院对查封、扣押、冻结的财产进行变价处理时，首选拍卖。《国有股和社会法人股若干问题的规定》第 8 条第 3 款规定："人民法院执行股权，必须进行拍卖"，该规定表明在人民法院的民事执行中，上市公司国有股和社会法人股即上市公司的非流通股是必须进行拍卖的。

2. 股权任意拍卖。股权任意拍卖又分为有限责任公司的股权拍卖及股份公司的股权拍卖。（1）有限责任公司股权拍卖。《中华人民共和国公司法》第 72 条规定："有限责任公司的股东之间可以相互转让其全部或者部分股权。股东向股东以外的人转让股权，应当经其他股东过半数同意。股东应就其股权转让事项书面通知其他股东征求同意，其他股东自接到书面通知之日起满三十日未答复的，视为同意转让。其他股东半数以上不同意转让的，不同意的股东应当购买该转让的股权；不购买的，视为同意转让。经股东同意转让的股权，在同等条件下，其他股东有优先购买权。两个以上股东主张行使优先购买权的，协商确定各自的购买比例；协商不成的，按照转让时各自的出资比例行使优先购买权。公司章程对股权转让另有规定的，从其规定。"该规定表明在有限责任公司股权转让中既包括对内的股东之间的转让又包括对外非股东的转让。有限责任公司有资合的特征，也有明显的人合的特性。所以有限责任公司的内部转让一般都是协商确定，基本不采取拍卖的形式。而在有限责任公司的对外转让中，可能有多人有意购买有限责任公司股权，可以形成竞价条件，可以采取拍卖的形式来处分有限责任公司的股权。（2）股份公司股权拍卖。根据《公司法》第138条"股东持有的股份可以依法转让"的规定，股份公司股份是可以依法转让的，股权具体表现为股份，股权也可以依法转让。拍卖是转让的一种方式，可以以拍卖的方式转让股份公司的股权。因此，拍卖公司可以依法拍卖股份公司的股权（包括上市公司的股权）。但拍卖股份公司的股权是有条件的，是受国家法律法规限制的。自2001年9月30日起实施的《中国证券监督管理委员会关于加强对上市公司非流通股协议转让活动规范管理的通知》规定："需要采用公开征集方式确定协议转让价格和受让人的，由证券交易所和证券登记结算公司统一组织安排。"《证券法》第39条规定："依法公开发行的股票、公司债券及其他证券，应当在依法设立的证券交易所上市交易或者在国务院批准的其他证券交易场所转让。"这些规定说明，非流通股也不是完全不能拍卖，可以通过拍卖方式来进行流通，但这样做，一定要获得国务院证券管理部门的批准，交易才能生效。证券交易所、证券登记结算公司也才能办理股份转让、过户登记等相关手续。

本案的拍卖行为是基于横岗经发公司、横岗投资公司的自行委托，应属于股权任意转让，但转让的目标公司横岗运输公司是深圳市龙岗区国有企业，除了适用有限责任公司股权转让的有关规定外，还应符合法律法规关于国有产权转让的有关规定，要进行法定的审批程序。

二、股权拍卖中拍卖合同与股权转让合同的关系

二审判决认定"横岗经发公司、横岗投资公司委托联合拍卖公司拍卖横岗运输公司的股权，拍卖成交并由联合拍卖公司与郝佩君签署成交确认书后，委托人横岗经发公司、横岗投资公司与买受人郝佩君之间成立股权转让合同关系"，混淆了拍卖合同与股权转让合同两者的关系。拍卖合同的成立不等同于股权转让合同的成立。对于拍卖合同何时成立，存有一定的争议，通说认为，根据《拍卖法》第51条"竞买人的最高应价经拍卖师落槌或者以其他公开表示买定的方式确认后，拍卖成交"及第52条"拍卖成交后，买受人和拍卖人应当签署成交确认书"的规定，拍定时拍卖合同即已成立生效，第52条的确认书与《合同法》第33条规定的确认书性质不同，拍卖中的确认书是一种事后确认，不影响拍卖合同的效力，也不等同于股权转让合同。在抗诉书中，已经论述了当事人可以对拍卖的履行方式、违约责任、争议解决另行约定。因此，拍卖合同成立后，股权转让合同是否成立，还要看双方对于股权转让有无特别约定，法律法规对于股权转让登记有无强制性规定等情况。本案中，出卖人在《委托拍卖合同》及《拍卖须知》中已对成交后必须签订书面《股权转让协议》作出了特别说明，双方当事人拍卖前已经对签订书面协议达成一致。另外，涉及国有产权转让的情况下，根据《企业国有产权转让管理暂行办法》第17条第4款"企业国有产权转让成交后，转让方与受让方应当签订产权转让合同，并应当取得产权交易机构出具的产权交易凭证"的规定及《广东省企业国有集体产权交易暂行规则》第27条"交易达成后，交易双方应在交易机构的主持下，按《中华人民共和国合同法》的有关规定，签订《企业国有集体产权转让合同》，并经交易机构审核；委托机构会员进行交易的，机构会员须在合同上

签字盖章"的规定和第28条"《企业国有集体产权转让合同》自双方签字盖章之日起成立，自到有关部门办理产权登记手续之日起生效。所有权和风险的转移按《中华人民共和国合同法》的规定执行"的规定，签订书面协议是股权转让合同成立的制度要件。

三、股权拍卖中股权转让合同效力的确定

本案中，由于当事人对于必须签订书面股权转让合同进行了特别约定，签署书面协议作为合同成立的条件，条件未成就则合同不成立。在股权拍卖特别是涉及企业国有股权拍卖时，确定合同的效力要复杂得多。下面对常见的两种情况进行分析。

（一）未履行评估程序的企业国有股权转让合同的效力

《合同法》与《企业国有产权转让管理暂行办法》（以下简称《暂行办法》）对于该问题的规定不尽相同。根据《合同法》第52条第（二）项规定，恶意串通，损害国家、集体或者第三人利益的合同无效。如果企业国有产权的受让方为损害国家利益而相互勾结，规避评估程序，则其签订的国有股权转让合同无效。问题是，如果不能证明转让双方存在着恶意串通，如何认定合同效力？根据《合同法》第52条第（五）项的规定，违反法律、行政法规的强制性规定的合同无效。根据《暂行办法》第32条的规定，在企业国有产权转让过程中，转让方、转让标的企业故意隐匿应当纳入评估范围的资产，或者向中介机构提供虚假会计资料，导致审计、评估结果失真，以及未经审计、评估，造成国有资产流失的，国有资产监督管理机构或者企业国有产权转让相关批准机构应当要求转让方终止产权转让活动，必要时依法向人民法院提起诉讼，确认转让行为无效。假如该文件是国务院颁布的行政法规，人民法院应当援引该条规定判案。遗憾的是，该文件属于部门规章的范畴，人民法院不宜直接援引。那么，究竟援引何种制度较为妥当？就企业国有股权转让合同而言，国有企业的所有权属于国家所有，国有企业不属于公司法调整的现代企业，国有企业不对自身财产拥有法人所有权，不能自由处分。国有企业的经营者或者其业务主管部门擅自超越国有企业所有权主体及其代理机构的权限，不仅对应当纳入评估范围的资产未履行评估程序，而且未报请国有资产监督管理机构或者企业国有产权转让相关批准的机构批准，则此种行为属于无权处分行为。从合同法原理看，此类合同属于效力待定的合同。根据《合同法》第51条规定，无处分权的人处分他人财产，经权利人追认或者无处分权的人订立合同后取得处分权的，该合同有效。换言之，倘若企业国有股权转让合同未报请国有资产监督管理机构或者企业国有产权转让相关批准机构批准，则合同尚未生效，自然不能履行，符合最高人民法院2003年颁布的《关于审理与企业改制相关的民事纠纷案件若干问题的规定》第17条的规定。

（二）以职工安置作为交易条件的合同条款的效力问题

本案中，从有利于企业职工的安置及企业稳定发展的角度来看，也应签订书面的《股权转让协议》。在股权转让合同中，常常将职工安置作为一个交易条件。根据《暂行办法》第22条规定，转让企业国有产权导致转让方不再拥有控股地位的，应当按照有关政策规定处理好与职工的劳动关系，解决转让标的企业拖欠职工的工资、欠缴的各项社会保险费以及其他有关费用，并做好企业职工各项社会保险关系的接续工作。为了强化该条的执行效果，《暂行办法》第32条把转让方、转让标的企业未按规定妥善安置职工、接续社会保险关系、处理拖欠职工各项债务以及未补缴欠缴的各项社会保险费等侵害职工合法权益情形作为合同无效的情况处理。

由于安置职工、接续社会保险关系、处理拖欠职工各项债务以及未补缴欠缴的各项社会保险费涉及金额较高，一些受让方在签订合同时往往积极承诺上述义务，而一旦实际接管了企业，就将上述承诺抛至脑后。例如，一些受让方只与企业职工签订短期劳动合同，待合同期满随即解除劳动合同。在这种情况下，究竟应当适用合同无效制度，还是适用违约责任制度，在司法实践中见解分歧。

鉴于《暂行办法》不是行政法规，而是部门规章，不宜适用合同无效制度，而应当适用违约责任制度。从法理上看，受让方不履行生效合同中的约定义务仅能导致违约责任，但不能导致合同无效。更何况，适用违约责任制度与适用合同无效制度相比，司法救济的效果并不差。因为，国有资产监督管理机构或者企业国有产权转让相关批准机构可以要求受让方继续履行对原企业职工的义务，要求受让方采取补救措施或者赔偿损失，也可以要求解除合同、恢复原状、赔偿损失。可见，违约责任制度在维护企业职工利益方面的通道是多元化的，国有资产监督管理机构或者企业国有产权转让相关批准机构可以选择对企业职工利益最为有效的违约救济方式。

四、结语

司法实践中，股权拍卖涉及的法律问题还有很多，例如股权拍卖中股东的优先购买权的实现问题、拍卖成交后未办理股权变更登记手续问题、瑕疵股权转让问题等，还需进一步研究。在办理股权拍卖案件时，除了要适用《合同法》的有关法理，还应注意法律法规对于股权转让的特殊规定，如在涉及企业国有股权转让时应符合《企业国有产权转让管理暂行办法》等关于国有产权转让的有关规定。另外，还应符合市场经济规律，并兼顾企业职工安置、企业优化重组和企业稳定发展等社会效果问题。

案例来源：广东省人民检察院
案例编写：黄小雨
案例点评：赵一瑾　黄小雨

4. 史河、曾艳诉成都市中地房地产开发有限公司商品房买卖合同纠纷抗诉案

【抗诉机关和受诉法院】

抗诉机关：四川省人民检察院

受诉机关：四川省高级人民法院

【基本案情】

申诉人（一审原告，二审被上诉人）：史河，男，1970 年 12 月 31 日出生，汉族，住成都市锦里东路 5 号国嘉华庭 3 单元 7 楼 1 号。

申诉人（案外人）：曾艳，女，1972 年 9 月 26 日出生，汉族，住成都市锦里东路 5 号国嘉华庭 3 单元 7 楼 1 号。

被申诉人（一审被告，二审上诉人）：成都市中地房地产开发有限公司。住所地：成都市金牛区新二村 19 栋。法定代表人：范安禄，董事长。

2007 年 5 月 23 日，史河与成都市中地房地产开发有限公司（以下简称中地公司）签订了由中地公司提供的统一格式《商品房买卖合同》及《商品房买卖合同补充协议》（合同条款内容及违约金数额也均系其事先统一拟定）。双方约定，史河以 3017280 元的价格，购买中地公司开发的位于成都市西体路 1 号"中地·锦尚"1 栋 1 层 7 号，建筑面积 107.76 平方米商业住房，史河应于合同签订当日内一次性付清房款。中地公司应在 2007 年 12 月 30 日前将房屋交付给史河。合同对中地公司逾期交房责任约定为：逾期超过

60 日后，买受人要求继续履行合同的，合同继续履行，自合同约定交付房屋期限届满之次日起至实际交付之日止，出卖人按日计算向买受人支付全部已付款万分之二的违约金，并于该商品房实际交付之日起 10 日内向买受人支付违约金。中地公司应当在 2008 年 6 月 30 日前取得该商品房所在楼栋的权属证明，如因中地公司责任未能在约定期限取得，双方同意按下列方式处理，即"买受人不退房，合同继续履行。若因出卖人原因，自出卖人应当取得该商品房所在楼栋的权属证明期限届满之次日起至实际取得初始权属登记之日止，出卖人按日计算向买受人支付已付款万分之一的违约金，若非出卖人的原因，出卖人不承担相关责任"。上述合同签订后，史河按照约定当日付清全部房款，中地公司未能在 2007 年 12 月 30 日前向史河交付房屋，而是在 2008 年 8 月 12 日才将房屋交与史河，办理房屋交接手续。中地公司也未能按照约定在 2008 年 6 月 30 日前取得该商品房所在楼栋的权属证明，史河也因此无法办理该商品房的权属证书，双方就中地公司违约金赔偿发生争议，史河向成都市金牛区人民法院提起诉讼。

另查明，成都市中级人民法院审理的陈鹏宇与中地公司商品房买卖合同纠纷一案，售房者也是中地公司，双方所签订的《房屋买卖合同》也是由中地公司提供的格式合同，其约定的逾期交房违约金同为万分之二，且陈鹏宇所购房屋与本案诉争房屋同属 1 栋，陈鹏宇所购房屋在 12 层 2 号，本案诉争房屋在 1 层 7 号。履行合同过程中，同样由于中地公司未能按照约定取得该商品房所在楼栋的权属证明，陈鹏宇也无法办理该商品房的权属证书。陈鹏宇就此与中地公司发生争议，向人民法院提起诉讼，成都市中级人民法院依照双方合同的约定就该案作出（2009）成民终字第 1680 号民事判决，判决中地公司承担万分之二的逾期交房违约金。该判决未对违约金进行调整，其结果与本案判决结果截然相反。

【原审裁判】

2009 年 6 月 8 日，成都市金牛区人民法院作出（2009）金民初字第 711 号民事判决，认为双方所签订的房屋买卖合同及补充协议合法有效，中地公司未按合同约定时间交付史河所购房屋及房屋初始权属证明，应承担违约责任，按合同约定交付违约金。判决：中地公司向史河支付逾期交房违约金 135777.60 元，逾期办理初始产权登记违约金 78751.01 元，共计 214528.61 元。

中地公司不服，向成都市中级人民法院提出上诉。2009 年 10 月 22 日，成都市中级人民法院作出（2009）成民终字第 3347 号民事判决，认为双方所签合同及补充协议合法有效，中地公司迟延交房与迟延办理房屋初始权属证明的上诉理由不能成立。但同时认为：根据本案的开发商的违约行为，给购房者带来的主要损失在于延期交房的租金损失，而迟延办理房屋权属证书的损失，因涉案商铺均用于出租，并未给购房者带来实际损失，史河、曾燕（应为曾艳）也未举证证明迟延办证的损失。与之相比，双方约定的违约金明显过高。根据《最高人民法院关于适用〈中华人民共和国合同法〉若干问题的解释（二）》第 29 条之规定，酌情调整为 26816 元。判决：变更成都市金牛区人民法院（2009）金民初字第 711 号民事判决为：中地公司向史河、曾艳支付违约金 26816 元。

【抗诉理由】

史河、曾艳不服二审判决，向检察机关提出申诉。2010 年 5 月 14 日，四川省人民检察院以川检民行抗（2010）13 号民事抗诉书向四川省高级人民法院提出抗诉。理由如下：

1. 终审判决对双方合同约定的违约金进行大幅度削减，适用法律错误。当事人主张约定的违约金过高请求予以适当减少的，人民法院或仲裁机构可以适当减少，但并非任意减少，也非当事人请求减少就必须减少，是否减少的前提首先是"过分高于造成的损失"，而是否"过高"，应以"约定的违约金超过损失的 30%"为参考标准，同时还须以实际损失为基础，兼顾合同的履行情况、当事人的过错程度以及预期利益等综合因素，根据公平原则和诚实信用原则予以衡量。中地公司因自己原因造成迟延交房与办证的违约事实客观存在，双方签订的《商品房买卖合同》与《商品房买卖合同补充协议》均系中地公司提供的统一格式合同，合同条款内容及违约金数额也均系其事先统一拟定，且史河按约履行了合同义务并无过错。在诉讼过程中，中地公司却提出由自己事先拟定的违约金过高，既有违常理也有违诚实信用原则。另外，迟延交付房屋的违约行为给守约方造成的损失，即终审判决所认定的租金损失具体是多少，双方约定的违约金是否超过实际损失的30%，终审判决并未在判决书中阐述，即本案的实际损失与违约金是否超过损失的30%均尚未查明。对于迟延办证，司法解释规定"合同没有约定违约金或者损失数额难以确定的，可以按照已付购房款总额，参照中国人民银行规定的金融机构计收逾期贷款利息的标准计算"。而双方对逾期办理房屋权属登记的违约金约定为每日万分之一，该计算标准换算成年利率为3.65%，远远低于上述参照标准，完全符合法律规定。在上述情况下，终审判决便将合同约定的违约金214528.61元减少至26816元，进行了大幅度削减，适用法律错误。

2. 同一人民法院，就相同的案件事实作出不同的判决，有违法律统一正确实施的基本法治原则。成都市中级人民法院审理的陈鹏宇与中地公司商品房买卖纠纷一案，售房者也是中地公司，双方所签订的《房屋买卖合同》也是由中地公司提供的格式合同，其约定的逾期交房违约金同为万分之二，且陈鹏宇所购房屋与本案诉争房屋同属一栋。但成都市中级人民法院（2009）成民终字第1680号民事判决，全面支持了约定的违约金。同一人民法院就相同案件采取双重标准，显属不当。

3. 程序严重违法，导致实体判决错误。本案一审中，曾艳为原告史河的委托代理人，但终审法院在无任何法定事由的情况下，直接在终审判决书中将其列为被上诉人和原审被告，变更为本案诉讼主体之一，并作出由中地公司向史河、曾艳支付违约金的实体判决。终审判决将案外人列为本案诉讼主体，并作出向其支付违约金的实体判决，程序严重违法。

【再审结果】

四川省高级人民法院受理本案后，于2010年11月10日作出

（2010）川民提字第 209 号民事判决书，认为史河与中地公司签订的《商品房买卖合同》及《商品房买卖合同补充协议》，系双方当事人真实意思表示，内容不违反法律强制性规定，合法有效。合同有效，双方当事人均应按合同履行自己的权利和义务。故在史河已经按约履行支付合同对价义务的情况下，根据《商品房买卖合同》约定，中地公司应当在 2007 年 12 月 30 日前将经规划验收合格的商品房交付买受人，但中地公司未按约定时间交房且已逾期超过 60 日。根据《中华人民共和国合同法》第 117 条的规定，当事人迟延履行后发生不可抗力的，不能免除责任。中地公司逾期交房超过 60 日，按合同约定应承担史河已付购房款每日万分之二的违约责任，从 2007 年 12 月 31 日至 2008 年 8 月 12 日，共计 225 日。同时合同约定，中地公司应当在 2008 年 6 月 30 日前取得该商品房所在楼栋的权属证明，但中地公司亦因自己的原因未取得，史河要求中地公司承担逾期办理产权初始登记 261 日（从 2008 年 7 月 1 日至 2009 年 3 月 18 日期间）的违约金的诉讼请求，符合合同约定，应予支持，违约金应按史河已付购房款每日万分之一计算。本案双方签订的《商品房买卖合同》系由中地公司提供，对合同内容的起草内容清楚，中地公司认为合同约定的违约金标准偏高，应当承担举证责任。按照最高人民法院《关于适用〈中华人民共和国合同法〉若干问题的解释（二）》第 29 条"当事人主张约定的违约金过高请求予以适当减少的，人民法院应当以实际损失为基础，兼顾合同的履行情况、当事人的过错程度以及预期利益等综合因素，根据公平原则和诚实信用原则予以衡量，作出裁决"的规定，本案违约责任在中地公司，且合同由中地公司提供，中地公司未在约定期限内交房，必然对史河产生租金损失，对违约金的调整应综合考虑该规定的几种情形，二审判决对违约金调整明显过低，违背社会公平和诚实信用原则，应予纠正。但考虑中地公司在 2008 年确有资金周转困难，本院酌情调整为 171622.88 元。曾艳在本案中是史河的委托代理人，而二审判决将其列为本案被上诉人错误，依法予以纠正。四川省人民检察院的抗诉理由成立，予以支持。依照

《中华人民共和国合同法》第 114 条，最高人民法院《关于适用〈中华人民共和国合同法〉若干问题的解释（二）》第 29 条，《中华人民共和国民事诉讼法》第 153 条第 1 款第（一）项、第 186 条第 1 款之规定，判决：变更四川省成都市中级人民法院（2009）成民终字第 3347 号民事判决为：成都市中地房地产开发有限责任公司应于本判决生效之日起 10 日内向史河支付违约金171622.88 元。

【点评】

本案主要涉及违约金调整的相关问题，即违约金调整由谁提出？调整的依据是什么？怎么调整？本文主要依据上述问题展开分析。

一、违约金的性质分析

违约金，是由当事人约定或者法律直接规定的，在一方当事人违约时向另一方当事人支付一定数额的金钱或其他给付。违约金的性质，理论上说法不一，有的认为是一种债，有的认为是一种债的担保方式，也有人把其视为违约责任的一种。通说认为，违约金是当事人承担违约责任的一种形式。然而把违约金作为一种违约责任来考察，目前学术界仍然存在争议。主要有三种观点：第一种观点认为，违约金的性质只能是补偿性。即当事人预先估计损害赔偿总额，违约金与实际损失应大体相当，且不能与赔偿损失、继续履行并用。其功能是为了补偿另一方因违约所遭受的损失，此种违约金的运用，使当事人免除了事后计算损害赔偿额的麻烦以及举证困难，只要有实际损失和违约行为就可以要求支付违约金。因此在适用上有较大的方便。第二种观点认为，违约金仅仅具有惩罚性。惩罚性违约金是指对债务人的违约行为实行惩罚，除了支付违约金外，违约方仍须赔偿损失和继续履行合同义务，以确保合同债务得以履行的违约金。在适用时要求有违约行为，不考虑实际损失，而以有过错为准，即可要求支付违约金。第三种观点认为，违约金既具有补偿性，也具有惩罚性。

英美法系国家承认第一种观点，认为违约金的主要性质在于补偿而不在于惩罚，惩罚性的违约金是无效的。而大陆法系国家承认违约金兼有赔偿性和惩罚性双重属性，即在通常情况下，违约金是赔偿性的，但在对迟延及不完全履行支付的违约金则体现为惩罚性，以维护交易安全。另在规定上大陆法系同时承认当事人约定的惩罚性违约金条款。从我国的情况来看，我国立法对违约金的性质采取的是双重性原则，即违约金既具有惩罚性又具有补偿性。《合同法》对违约金的规定基本沿袭了大陆法系的传统，强调违约金赔偿性的理念，同时有限地承认违约金的惩罚性。《合同法》第114条第2款规定："约定的违约金低于造成的损失的，当事人可以请求人民法院或者仲裁机构予以增加；约定的违约金过分高于造成的损失的，当事人可以请求人民法院或者仲裁机构予以适当减少。"该条款规定在当事人约定的违约金的数额低于或过分高于违约造成的损失的情况下，当事人可以请求法院或者仲裁机构予以增加或适当减少，以使违约金与实际损失大体相当，体现了违约金的赔偿性。同时，该条款规定约定的违约金只有在过分高于实际损失的情况下，才能适当减少，即一般高于实际损失则无权请求减少，减少的幅度为适当。这一方面是为了免除当事人举证的繁琐，另一方面表明允许违约金带有一定惩罚性。《合同法》第114条第3款规定："当事人就迟延履行约定违约金的，违约方支付违约金后，还应当履行债务。"此种情况下，违约金与继续履行合同义务双重适用，体现了较强的惩罚性。我国法律如此规定表明了违约金兼有赔偿性和惩罚性双重属性，既体现了契约自由原则，也体现了契约正义原则。

二、违约金的调整

关于违约金的调整问题，主要涉及以下几个问题：

第一，调整主体。提出违约金调整的主体应当是当事人，这没有疑问，但人民法院是否可以主动调整？根据意思自治原则，人民法院不能依职权主动调整，在当事人未明确提出调整要求但提出的抗辩理由合理涵盖调整违约金之请求时，人民法院可以对其进行释明是否调整。

第二，调整依据。调整的依据为《合同法》第114条。按照该条文的规定，当违约金低于造成的损失时，调整到与损失相当，符合违约金的赔偿性；当违约金过分高于造成的损失时，适当调整，符合违约金的赔偿性与惩罚性。适用该条应注意几个问题：一是根据对违约金性质的分析，违约金的成立，无论赔偿性还是惩罚性均不以损害的发生、存在及其大小为必要，除非当事人有特别约定。二是调整违约金时，关于"损失"的证明责任问题。按照"谁主张，谁举证"原则，应当由主张调整方提出。对于"从高到低"调整，虽然此时守约方更有能力证明自己实际损失，但也应该由违约方举证，这样做既符合举证规则，又是违约金具有惩罚性在举证领域的体现。三是"损失"的认定。这里"损失"一般应指实际损失，在商品房买卖合同领域，按照最高人民法院《关于审理商品房买卖合同纠纷案件适用法律若干问题的解释》第17条、第18条的规定，在合同没有约定违约金数额或者损失赔偿额计算方法，损失数额难以确定的情况下，违约金数额或者损失赔偿额可以参照：逾期付款的，按照未付购房款总额，参照中国人民银行规定的金融机构计收逾期贷款利息的标准计算；逾期交房的，按照逾期交付使用房屋期间有关主管部门公布或者有资格的房地产评估机构评定的同地段同类房屋租金标准确定；逾期办证的，可以按照已付购房款总额，参照中国人民银行规定的金融机构计收逾期贷款利息的标准计算。四是"过分高"的标准问题。《合同法》没有作具体规定，最高人民法院《关于适用〈中华人民共和国合同法〉若干问题的解释（二）》第29条、最高人民法院《关于审理商品房买卖合同纠纷案件适用法律若干问题的解释》第16条进一步明确了"过分高"的标准，即以实际损失为基础，兼顾合同的履行情况、当事人的过错程度以及预期利益等综合因素，根据公平原则和诚实信用原则予以衡量，并作出裁决。一般以当事人约定的违约金超过造成损失的30%的，即可以认定。

第三，如何调整。"从低到高"应调整到与实际损失相当，但"从高到低"则是适当减少，一般不低于造成损失且不超过30%。

三、本案的具体分析

本案中，史河与中地公司签订的相关协议，系双方当事人真实意思表示，内容不违反法律强制性规定，合法有效。协议对迟延交房、迟延办证情形约定了史河可以选择继续履行并可要求违约金，明显具有惩罚性。史河已履行了交付房款的协议主义务，中地公司逾期交房、逾期办证的违约事实客观存在应当承担违约责任——给付相应的约定违约金。由于中地公司提出违约金过高的申请，故举证责任应当由其承担。由于中地公司未能举证，且相关格式协议均由中地公司提供，对合同内容的起草内容清楚，违约责任的过错也在于其本身，中地公司应当承担不利后果。就本案双方约定的违约金来讲，实质低于法律拟定的损失计算标准即最高人民法院《关于审理商品房买卖合同纠纷案件适用法律若干问题的解释》第17条、第18条规定的损失计算标准，故人民法院更不应该对违约金进行调整。二审法院将双方约定的违约金从20余万元调整到2万余元，一方面对违约金性质理解有误，忽视违约金同时具有惩罚性（协议本身约定的就是惩罚性条款），另一方面调整的幅度也未体现"适当性"，违背社会公平和诚实信用原则。另外，该二审法院就相同案件作出不一致的判决，同时违背平等统一适用法律原则。上述错误均应当予以纠正。该案抗诉后，四川省高级人民法院对判决进行了部分纠正，但令人遗憾的是，未能彻底纠正。再审判决"考虑中地公司在2008年确有资金周转困难，（违约金）本院酌情调整为171622.88元"，但是"资金周转困难"属于自身的经营管理问题，并不属于最高人民法院《关于适用〈中华人民共和国合同法〉若干问题的解释（二）》第29条规定的调整违约金应考虑的因素。违约金过高予以调整，应当以实际损失为基础，兼顾合同履行情况、当事人的过错程度以及预期利益等综合因素，根据公平原则和诚实信用原则予以衡量。

四、类案监督的思考

本案虽然只是一起普通的民事抗诉案件，但是对于同类案件的监督具有较强的指导意义。所谓类案监督，是指检察机关针对同一类案件裁判中的不合理以及自相矛盾之处，向法院提出抗诉或检察建议，纠正不正确裁判的行为。司法实践中，类案监督应当重点关注同案不同判现象。同案不同判是指对于同一事实，相同法律关系的同一类型案件，基本事实相同，但分别适用不同的法律进行判断，作出不同的裁判。分析同案不同判现象产生的原因，可以归结为法律规范的模糊性和滞后性、自由裁量权的滥用等。本案原审法院违背合同约定随意大幅度调整违约金数额即属于滥用自由裁量权而导致同案不同判，这极大地损害了广大购房消费者的合法权益，导致大量纠纷产生。对此，曹建明检察长在第二次民行工作会上提出，检察机关要加强对同案不同判案件的类案监督工作。虽然类案监督对于检察机关来说尚处于摸索阶段，但是加强类案监督无疑具有重要意义：使得检察机关的法律监督从点到面得以延伸，发挥监督能动性；使得检察机关的法律监督不仅具有了纠错功能，还具有预防功效，发挥监督的多面性。该案的成功办理，保护了房屋买卖市场中处于弱势地位的购房者的合法权益，维护了法律的统一正确实施和社会的公平正义，彰显了检察机关履行监督职能的法律权威和公信力，也为类案监督提供了一个很好的范例。

　　　　　　　　　案例来源：四川省人民检察院
　　　　　　　　　案例编写：田洪光　张雷
　　　　　　　　　案例点评：张雷　王水明

5. 重庆市长寿区永恒缆车有限公司诉重庆富丽建筑有限公司建设施工合同纠纷抗诉案

【抗诉机关和受诉法院】

抗诉机关：重庆市人民检察院第一分院

受诉法院：重庆市第一中级人民法院

【基本案情】

申诉人（原审被告、反诉原告）：重庆市长寿区永恒缆车有限公司。住所地：重庆市长寿区凤城街道火神街 138 号。法定代表人：郑克，董事长。

被申诉人：（原审原告、反诉被告）：重庆富丽建筑有限公司。住所地：重庆市长寿区凤城街道向阳路 16 号凤城大厦 19 - 2 号。法定代表人：陈晓玲，董事长。

2005 年 6 月，重庆市长寿区永恒缆车有限公司（以下简称永恒公司）与重庆富丽建筑有限公司（以下简称富丽公司）签订了《土建工程施工承包合同》（以下简称《承包合同》）。合同约定：工程名称为重庆市长寿区永恒缆车有限公司缆车技改土建工程；工程内容及范围为按照设计施工图土建所含全部内容……该合同对合同价款、合同工期等内容未作约定。后缆车公司委托中煤国家工程集团重庆设计研究院完成了缆车技改土建工程的设计图纸，并将设计图交给富丽公司。富丽公司对缆车技改土建工程进行了投标，预算总价为 1053452.83 元；包含砖砌围墙、轨道梁、电缆沟等土建项目，其中轨道部分土建预算造价为 413263.39 元。缆车公司其后委托重庆金汇工程造价咨询事务所，对其公司的缆车技改土建工程进行工程量清单预算编制，预算总价为643502元；包含围墙、上下站台、栏杆等土建项目，其中轨道部分土建预算造价为252147.66元。2005年11月1日，双方又签订《土建工程承包合同补充协议》（以下简称《补充协议》），协议约定：缆车轨道土建工程总造价为72万元包干（按现有设计图纸内）。后富丽公司完成了轨枕梁混凝土浇筑工程，该工程经验收合格。2006年10月30日，富丽公司将编制好的《建设工程造价结算书》等交给缆车公司，该结算书上载明工程造价119.8685万元，该工程造价含合同包干价72万元和增加工程造价47.8685万元。施工过程中，富丽公司以借款的方式从缆车公司处领取工程款33万元。缆车公司未回复审核情况，其委托重庆长寿建筑安装公司对富丽公司完成工程量编制了工程计算书，在工程包干价72万元基础上扣减设计变更部分82107.31元，认定该工程总造价为635690元。缆车公司认为按双方《土建工程承包合同补充协议》的约定，已经全部付清了工程款，拒绝再支付工程款。2006年11月30日，富丽公司向缆车公司发出《工程款催收函》。2007年4月23日，富丽公司向长寿区人民法院起诉，要求缆车公司支付工程款874719.6元及利息。2007年7月10日缆车公司提起反诉，要求富丽公司支付违约金60万元。

【原审裁判】

2008年7月25日，重庆市长寿区人民法院作出（2007）长民初字第1083号民事判决，认为双方签订的《承包合同》约定富丽公司所承包的是"缆车技改土建工程"，该合同对合同价款、合同工期等重要内容均未作约定，该合同的内容是整个技改项目的全部，而不是其中的一部分。而《补充协议》约定的是"缆车轨道土建工程"，该协议对工程价款、工期等重要内容均做了严格约定，是整个技改项目的一部分，是对轨道部分的特别约定，不是对《承包合同》的变更，《补充协议》约定的72万元包干价只包含轨道部分的工程造价，不是整个技改项目的全部工程造价。另外，富丽公司后来承建的下站台栏杆部分也属于被告整个缆车技改工程项目的一部分，以及在原告完成轨道土建工程后被告对该部分进行了单独验收等，均佐证了《补充协议》约定的72万元包干价只包含轨道部分的工程造价。因此，富丽公司完成工程的造价应为《补充协议》约定的72万元包干价＋增加费用，合计1063405.78元。关于双方是否构成违约问题，本诉部分，法院根据双方签订的合同，认为双方未对工程价款进行约定，且双方对工程价款未形成一致意见，被告不构成逾期付款，并未违约。反诉部分，由于《承包合同》未对工期进行约定，应以实际施工期间为合同工期，原告并没有超出《补充协议》约定的"缆车技改"土建工程的30日施工工期，因此原告不构成违约。判决：1.缆车公司支付富丽公司到期应支付的工程款573893元，并从2008年1月1日起按中国人民银行规定的商业银行同期贷款利率支付利息至该款付清时止；2.驳回富丽公司的其余诉讼请求；3.驳回缆车公司的反诉请求。

缆车公司不服一审判决，上诉至重庆市第一中级人民法院。因缆车公司的免交诉讼费申请不符合免交条件，其在规定期限内仍未交纳诉讼费，重庆市第一中级人民法院裁定本案按缆车公司自动撤回上诉处理，双方均按原审判决执行。

【抗诉理由】

缆车公司不服一审判决，向检察机关提出申诉。2009年11月23日，重庆市人民检察院第一分院以渝检一分院民抗（2009）第21号民事抗诉书向重庆市第一中级人民法院提出抗诉。理由如下：

原审判决认定重庆同诚天行造价咨询有限公司鉴定的水沟、围墙、下站台栏杆、踏步、罗马柱栏杆为181629.23元；原混凝土基础围墙地砖、不锈栏杆为103357.84元为缆车技改工程72万元包干价以外增加的工程部分错误。

第一，双方签订的《承包合同》中，约定工程内容及范围，按照设计施工图所含全部内容。双方后签订的《补充协议》中，约定缆车轨道土建工程总造价为72万元包干（按现有设计图纸内）。而缆车公司委托中煤国际工程集团重庆设计研究院完成的缆车技改土建工程设计图纸中，"说明"部分包括：缆车道两侧均铺设人行道、设排水暗沟、设安全栏杆、设砖墙或金属围墙、上下站护栏、上下站台踏步地砖、水沟盖板、桥梁和边坡栏杆。

第二，富丽公司向长寿区交通局、缆车公司的《关于增加工程量的报告》中，载明实际施工工程量增加的部分有：（1）围墙，（2）轨枕梁垫层和钢筋混凝土轨枕梁，（3）围墙基础的超深。该报告中没有下站台栏杆、踏步、罗马柱栏杆等，这是富丽公司的自认，应当作为证据使用。

第三，重庆同诚天行造价咨询有限公司评估中载明："缆车技改土建工程中的水沟、围墙、下站台栏杆、踏步、罗马柱栏杆，是否为包干价以外增加工程造价，由法院质证后判定；原混凝土基础围墙地砖、不锈钢栏杆，是否从总价中扣除，由法院质证后判定。"在法院质证过程中，缆车公司明确指出，梯踏步、围墙、水沟、混凝土基础围墙包含在72万元以内，罗马柱和签证部分多算了，不锈钢栏杆应当从72万元包干价中扣除，可见，缆车公司对评估报告并不认可，提出了明确的异议。

综上，由于双方签订合同的设计图纸中，"说明"部分包括：缆车道两侧均铺设人行道、设排水暗沟、设安全栏杆、设砖墙或金属围墙、上下站护栏、上下站台踏步地砖、水沟盖板、桥梁和边坡栏杆。这些工程均应包括在双方约定的72万元包干价中，而原审认定72万元包干价外增加工程部分包括水沟、围墙、下站台栏杆、踏步、罗马柱栏杆、混凝土基础围墙地砖、不锈钢栏杆。明显重复计算，系认定事实错误。

【再审结果】

重庆市第一中级人民法院受理抗诉后，指令长寿区人民法院再审，该院依法另行组成合议庭开庭再审。再审过程中，法院主持双方自愿达成调解协议：缆车公司在2010年10月20日前，再向富丽公司支付工程款46万元，以作为了结本案的全部债务。

【点评】

本案双方争议的焦点是对"缆车轨道土建工程总造价72万元

包干（按现有设计图纸内）"一款所含范围的理解产生分歧，即72万元包干价是缆车技改土建工程的全部包干价还是轨道部分土建工程的包干价，其实质主要涉及的是合同的解释问题。

一、合同解释的概念及意义

所谓合同解释，简单说就是对合同内容的理解和探析。具体而言，合同解释是在合同生效及履行合同过程中双方当事人因理解合同条款的含义发生歧义时应当如何适用法律的一种法律制度。[①]

由于合同解释直接关系到当事人的权利义务能否得到及时确定，进而影响到合同能否顺利履行以实现缔约目的。因此，合同解释是合同法上一个非常重要的制度，其对解决经济生活中的合同纠纷具有重要的意义。

1. 合同解释可以阐明合同条款的含义，使某些不明确的合同内容得到合理确定，从而使合同内容更加符合法律的典型要求。合同实践中，双方当事人可能因使用的文字不准确，未能将真实的意思表示明确，从而对合同的内容发生争议。也可能对应当具备的条款未加规定，致使合同难以履行。通过合同解释，有助于对合同文字表述的真正含义进行界定，进而探寻当事人的真意，明确双方的权利义务关系，正确认定案件事实。

2. 合同解释有助于对不完整的合同内容进行补充说明。实践中，由于当事人只注意法律对合同内容的具体要求，而忽略了合同内容的详略，同时又受到习惯和交易过程的影响，容易造成合同内容的不完整或某些事项规定上的疏漏。因此，通过解释对合同内容的完整性进行补足，从而实现合同目的。

3. 合同解释有助于统一合同内容。司法实践中，基于各种原因，合同难免存在内容不统一或自相矛盾的不合理情形，因此，通过解释可使合同内容更加合理，这有利于维护合同法关系稳定和市场交易秩序的正常运行。

---

① 赵旭东主编：《合同法学》，中央广播电视大学出版社2000年版，第202页。

二、合同解释的基本方法及其适用规则

合同案件中，法官的首要任务是查明当事人之间的权利与义务，找出适用法律的事实根据。因此，解释合同具有必然性。那么，该如何解释合同呢？这涉及合同解释的方法问题。关于合同的解释问题，《合同法》第 125 条规定："当事人对合同条款的理解有争议的，应当按照合同所使用的词句、合同的有关条款、合同的目的、交易习惯以及诚实信用原则，确定该条款的真实意思。"根据本条规定，合同解释的方法分为文义解释、整体解释、目的解释、习惯解释和诚信解释五种方法。

1. 文义解释。文义解释是指通过对合同所使用的文字词句的含义的解释，以探求合同所表达的当事人的真实意思。因此进行文义解释，应探求当事人共同的真实意思，不应仅满足于对词语含义的解释，不应拘泥于所使用之不当词句。《法国民法典》第 1156 条规定："解释契约时，应寻求当事人的共同意思，而不拘泥于文字。"德国合同解释理论中有一个重要原则是："误载不害真意"，即解释合同时应探寻当事人的真实含义的意思，不应拘泥于当事人误书。

2. 整体解释。整体解释，又称体系解释，是指把全部合同条款和构成部分看做一个统一的整体，从整个合同的全部内容上理解、分析和阐明当事人对争议的合同用语的含义。整体解释强调构成合同的各个条文之间的相互联系，从总体上把握和理解合同要求，而不拘泥于个别条款和文字。当合同出现歧义条款时，需把争议的条款或词语与其上下文所使用的词语联系起来，以确定当事人的真实意思表示。合同内容通常难以被单纯的合同文本所完全涵盖，因此当事人的诸多其他行为和书面材料同样是其重要组成部分（如双方的初步谈判、要约、座谈、电报等），其中可能包含对合同文本内容的修订或补充。充分了解这些有利于探求当事人的真意，正确认定案件事实。我国《合同法》第 125 条规定当事人对合同条款的理解有争议的，应当按照合同所使用的词句、合同的有关条款等确定该条款的真实意思，也体现了整体解释方法。

3. 目的解释。所谓目的解释是针对当事人签订合同的目的对合同进行解释。当事人订立合同必有其目的，该目的是当事人真意所在。因此，确定合同用语的含义乃至整个合同内容自然应当同合同目的保持一致。

4. 习惯解释。习惯解释是根据交易当事人所采用的通常习惯对合同进行的解释，它实际上是以普遍接受的客观标准作为理解合同条款的依据。习惯如不违反法律强制性规定和公序良俗，即可作为解释当事人真实意思的依据。

5. 诚信解释。我国民法通则将诚实信用原则确立为民法的基本原则，其适用范围及于整个民事领域。依诚实信用原则，合同所使用文字词句有歧义时，应依诚实信用原则确定其正确意思。合同内容有漏洞不能妥善规定当事人权利义务时，应依诚实信用原则补充其漏洞。

以上所述的合同解释的基本方法在适用中有大致的顺序，一般说来，应先从文义解释入手，若文义解释仅得出一种结论，则无须运用其他解释方法。若出现两种以上结论时，应运用整体解释及习惯解释方法进行解释，同时参酌诚信解释，得出解释结果。如仍然有两种以上解释结论的，应运用目的解释方法进行取舍。

需要指出的是，虽然合同解释方法在适用时有大致顺序，但亦不可拘泥于顺序。司法实务中，因个案因素的影响，为了能更准确解释合同，可能会适用不同的解释方法。而这些解释方法的适用并不存在先后顺序。总体而言，解释方法的运用，一是应根据具体情况而定；二是应本着合法、有效、公平、合理的原则来适用各种解释方法，通过有效的合同解释去充分探求当事人的真意，明确合同双方的权利义务关系，以达到定分止争的目的。

三、本案的具体分析

本案中，缆车公司与富丽公司对于《补充协议》约定"缆车轨道土建工程总造价72万元包干（按现有设计图纸内）"一款所含范围的理解产生分歧。理解分歧属于合同解释的范畴，因此本案要解决的问题其实是一个合同解释问题。即合同双方当事人对合同中的某一条款理解发生分歧又不能通过协商解决时，请求法院对有分歧的合同条款作出解释。此时，法官应根据《合同法》第125条规定的合同解释方法，包括文义解释、整体解释、目的解释、习惯解释和诚信解释，对双方的分歧点加以考量。

合同解释的目的，是探求合同双方当事人的真实意思表示。因此合同解释不得拘泥于合同所用之词句，现在让我们来探讨这份合同的真意。《补充协议》约定：缆车轨道土建工程总造价为72万元包干（按现有设计图纸内）。单就该条款前面的字面意思理解来说，72万元包干价只是针对轨道部分，而一审法院认定《补充协议》约定的72万元包干价只包含轨道部分的工程造价的依据也来源于此。但仔细分析此条款，会发现法官忽略了该条款后面的"按现有设计图纸内"。双方签订的设计图纸中，"说明"部分包括：缆车道两侧均铺设人行道，设排水暗沟，设安全栏杆，设砖墙或金属围墙，上下站护栏，上下站台踏步地砖，水沟盖板，桥梁和边坡栏杆。即这些工程均应包括在双方约定的72万元包干价中。再结合整个案件来看，被申诉人向申诉人提交的预算标书上对轨道部分土建工程的预算是413263.39元，申诉人自己的工程预算报告上对轨道部分土建工程的预算是252147.66元。虽然在市场经济条件下，当事人的约定价格可高于市场价格，但不能违背常理，在工程量未增加的情况下，缆车公司不可能以远高于富丽公司提交的预算价格而将缆车轨道部分土建工程发包给对方。因此，72万元只是缆车轨道部分土建工程造价并不是缆车公司的真实意思表示。由此可见，本案不应仅仅以文义解释方法对合同歧义条款进行解释。而应以整体解释方法，把争议的条款或词语与其上下文所使用的词语联系起来，把全部合同条款和构成部分看做一个统一的整体，从各个合同条款的相互关联、所处的地位总体联系上阐明当事人有争议的合同用语的含义。只有透过合同条款背后去探究缆车公司真实的意思表示，充分考虑涉案合同的个案因素以及与案件相关的所有情况，才能对合同作出正确、合理的解释。

本案一审法官简单机械地以合同文本的书面文字含义解释合

同，当其运用文义解释方法解释合同出现两种结果时，并未充分运用其他解释方法对合同进行更为准确、合理的解释，因而违背了当事人的真意。这种典型的以词害意，最终导致了形式上的公平而实质上的不公平。

四、结语

王泽鉴先生曾指出："法律人的主要工作在于解释。"① 因此正确理解包括合同在内的各种文件是正确地运用法律、公正地处理问题的前提和基础。这要求司法机关在解释合同歧义条款时，需充分顾及双方当事人利益的平衡，探求双方在订立合同时的真意。不仅要解释文字的字面含义，更应充分考虑歧义条款与合同其他条款的协调、当事人的交易目的、平时的交易习惯、诚实信用原则等因素，以此来明确合同的权利和义务，正确认定案件事实，实现法律公平正义的价值追求。

案例来源：重庆市人民检察院第一分院
案例编写：丁晓燕
案例点评：丁晓燕

---

① 王泽鉴：《民法总则》，中国政法大学出版社 2007 年版，第 403 页。

6. 龙和平等四人诉交通银行中山分行、交通银行中山分行小榄支行储蓄合同纠纷抗诉案

【抗诉机关与受诉法院】

抗诉机关：广东省人民检察院

受诉法院：广东省高级人民法院

【基本案情】

申诉人（一审原告、二审上诉人、再审申请人）：龙和平，男，1953 年 10 月 15 日出生，汉族，住广东省中山市小榄镇永宁螺沙二工业区。

申诉人（一审原告、二审上诉人、再审申请人）：陈笑珍，女，1961 年 3 月 9 日出生，汉族，住广东省中山市小榄镇西区十村。

申诉人（一审原告、二审上诉人、再审申请人）：冯东成，男，1967 年 10 月 24 日出生，汉族，住广东省中山市小榄镇东区九村。

申诉人（一审原告、二审上诉人、再审申请人）：林祥于，男，1963 年 4 月 14 日出生，汉族，住广东省中山市小榄镇茶薇花园。

被申诉人（一审被告、二审被上诉人、再审被申请人）：交通银行中山分行，住所地：中山市石岐区悦来南路 30 号。负责人：赵建红，分行行长。

被申诉人（一审被告、二审被上诉人、再审被申请人）：交通银行中山分行小榄支行，住所地：中山市小榄镇民安路 191 号。负责人：李木英，支行行长。

2001 年 1 月 4 日，龙和平通过交通银行中山分行小榄支行

（以下简称小榄支行）向交通银行中山分行（以下简称中山交行）申领了一张交通银行"太平洋借记卡"。在龙和平申领该卡所填写的"交通银行太平洋借计卡个人申请表"的正面，龙和平签名并声明，其同意遵守交通银行太平洋卡的有关规定。之后，龙和平利用该太平洋借记卡进行过多笔交易。2001 年 10 月 16 日该卡内的55000 元分四次在中山交行市区网点的柜员机以转账或提现金的方式被人取走。10 月 17 日该卡内的 55000 元又用前一天的方式被取走。龙和平认为该款并非是其自己所取，而是被他人冒领的，遂先向小榄支行反映后即向公安机关报案。龙和平与银行协商未果，于2002 年 4 月 15 日向原中山市人民法院起诉，请求判令中山交行、小榄支行赔偿其损失 11 万元及利息，并承担本案诉讼费用。

另查明，本案所涉及的太平洋借记卡（以下简称太平洋卡）是交通银行向社会发行的具有消费结算、转账结算（包括自动转账、自动转存、代发工资、代缴费用等）、存取现金和一卡多户（单位卡除外）等功能，以人民币结算的金融支付工具。

本案在一审过程中，一个涉嫌曾在海南省海口市、浙江省绍兴市、广东省中山市利用太平洋卡等信用卡盗取他人存款的犯罪团伙的部分成员苏理煌、苏水九等人被海口市、绍兴市公安机关依法逮捕，捕后分别被关押于海南省海口市看守所和浙江省绍兴市看守所。中山市公安局的干警分别前往两地对苏理煌、苏水九等犯罪嫌疑人进行了讯问，犯罪嫌疑人供述曾在全国多个地方的交通银行通过偷窥他人的卡号及密码，再制作成复制卡即伪卡，用复制卡消费购物、在 ATM 机上取现或通过复制卡将款转入另一张卡再将款提走等手段窃取他人太平洋卡上的存款。他们曾在中山市作案多起。并供述在中山市作案时曾将在交通银行偷窥到的他人的卡号及密码，电话告知在老家福建省安溪县的犯罪同伙，安溪县的犯罪分子据此制作成复制卡，用复制卡在厦门提现。同时还以"陈海清"的名字办理过一张交通银行的太平洋卡，并用复制卡在中山市提现或在中山市用复制卡将他人太平洋卡上的款额转至"陈海清"的卡上，再通过交通银行的柜台从"陈海清"的卡上将大额的款项提走。在二审审理中，法院要求交通银行提供龙和平所称的 11 万元款项被提现或卡转出的详细资料，交通银行提供了龙和平的"ATM 交易扣账清单"，该清单显示：2001 年 10 月 16 日 18 点 19 分 9 秒至 18 点 21 分 38 秒间，龙和平持有的该借记卡内的存款在中山市柏苑分理处的 ATM 柜员机上连续以卡转出的方式被转出 50000 元，以提现的方式被取走 5000 元，具体为：18 点 19 分 9 秒卡转出 50000 元、18 点 20 分 1 秒 ATM 取款 2000 元、18 点 20 分 51 秒 ATM 取款 2000 元、18 点 21 分 38 秒 ATM 取款 1000 元。2001 年 10 月 17 日凌晨 1 点 12 分 39 秒至 1 点 19 分 49 秒间，龙和平持有的该借记卡内的存款在交通银行中山市大桥分理处的 ATM 柜员机上以上述方式被转出了 50000 元，提取现金 5000 元，具体为：1 点 12 分 39 秒卡转出 50000 元、1 点 18 分 9 秒 ATM 取款 2000 元、1 点 19 分 2 秒 ATM 取款 2000 元、1 点 19 分 49 秒 ATM 取款 1000 元。以上通过卡转出共计 10 万元，转出卡号 40551280750425501，户名是龙和平，转入卡号 60142820750339301，户名是陈海清。

又查明，龙和平在申领主卡时并未申领附属卡。《申领使用太平洋卡须知》第 2 条规定："……个人卡每日在 ATM 机上的累计提款额不得超过 5000 元。"第 7 条规定："持卡人用太平洋卡购物、消费或支取现金，均须同时出示身份证件……"第 13 条规定："持卡人须对个人密码自行保密，否则，密码泄露所造成的损失全部由持卡人承担……"《申领使用太平洋卡须知》第 6 条规定："申领人……在发卡机构及其所属的营业网点和跨系统发卡行的柜面终端、自动柜员机（ATM）、销售点终端（POS）上使用太平洋卡，只须密码输入正确，该交易款项即记入申领人……存款账户，申领人对此类交易负全部责任。"交通银行太平洋借记卡的系统设置每日卡转出不超过 50000 元。

其余三名申诉人陈笑珍、冯东成、林祥于的案情与龙和平类似，其储蓄卡分别损失 10.8 万元、5 万元和 11 万元，均向法院提起诉讼。

【原审裁判】

中山市人民法院审理认为，龙和平等人与中山交行、小榄支行之间在办理申领借记卡手续时，龙和平等人同意遵守交通银行太平洋卡的有关规定。双方通过借记卡已建立起存款合同关系，银行的章程、须知等附属资料也属于双方之间的合同组成部分。中山交行提出应"先刑后民"，请求驳回龙和平等人的起诉。最高人民法院《关于在审理经济纠纷案件中涉及经济犯罪嫌疑若干问题的规定》第10条规定："人民法院在审理经济纠纷案件中，发现与本案有牵连，但与本案不是同一法律关系的经济犯罪嫌疑线索、材料，应将犯罪嫌疑线索、材料移交有关公安机关或检察机关查处，经济纠纷案件继续审理。"本案纠纷为借记卡纠纷，与第三人的刑事犯罪属不同的法律关系，刑事案件的侦查不应影响本案的审理。故中山交行的该请求理由不充分，一审法院不予支持。从本案的证据来看，龙和平等人所提交的证据不足以证明龙和平等人的上述存款确实被犯罪分子盗领。以下就假如存款确是被犯罪分子盗领的情况下中山交行是否应担责进行分析。龙和平等人签字同意的太平洋卡章程规定："持卡人须对个人密码自行保密，否则，密码泄露所造成的损失全部由持卡人承担。"由上述规定可以看出，根据信用卡具有的货币电子化特有交易特点，密码系电脑交易系统进行确认持卡人身份的重要手段，因此成为确保存、取款等交易安全十分重要的因素。持卡人的密码是发卡银行与持卡人约定用来确认持卡人交易身份的识别手段，也是唯一可以动用账户资金的钥匙。密码一旦确定与输入，非经复杂破译程序不能再现，因此密码只有本人知悉，是保障交易安全的最重要因素，密码具有的这种唯一性、私有性和秘密性是银行卡业务得以开展的基础。持卡人对于密码应当具有更高程度的注意义务，使用密码交易，如无其他免责事由，应视为持卡人本人进行的交易。发卡银行已经在信用卡章程和须知中向持卡人作出了关于密码的重要性以及泄密责任的充分说明，龙和平等人对此应当知晓密码泄露可能产生的风险，并在接收信用卡时起就表明愿意承担由此产生的风险责任。丧失密码，即可能导致密码持有人的经济损失。龙和平等人接受对密码保密的约定，就应对此承担相应的保密义务。在通常情形下，我国民事诉讼采取"谁主张，谁举证"原则，本案亦不属于最高人民法院《关于适用〈中华人民共和国民事诉讼法〉若干问题的意见》第 74 条规定的情形以及最高人民法院《关于民事诉讼证据的若干规定》第 4 条规定的适用举证责任倒置的情形。在本案中，若适用举证责任倒置将带来一系列的问题，造成效率的损失，一审法院认为不宜适用举证责任倒置，而应由龙和平等人负责举证有关电子计算机系统存在缺陷，若龙和平等人不能举证则应承担败诉的责任。虽然，龙和平等人所持有的磁卡具有唯一性，但磁卡须对外公示，在现有技术条件容易被伪造。虽中山交行所属的交通银行 ATM 机未能识别出犯罪分子用于盗取龙和平等人存款的复制卡，但这是现有技术下难以克服的，龙和平等人在享受电子交易快捷服务的同时，亦应承担由此而带来的风险。中山交行的借记卡业务得以开展，是经过了中国人民银行许可的，符合银行卡业务开办的条件。由于我国目前尚无从事软件安全鉴定的部门，在此状态下，仅凭龙和平等人的怀疑，没有科学的结论为基础支持就认定中山交行开展借记卡业务的计算机系统不安全是不当的，这也不利于金融业务的开展。综上所述，龙和平的诉讼请求依据不充分，一审法院不予支持。依照《中华人民共和国民事诉讼法》第 64 条第 1 款、最高人民法院《关于民事诉讼证据的若干规定》第 2 条、最高人民法院《关于在审理经济纠纷案件中涉及经济犯罪嫌疑若干问题的规定》第 10 条之规定，判决：驳回龙和平等人的诉讼请求。

龙和平等四人均不服一审判决，向中山市中级人民法院提出上诉。2006 年 10 月 30 日，中山市中级人民法院作出 (2005) 中中法民一终字第 75 - 78 号民事判决，认为中山交行、小榄支行因向龙和平等人发行了太平洋借记卡，而与龙和平建立了储蓄合同关系。太平洋卡章程、须知等附属资料也属于双方之间的合同组成部分。太平洋卡章程、须知明确规定持卡人须对个人密码自行保密。否则，密码泄露所造成的损失全部由持卡人承担。信用卡具有货币电子化特有的交易特点，密码系电脑交易系统进行确认持卡人身份的重要手段，持卡人的密码是发卡银行与持卡人约定用来确认持卡人交易身份的识别手段。使用密码交易，如无其他免责事由，应视为持卡人本人进行的交易。龙和平等人卡内的存款被转账或提现，均是通过密码交易。即便上述款项被他人冒领，也是由于他人掌握了龙和平等人太平洋卡的资料（包括密码在内）所致，龙和平等人对其应当保管的密码被他人掌握存在重大过失。按照双方合同的约定，密码泄露所造成的损失应由龙和平承担。故龙和平等人上诉，依据不充分，予以驳回。一审判决正确，予以维持。综上，依照《中华人民共和国民事诉讼法》第153条第（一）项之规定，判决：驳回上诉，维持原判。

龙和平等人仍不服二审判决，又向中山市中级人民法院申请再审。中山市中级人民法院于2007年12月12日作出（2007）中中法审监民再字第19－21、36号民事判决，认为本案再审争议的问题有二：一是涉案太平洋卡内的存款是否犯罪分子通过使用伪造卡所盗；二是假设涉案太平洋卡的密码被盗，究竟因谁的过错所致。龙和平等人就款项被转账或提现向公安机关报案，但是迄今为止，公安机关对款项被转账或提现究竟何种原因所致，并未查实，尚未结案。从现有的证据分析，并不能证实涉案太平洋卡内的存款是犯罪分子通过使用伪造卡所盗。中山交行、小榄支行已按《银行卡业务管理办法》的规定，在《太平洋借记卡章程》、《申请使用太平洋借记卡须知》等向龙和平告知密码的重要性及泄露的责任。中山交行、小榄支行已履行其义务，并未有任何违约或违法行为。中山交行、小榄支行经中国人民银行批准开展借记卡业务，这意味着中山交行、小榄支行已具备《银行卡业务管理办法》第13条的条件，即具有安全、高效的计算机处理系统等条件。龙和平等人卡内的存款被人转账或提现，均是通过密码交易。即便上述款项被他人冒领，也是由于他人掌握了龙和平太平洋卡的资料（包括密码在内）所致，龙和平等人对其应当保管的密码被他人掌握存在重大过失。龙和平等人没有按法律法规的规定和合同约定尽到谨慎保护个人密码的保密义务。综上所述，二审判决认定事实清楚，适用法律正确，应予维持，根据《中华人民共和国民事诉讼法》第184

条的规定，并经该院审判委员会讨论决定，判决：维持该院（2005）中中法民一终字第 75 - 78 号民事判决。

【抗诉理由】

龙和平等四人不服再审判决，向检察机关提出申诉。2008 年 8 月 18 日，广东省人民检察院以粤检民抗（2008）192、199、200、201 号民事抗诉书向广东省高级人民法院提出抗诉。理由如下：

1. 再审判决对证据未作全面审查，致使该案认定事实错误。本案现有证据足以证明交通银行太平洋借记卡的电子计算机系统自身安全性能存在缺陷，使太平洋借记卡储户的存款存在被犯罪分子盗取的可能性。根据本案卷宗材料显示，二审法院曾经调取过中山市公安局对抓获的伪造交通银行太平洋借记卡用于盗取他人存款的犯罪团伙成员苏理煌、苏水九等人作的讯问笔录，证明犯罪团伙成员在中山市专门针对交通银行的太平洋卡储户多次实施了盗窃他人太平洋卡内存款的行为，其手段是偷窥太平洋卡储户卡号和密码，再以此制作复制卡在 ATM 机上提现或转账至户名为"陈海清"的卡上提现。结合交通银行中山分行提供的记录龙和平账户"ATM 交易扣账清单"能够相互印证，龙和平等人的太平洋卡内存款确实在 2001 年 10 月期间，分两日在中山被他人以转账或提现方式将存款取走，转账到户名为"陈海清"的账户上，原审法院为此在 2006 年 4 月 25 日专门到中山市公安局经侦支队找过侦办该案的办案人员了解情况，据所作的调查笔录上记载，中山市公安局经侦支队李科长称发生此类案件均是交通银行的卡，交通银行卡的内部密码已经被破解，银行信用卡有内部密码和外部密码，内部密码是银行内部制定的，外部密码是用户密码，交通银行的卡本身有漏洞，按交通银行自己的说法是卡内部保险线比较简单。综上材料分析，显然再审法院对龙和平的太平洋卡内存款项被他人通过使用伪造卡所盗事实证据未有查证，违背民事诉讼中审判人员应当依照法定程序全面客观地审核证据原则，对应当作出判断的证据不作认定，致使该案认定事实错误。

2. 再审法院将交通银行太平洋卡储户存款被盗的责任全部归

咎于密码泄露，未有确认交通银行电子计算机系统自身安全性能存在缺陷导致储户损失而应承担的过错责任，违背民事诉讼的公平原则，实体处理不当。本案中龙和平等人的太平洋卡内存款被他人通过使用复制卡所盗，是交通银行电子计算机系统自身安全性能存在缺陷和储户密码被泄露两方面原因导致，查办该案的公安人员已确认交通银行电子计算机系统内部密码已经被破解，使交通银行信用卡很容易被犯罪人仿造。犯罪人在取得交通银行的计算机系统内部密码编码规则，制造出与龙和平等人所持太平洋借记卡一致的复制卡，再通过窃取龙和平等人该卡密码后，就能盗取龙和平等人卡内所有存款。此类案件中，银行储户是无意丢失密码，而更大的责任是银行造卡程序，这个程序里不同银行有不同的编码规则，即银行内部制定的内部密码，如工商银行的内部密码就有 45 位而不易被破解。如果犯罪嫌疑人没有取得银行的编码规则，是制造不出复制卡的。在此类案件中，银行储户是弱者，银行方应承担更多的举证责任。本案中，再审法院认定龙和平等人没有按法律法规的规定和合同约定尽到谨慎保护个人密码的保密义务，将其存款被盗的责任全部归咎于龙和平等人密码泄露。卷宗证据材料显示，交通银行并无证据证明龙和平使用太平洋卡过程中有"密码保管使用不当"情形，亦无证据证明龙和平等人故意泄露了密码或参与了犯罪，因此，对存款被盗一事龙和平等人没有过错，不应自行担责。再审法院所依据的《太平洋借记卡章程》、《申请使用太平洋借记卡须知》系交通银行提供的格式合同，免除了银行的责任，排除了储户方的主要权利，属无效条款。《申领使用太平洋借记卡须知》中的第 6 条、第 13 条条款，明显加重了储户的责任，免除了银行的责任，根据我国《合同法》规定，提供格式条款一方免除其责任、加重对方责任、排除对方主要权利的，该条款无效。因此，交通银行与龙和平的约定属于无效条款。另外，交通银行未尽法定的安全保障义务，是造成龙和平存款被盗的原因，应承担赔偿责任。交通银行作为商业银行，为储户提供安全有保障的储蓄服务，是其履行储蓄合同的义务。本案中，犯罪人在破解交通银行内部密码后，制造出与龙和平所持太平洋借记卡一致的复制卡，再窃取龙和平卡密码，从而盗得龙和平卡内 11 万元存款。显然，交通银行方面未能提供安全可靠的正确识别太平洋借记卡真伪的 ATM 机系统及疏于管理，是造成龙和平等人存款被盗主要原因。为此，交通银行应对其系统未能识别真伪卡造成的损失承担赔偿责任。原再审判决驳回龙和平等人的诉讼请求处理不当。

【再审结果】

广东省高级人民法院受理本案后，于 2008 年 11 月 25 日作出（2008）粤高法立民抗字第 164－167 号民事裁定，提审本案。2009 年 11 月 18 日，广东省高级人民法院再审作出（2009）粤高法审监民提字第 23、25、26、27 号民事调解书，以调解的形式对原判决作出改判，调解书确认：一、龙和平等四人同意交通银行中山分行在调解书生效 10 个工作日内给付其 87000 元不等；二、交通银行中山分行履行上述款项后，双方纠纷全部了结。

【点评】

近年来，储蓄卡内存款被盗引起的储户与银行之间的纠纷呈上升趋势。本案属典型的伪造储蓄卡造成存款被盗的储蓄合同纠纷案件，准确分析该类案件的相关法律关系及法律适用问题，是明确储蓄合同纠纷各方当事人责任及防范此类案件再次发生的关键所在。

一、储蓄卡内存款被盗纠纷案件双方的法律关系

储蓄合同是储户将资金交付给银行等储蓄机构，储蓄机构按照约定向储户支付本金和利息的合同。储蓄合同纠纷性质是民事法律关系，主要是合同法律关系。储蓄卡号码信息实际反映的储户在银行的账户，储户将资金存入储蓄卡内，实际是储户将资金存入了自己在银行的账户中，银行的电子信息记录是储户对储蓄机构享有债权的凭证，不能把储蓄合同作为保管合同认定。按照合同法的规定，储蓄机构违反储蓄合同约定向储户之外的第三人的付款行为，不能构成对储户的有效清偿，不能消灭储户和储蓄机构之间的债权债务关系，储户仍对储蓄机构享有债权，储蓄机构以存款已被支付为由拒绝储户的付款请求，是违反储蓄合同的违约行为，应依照合

同法承担违约责任，而非侵权行为承担侵权责任。

二、储蓄卡存款被盗纠纷双方的举证责任

储蓄合同纠纷是一般的合同纠纷，依照最高人民法院《关于民事诉讼证据的若干规定》，储户要求银行对其被盗存款承担支付义务时，必须对以下事实承担举证责任：1. 储户存款被盗取的事实；2. 储蓄机构在履行与储户签订的储蓄合同过程中有违约的事实；3. 存款被盗取与储蓄机构的违约行为之间有必然因果关系。本案中，作为储户的龙和平等人已向法院提交自己到公安机关的报案材料，及申请一、二审法院到公安机关调取的刑事案件侦查材料，足以证明本案中储户的存款确是被犯罪分子盗取，且犯罪分子利用了案发当时银行方面储蓄卡系统存在的一个技术漏洞。也即龙和平等人已完成了其举证责任。

那么，银行对以上事实予以否认，此时举证责任应发生转移，即其有义务提出反证。根据中国人民银行《银行卡磁条信息格式和使用规范》和《银行磁条卡自动柜员机（ATM）应用规范》等规定，储蓄卡磁条内的信息分为卡号和内部识别码，内部识别码用于区分和辨别各银行卡的不同或真伪，由银行自行编排和掌握，不应被轻易破解。本案中的被抓获的犯罪嫌疑人已交代其掌握了银行方面编排内部识别码的漏洞，利用在作案当地办理的储蓄卡轻易破解他人卡的内部识别码，且该事实得到经办公安人员的认可。虽然该刑事案件在本案审理时未完全结案，银行方面对此予以否认，则应由其提供相应的反证证明其相关系统没有技术漏洞。如提交案发时其储蓄卡编制内部识别码的技术资料，对串案中四储户的银行卡或同期银行卡进行对比技术鉴定等。但本案中银行并未完成以上举证责任，应由其承担举证不能的法律后果。因民事案件与刑事案件的证明标准并不相同，原法院多次判决均以相关刑事案件尚未结案为由，对上述事实不予认定，属举证责任划分错误导致认定事实不当。

三、储蓄卡存款被盗纠纷的责任界定和法律适用

1. 关于银行格式条款的认定

现实生活中，储户向银行等金融机构申请办理储蓄卡时均被要求同意银行方面事先拟定的章程或协议，对银行方面的责任进行免

除。如本案中的"太平洋卡章程、须知"明确规定："持卡人须对个人密码自行保密。否则，密码泄露所造成的损失全部由持卡人承担。"这些均属于《合同法》第40条规定的无效格式条款。并且，本案中上述约定存在歧义，根据《合同法》第41条的规定，应当作出不利于提供格式条款一方的解释。即解释为因密码泄露且银行方面不存在任何过错时造成的损失才全部由储户承担。

2. 银行等储蓄机构在储蓄合同履行中有违约及过错之处的责任认定

银行作为金融机构，应该按照我国相关法律的规定，承担重要的责任，保证银行卡的交易安全，杜绝不合理的业务风险。银行的义务来源于两个方面：一是合同本身的约定，合同约定主要体现在银行卡章程或者具有类似性质的申领合约条款；二是法律法规的规定。除了《合同法》中关于违约责任的相关规定外，中国人民银行《银行卡业务管理办法》第13条规定：商业银行开办银行卡业务必备的条件包括："合格的管理人员和技术人员、相应的管理机构以及具有安全、高效的计算机处理系统"；《商业银行法》第6条规定："商业银行应当保障存款人的合法权益不受任何单位和个人的侵犯。"这是现行银行法对民法中的诚实信用等原则的具体化。本案中，银行方面的储蓄卡自动识别、存取款的计算机系统存在技术漏洞，违反了储蓄合同履行中，储蓄机构应保障交易安全、防范犯罪发生和保障储户合法权益不受侵犯的法定和约定义务，已构成违约且存在过错。法院应当依照合同法关于违约责任的规定，认定银行方面应向储户承担正常的支付存款义务或承担赔偿损失的违约责任。

案例来源：广东省人民检察院
案例编写：余辉
案例点评：余辉

7. 徐吉华诉尹爱明合伙纠纷抗诉案

【抗诉机关和受诉法院】

抗诉机关：重庆市人民检察院

受诉法院：重庆市第一中级人民法院

【基本案情】

申诉人（一审被告、二审上诉人）：尹爱明，男，1956 年 1 月 20 日出生，汉族，住重庆市渝北区龙昌街 62 号 1 单元 4 - 1。

被申诉人（一审原告、二审被上诉人）：徐吉华，男，1961 年 1 月 6 日出生，汉族，住重庆市渝北区木耳镇学堂村 8 社。

徐吉华与尹爱明共同出资，经营钢材生意。因徐吉华欠缺资金，2003 年 8 月 8 日，徐吉华出具欠条一张，载明："今欠到尹爱明现金 394171 元，欠款人徐吉华。是出支（资）做长安工地及建园建司、永和工地做钢材之用。"同日，双方还写了一份"出支（资）协议"，载明："徐吉华出支（资）现金 167400 元整，是出来同尹爱明做钢材款，两人合计 561571 元整。此款由徐吉华在供货公司的钢材款收回付清尹爱明的欠款。"尹爱明、徐吉华签名，在场人谭祖群签名。出资款 561571 元中，尹爱明出资 394171 元，占 70.19%；徐吉华出资 167400 元，占 29.81%。徐吉华的出资款 167400 元中，其中有 114200 元是向尹爱明的借款。尹爱明与徐吉华、徐长江民间借贷纠纷一案，重庆市渝北区人民法院（2004）渝北法民初字第 873 号民事判决书已判决。该判决书已发生法律效力。2003 年 8 月 16 日，徐吉华、尹爱明共同算账，载明：1. 尹爱明出资 394171 元，徐吉华出资 167400 元，共计出资 561571 元；

2. 收回永和工地 20000 元，奇缘工地 50000 元，长安工地 225611.60 元，总进货款为 857182.60 元；3. 销售款为长安工地 275015.60 元，加上建园建司的海联工地、奇缘工地、永和工地三个工地 668730.41 元，共计 943746.01 元，总销售款 943746.01 元 − 总进货款 857182.60 元 = 86563.41 元；4. 长安工地、永和工地、海联工地、奇缘工地杂支费用 27665.28 元；5. 利润 86563.41 元 − 费用 27665.28 元 = 纯利润 58898.13 元；6. 利息未算，以 2003 年 3 月 18 日起算；7. 长安工地应收款 275015.60 元，已收回 225611.60 元，未收回 49404 元；8. 2003 年 8 月 16 日晚共同算账，尹爱明、徐吉华签名。对账后，建园建司将钢材款付给徐吉华后，徐吉华付了 217421.30 元给尹爱明，尹爱明还收到永和建司给付的钢材款 219000 元，奇缘工地给付的钢材款 187000 元（其中 50000 元系预付款），尹爱明共计收到 623421.30 元。除永和建司付的预付款 20000 元外，公司另付的 20000 元，和建园建司付款中的 5901.70 元以及长安工地付的 49404 元，共计 75305.70 元，徐吉华未能提供证据证实已付给尹爱明。同时查明 2003 年 10 月 26 日，徐吉华出具欠条一张，载明：今欠到尹爱明现金 60000 元。尹爱明要求徐吉华返还借款 274171 元及其利息已另案起诉。

2005 年 5 月 18 日，徐吉华诉至法院，要求解除双方的合伙关系，由被告返还原告合伙投资款 167400 元，平均分配合伙期间的经营利润 29449 元，并由被告承担本案的诉讼费用。

【原审裁判】

2005 年 11 月 16 日，重庆市渝北区人民法院作出（2005）渝北法民初字第 992 号民事判决，认为个人合伙是指两个以上公民按照协议，各自提供资金、实物、技术等，合伙经营，共同劳动。合伙人应当对出资额、盈余分配、债务承担，入伙、退伙、合伙终止等事项，订立书面协议。合伙经营积累的财产，归合伙人共有。原、被告共同出资，所达成的协议，是双方当事人的真实意思表示，应属有效。"出支（资）协议"中，对原、被告双方各自出资金额进行了确认，对如何返还出资款进行了约定，但对如何分配盈余未作明确约定。在审理中，双方又未达成一致意见。现原告要求平均分配利润，无事实依据。利润可按出资比例进行分配。2003年8月16日，原、被告双方对经营情况进行了对账结算，该结算单经双方当事人签字确认，本院予以采信。对利润58898.13元，原告徐吉华可分得17557.53元，尹爱明可分得41340.60元。对结算范围外经营的钢材生意不属本案争议范畴，故本案不予解决。现原、被告双方合伙经营的业务已了结，建园建司、永和建司、奇缘工地也证明已付清钢材款，原告徐吉华要求解除与被告之间的合伙关系，本院予以支持。原告徐吉华在法庭上陈述，各工地付的钢材款，已给付被告尹爱明，但原告对其中75305.70元未能提供证据证明已给付被告尹爱明。对是否付款，原告徐吉华负有举证责任，原告徐吉华不能举证证明已付款，应承担举证不能的诉讼后果。在本案中，被告尹爱明已收回钢材款623421.30元，应返还给原告徐吉华的款项为利润17557.53元及出资款167400元，合计184957.53元，扣除其不能证明已付给被告尹爱明的75305.70元，被告尹爱明还应支付原告徐吉华109651.83元，对2003年10月26日，原告出具给尹爱明的欠条金额60000元，经原、被告双方确认，是就徐吉华欠尹爱明出资款394171元，按欠400000元计算的利息，尹爱明就该款已另案起诉，故本案不予解决。遂判决：一、解除原告徐吉华与被告尹爱明之间的合伙关系；二、被告尹爱明返还原告徐吉华投资款及利润109651.83元。

尹爱明不服，向重庆市第一中级人民法院提出上诉。2006年6月5日，重庆市第一中级人民法院作出（2006）渝一中民终字第96号民事判决，认为原审判决依据对账结算等证据认定双方系合伙经营并解除其合伙关系正确。上诉人尹爱明上诉称，双方系借款关系及算账有误等上诉理由因与本案查明的事实及相关法律规定不符，故不予采纳。故判决：驳回上诉，维持原判。

【抗诉理由】

尹爱明不服二审判决，向检察机关提出申诉。2009年6月25日，重庆市人民检察院以渝检民抗（2009）47号民事抗诉书向重庆市高级人民法院提起抗诉。理由如下：

双方均认可 6 万元是在 394171 元借条所指金额的基础上，化整为 40 万元计算的利息。而原审对该 394171 元确认为合伙出资款，而非借款。原审在对双方合伙出资情况进行了认定的基础上，判决分配了双方的经营利润，解除了双方的合伙关系，但对该 6 万元却以申诉人以借贷法律关系另案起诉为由不作处理，显属适用法律错误。首先，双方约定合伙出资的利息不违反法律法规规定。其次，根据原审判决，既然认定了出资款、结算单及出资协议等作为合伙关系的证据，双方法律关系为合伙而非借贷，那么，该 6 万元就应当作为合伙关系的内容进行处理。再次，从本案书证形成的时间关系上看，6 万元欠条所出具的时间相对较晚，是双方合伙关系存续了较长时间后形成的，就是双方以利息的方式对利润的特别约定，是双方的真实意思表示。且该约定不会免去申诉人按出资比例承担享有盈余，分担风险的权利义务，不违反法律对合伙关系的本质要求。最后，该 6 万元借款在尹爱明诉徐吉华民间借贷纠纷案中，（2007）渝一中民终字第 779 号民事判决认为并非真实借款，原审对该 6 万元不予处理显属不当。

【再审结果】

重庆市高级人民法院受理本案后，指令重庆市第一中级人民法院另行组成合议庭再审。2009 年 11 月 6 日，重庆市第一中级人民法院作出（2009）渝一中民再终字第 34 号民事判决书，认为个人合伙是指两个以上公民按照协议，各自提供资金、实物、技术等，合伙经营，共同劳动。合伙人应当对出资额、盈余分配、债务承担、入伙、退伙、合伙终止等事项，订立书面协议。合伙经营积累的财产，归合伙人共有。在本案中，徐吉华与尹爱明共同出资，所达成的协议，是双方当事人的真实意思表示，应属有效。在双方签订的出资协议中，对各自出资金额、如何返还出资款进行了确认，但对如何分配利润未作明确约定，原审判决根据双方各自出资比例对利润进行分配，由尹爱明返还徐吉华投资款及利润 109651.83 元正确，且双方当事人对此也未提出异议。但徐吉华在双方合伙期间自认要给尹爱明 6 万元利息，并向尹爱明出具了欠条。该 6 万元应理解为系尹爱明出资 394171 元投资款的保底收入，即无论双方合伙经营期间盈亏，徐吉华均要支付尹爱明该 6 万元。至于双方所谓的利息，只是采用了利息根据用资金额及相应比例和用资时间进行计算的方法，并非法律意义上的借款利息。当事人双方在进行合伙经营活动中，自愿作出的该种利益分配并不违反法律法规的禁止性规定，合法有效。虽然尹爱明就该 6 万元另案提起了诉讼，但另案并未对该 6 万元作出处理。因此，该款可在尹爱明返还徐吉华的投资款及利润中予以冲抵。抗诉机关关于欠条载明的 6 万元实际为双方合伙中分配给尹爱明利润的款项定性意见成立，本院予以采纳。原审判决认定事实清楚，审判程序合法，判决根据双方在该案审理中的诉讼请求进行的判处本无不当。但结合另案审理中双方的诉讼请求及款项性质的评判，应对徐吉华出具给尹爱明 6 万元的欠条进行处理，据此对原判结果予以纠正。即在尹爱明返还徐吉华投资款及利润 109651.83 元中，扣除应支付给尹爱明的 6 万元利润。本案经本院审判委员会讨论决定，依照《中华人民共和国民事诉讼法》第 153 条第 1 款第（三）项之规定，判决：一、维持渝北区人民法院（2005）渝北法民初字第 992 号民事判决第一项，即解除原告徐吉华与被告尹爱明之间的合伙关系；二、撤销本院（2006）渝一中民终字第 96 号民事判决和重庆市渝北区人民法院（2005）渝北法民初字第 992 号民事判决第二项，即被告尹爱明返还原告徐吉华投资款及利润 109651.83 元；三、由尹爱明返还徐吉华投资款及利润 49651.83 元。

【点评】

本案争议的焦点是案涉法律关系的定性及 6 万元款项的界定问题。下面分述如下：

一、合伙关系与借贷关系的区分

德国著名法学家拉伦茨认为，法律关系是基于一个统一的目的而结合在一起的各种权利、义务和其他拘束的总和。这些权利、义务和拘束具有各不相同的规范属性和结构，它们一方面表现为各种权利，另一方面表现为各种法律上的负担。本案的难点即在于如何给本案的法律关系定性。即尹爱明所出394171元是投资款还是借款，两人是合伙关系还是借贷关系。所谓个人合伙，是指两个以上的公民按照协议，以资金、实物或专业技术作为投资，共同经营、共同劳动。个人合伙关系应当具备下列法律特征：1. 签订书面的合伙协议，明确相互间权利义务关系。2. 合伙人必须共同投资。投资标的物既可以是资金、实物，也可以是专业技术。按照最高人民法院《关于贯彻执行〈中华人民共和国民法通则〉若干问题的意见（试行）》第46条的规定，提供技术性劳务而不提供资金、实物，但约定参与盈余分配的，视为合伙人。3. 合伙人应当共同经营、共同劳动。4. 合伙人之间盈利同分、风险共担，合伙人对合伙债务承担连带清偿责任。金钱借贷是指由贷方与借方成立一项"借贷契约"，贷方将金钱所有权移转给借方，到期时由借方返还一定数额的金钱。两者原本泾渭分明，合伙是共同出资、共担风险、共负盈亏；借贷是拿本付息。但是，随着我国经济的快速发展，人们之间的经济往来及形式越发多样，各种经济交往形式的界限也越发模糊，从而引发经济形式及法律关系判断的困难。原本简单的借贷，由于出借人加强了风险防范意识，常常选择担保或者监控资金运行情况的方式保障资金安全，继而可能发生借贷与合伙难以区分。

笔者认为，当合伙关系和借贷关系发生交叉时，可以从以下三个方面入手：1. 当事人双方认识一致的，依当事人的选择确定。2. 当事人双方认识发生争议的，可以按照法律关系内容构成的积极要素和消极要素来区分不同的民事法律关系。积极要素包括权能、权限、期待利益，消极要素包括法律上的拘束、职责和负担。按照上述要素来判别不同的法律关系，有助于厘清各种法律关系的内在特征，从而加以准确区分。3. 从法律特征上难以进行认定的，依常理，合伙关系优先于借贷关系。借贷在日常生活中发生的频率很高，关系较为简单，老百姓也相对熟悉，一般情况下不会引起与合伙关系的混淆，除非双方当事人实力较为对等且事实上发生了资金、事务管理的情形。这种情况下确定为合伙关系，利润共享、风险共担，对双方更为公平。就本案来说，尹爱明一直声称双方是借款关系，其依据有本金欠条、利息欠条、工地的送货凭证（担保作用）。而判断为合伙关系的依据有本金欠条中为出资所用字句、出资协议、算账单等。定性为借款，出资字眼及出资关系无法得到合理排除，且欠条方式也是标准的借款凭据；定性为个人合伙，疑难的仅是算账日所确定的6万元的利息如何处理。比较而言，定性为合伙关系的盖然性较高。这是其一。其二，结合合伙关系和借贷关系的构成要素，合伙重在收益，借贷重在收息，就394171元款项而言，出资协议与欠条虽写于同一天，但从数额上看，出资协议所载明的数额显然涵盖了欠条载明的数额，这样将394171元款项认定为投资款显然更符合当事人的真实意思表示，因此，将本案的法律关系定性为合伙关系更为妥当、适宜。

二、6万元欠条的性质及处理

案涉6万元究竟是利息还是利润？一种观点认为应当是利息，且不应在本案中处理。因为双方均认可该6万元为借款394171元基础上化整为40万元计算的利息。而且该案在进行审理的同时，尹爱明还另行向法院起诉了借贷纠纷，包括该笔金额在内，所以不应在本案进行处理。即使在本案中处理也不应当予以支持，否则会影响合伙共担风险、共负盈亏的本质。另一种观点认为是利润，而且是约定的特别利润，应在本案中处理。法院认定394171元为投资款，双方法律关系为合伙。那么，该6万元就应当作为合伙关系的内容进行处理。且该约定不会免去尹爱明按出资比例承担享有盈余、分担风险的权利义务，不违反法律对合伙关系的本质要求。对此，检察机关支持后者进行了抗诉，法院也完全采纳了抗诉意见。再审判决认为该6万元系当事人自愿作出的该种利益分配，且并不违反法律法规的禁止性规定，可以支持，即让徐吉华再支付尹爱明6万元利息。但是，这种特别约定形成的时间、后果非常重要，笼统地认定可能导致对合伙规则的违背。因为即使是利益分配的特别约定也并不意味着该种特别约定可以和其他约定同时适用，特别是该种特别约定形成的时间在合伙成立之初的情形下。否则，该种约定很有可能成为兜底条款，确定其保底利润，有违合伙本质。所以，利润的特别约定与其他利润分配方式共同适用，前提条件就是必须遵守共担风险、共负盈亏的合伙规则。本案中，6 万元的特别利润形成于双方结账之后，且不存在合伙亏损或一方盈利一方亏损的情形，属于改变原按出资比例进行利润分配的情形，故可认定为利润的再分配。

案例来源：重庆市渝北区人民检察院
案例编写：石娟
案例点评：石娟　王水明

8. 卢佰民诉石鑫海合伙协议纠纷抗诉案

【抗诉机关和受诉法院】

抗诉机关：浙江省湖州市人民检察院

受诉法院：浙江省湖州市中级人民法院

【基本案情】

申诉人（原审被告）：石鑫海，男，1974年10月30日生，汉族，住湖州市吴兴区宏基花园2幢802室。

被申诉人（原审原告）：卢佰民，男，1962年12月31日生，汉族，住湖州市吴兴区白雀乡桥西村西湾68号。

原审被告：广德易达沥青拌和中心，住所地：安徽省广德县邱村镇南阳村。法定代表人：石鑫海。

2004年8月14日，申诉人石鑫海与被申诉人卢佰民签订一份《合伙协议》，协议约定：双方共同出资，在安徽省广德县邱村镇南阳村设立广德通达沥青拌和中心，总出资为人民币400万元，其中石鑫海出资280万元，卢佰民出资120万元，资金于2004年8月30日到位。同时还约定了违约责任，即一方违约给另一方造成损失的，应承担赔偿责任（包括正常经营利润和利息）。但在该中心的筹办过程中，卢佰民直至2004年8月底陆续以物资方式投入仅人民币58万元。2004年9月9日，卢佰民以资金不足无法继续出资为由要求退出合伙，并与石鑫海签订了《退股协议》，协议载明："因资金不足，卢佰民要求退让原30%中没投入的15%股份转让给石鑫海，剩余15%股份在元旦前退还。"《退股协议》签订后，石鑫海于2005年5月18日经工商核准后登记设立了个人独资企业，即广德易达沥青拌和中心。石鑫海于 2006 年 1 月 26 日返还卢佰民人民币 30 万元，2007 年 2 月 14 日返还卢佰民人民币 10 万元。2007 年 5 月 21 日，广德易达沥青拌和中心开给被申诉人卢佰民收据一份，要求其持收款收据向广德县农村公路通达工程指挥部收取工程款人民币 18 万元，用于偿还结欠的款项。之后，双方为工程款及赔偿问题纠纷成诉。

【原审裁判】

2007 年 5 月 29 日，湖州市吴兴区人民法院作出（2007）湖吴民一初字第 1099 号民事判决，认为卢佰民与石鑫海签订的合伙协议系双方当事人真实意思表示，且未违反法律、行政法规的强制性规定，根据《中华人民共和国合同法》第 8 条第 1 款"依法成立的合同，对当事人具有法律约束力。当事人应当按照约定履行自己的义务，不得擅自变更或者解除合同"、第 2 款"依法成立的合同，受法律保护"之规定，应为合法有效。石鑫海未经卢佰民同意设立以自己为出资人的个人独资企业，违反了合伙协议的约定，卢佰民投入的投资款应当予以返还。因双方签订的协议中明确约定了违约责任，即赔偿正常经营利润和利息，因此，卢佰民在庭审中的利息请求，予以照准。卢佰民要求石鑫海赔偿工资收入人民币 2 万元的请求，因没有提供相应证据，不予支持。由于广德易达沥青拌和中心系石鑫海设立的个人独资企业，非本案合伙协议中的一方当事人，故依法应当由石鑫海承担民事责任。据此，吴兴区人民法院依照《中华人民共和国合同法》第 8 条、第 107 条、第 113 条第 1 款和《中华人民共和国民事诉讼法》第 130 条、第 232 条之规定，判决：一、石鑫海应返还卢佰民投资款人民币 180000 元；二、石鑫海应偿付卢佰民经济损失费人民币 282453 元；三、驳回卢佰民其他诉讼请求。

【抗诉理由】

石鑫海不服一审判决，向检察机关提出申诉。2009 年 7 月 27 日，湖州市人民检察院以浙湖检民行抗（2009）21 号民事抗诉书向湖州市中级人民法院提出抗诉，理由如下：

1. 石鑫海与卢佰民 2004 年 8 月 14 日签订的《合伙协议》明确约定："双方共计出资 400 万元，出资方式为现金。其中石鑫海投资 280 万元，卢佰民投资 120 万元，资金到位期限为 2004 年 8 月 30 日止。"然而直至 2004 年 8 月底，卢佰民只出资 58 万元，远少于双方约定的 120 万元。因而卢佰民在《合伙协议》的履行过程中，出资不到位，已构成根本违约。依据我国《合伙企业法》第 49 条之规定："合伙人有下列情形之一的，经其他合伙人一致同意，可以决议将其除名：（一）未履行出资义务；（二）因故意或者重大过失给合伙企业造成损失；（三）执行合伙企业事务时有不正当行为；（四）发生合伙协议约定的事由。"卢佰民在约定期间未履行出资义务，石鑫海有权将其除名。此外，卢佰民在其资金不足的情况下提出退股，并于 2004 年 9 月 9 日与石鑫海签订《退股协议》明确表明其退出合伙，要求石鑫海将其投入的股份退还，石鑫海也予以认可。至此，双方之间订立的《合伙协议》已经被双方其后签订的《退股协议》解除，双方的合伙关系终止。在此情况下，石鑫海自己出资设立个人独资企业无须告知且征得卢佰民的同意，并且石鑫海没有存在违反《合伙协议》约定的行为。

2. 石鑫海与卢佰民在《合伙协议》中约定了违约责任"如一方违约给另一方造成损失的，应承担赔偿责任，包括正常经营利润和利息"。本案中，石鑫海与卢佰民解除合伙关系是因卢佰民的根本违约行为所致。实际情况是双方的合伙关系没有持续，合伙企业没有设立，更没有开展经营活动，也没有产生合伙企业设立后开展经营活动产生的利润和正常利息。

【再审结果】

湖州市中级人民法院受理本案后，指令湖州市吴兴区人民法院再审。2009 年 11 月 6 日，湖州市吴兴区人民法院作出（2009）湖吴民再字第 5 号民事判决书，认为石鑫海与卢佰民签订的《合伙协议》和《退股协议》系双方当事人真实意思表示，未违反法律和行政法规的强制性规定，对双方当事人均具有法律约束力。《合伙协议》签订后，石鑫海与卢佰民未按照约定时间投入足额资金，双方均有过错，由此造成的损失应由双方各自承担。石鑫海与卢佰民签订《退股协议》后，双方之间的《合伙协议》已自动解除，石鑫海设立个人独资企业，未违反《合伙协议》。原审中，卢佰民未向法庭提交双方曾签订《退股协议》的事实，石鑫海无正当理由拒不到庭，导致原审作出了与客观事实不一致的判断，对此石鑫海与卢佰民均负有责任。原审认为石鑫海设立个人独资企业违反了《合伙协议》的约定，应赔偿卢佰民正常经营利润和利息损失的认定，与客观事实相悖，系对事实认定的错误，应予纠正。《退股协议》签订后，双方应按照《退股协议》来履行，石鑫海未能依约将投资款退还卢佰民，属违约应承担向卢佰民返还投资款和赔偿逾期付款利息损失的责任。另卢佰民诉求按月息2分来计算损失的请求，因缺乏充分证据，不予支持。原审按月息2分计算损失的认定不当，应予纠正。为保护当事人的合法权益，依照《中华人民共和国民事诉讼法》第186条第1款、第229条和《中华人民共和国合同法》第6条、第8条、第60条第1款、第93条、第107条、第120条、第113条第1款的规定，判决：一、维持本院（2007）湖吴民一初字第1099号民事判决第一项（该项内容已经执行完毕）、第三项及诉讼费的负担；二、变更本院（2007）湖吴民一初字第1099号民事判决第二项为石鑫海赔偿卢佰民损失118398.50元，扣除原审执行中已支付的7万元，石鑫海尚应支付卢佰民损失48398.50元，限于本判决生效之日起10日内付清。

【点评】

本案争议的焦点是石鑫海设立个人独资企业是否违反双方签订的《合伙协议》。这里涉及合伙制度问题。笔者从合伙协议的相关问题入手对本案作一分析。

一、合伙协议的概念

合伙协议是指当事人约定共同出资、共同经营事业，并共担风险、共享权益的协议。合伙协议不仅仅是设立合伙企业所必备的法律文件，更是明确合伙人各项权利和义务的基础性法律文件。合伙协议的合法有效是合伙成立的基础和前提，不论是自然人之间的个人合伙，也不论是单位与单位之间的联营合伙还是单位与个人之间的合伙，只要不同的主体之间成立合伙，就须订立合伙合同。在古罗马法中，对合伙的性质及合伙人的权利、义务，已有相当明确的规定。随着经济的发展，合伙从家族共有发展为企业主的联合，以扩大经营规模，适应竞争和增加利润的需要，合伙遂形成较独资更进一步的经营方式，经常为各国中小企业所采用。罗马法的有关规定也为大陆法系诸国所沿袭。我国《合同法》中虽未规定合伙合同，但在其他法律中明确规定了合伙协议。如《民法通则》第 31条规定："合伙人应当对出资数额、盈余分配、债务承担、入伙、退伙、合伙终止等事项，订立书面协议。"《合伙企业法》第 4 条规定："合伙协议依法由全体合伙人协商一致，以书面形式订立。"第 14 条第（二）项规定，设立合伙企业应当具备"有书面合伙协议"。第 18 条规定了合伙协议应当载明的事项："（1）合伙企业的名称和主要经营场所的地点；（2）合伙目的和合伙经营范围；（3）合伙人的姓名或者名称、住所；（4）合伙人的出资方式、数额和缴付期限；（5）利润分配、亏损分担方式；（6）合伙事务的执行；（7）入伙与退伙；（8）争议解决办法；（9）合伙企业的解散与清算；（10）违约责任。"

二、合伙协议的权利义务

合伙协议由当事人各方意思表示一致时即告成立。但需说明的是，合伙协议的成立与合伙的成立并非相同。合伙协议仅是合伙成立的前提与基础，没有合伙协议不成立合伙，但仅订立合伙协议，也不能成立合伙。依我国法律规定，从事工商业活动的合伙还应经工商管理登记才能成立。因合伙协议为设立合伙的协议，若合伙不成立，合伙协议也就不能发生效力。

合伙协议成立生效后，合伙当事人间即享有以下主要权利和义务：

（一）出资的义务

合伙人按照合同的约定出资是合伙人的主要义务。因为合伙人的出资是合伙存在的物质基础，是合伙人经营共同事业的物质前提。合伙人的出资方式，既可以是现金，也可以是实物、技术及其他财产，但合伙人均应当按照合伙协议中确定的各合伙人的出资数额出资。合伙人交付出资的时间依协议中的约定为准，协议中未明确约定出资时间的，应于合伙协议成立之时交付。特别注意的是，合伙人不履行出资义务的构成违约，应承担债务不履行的责任。

（二）合伙财产的共有权和维护合伙财产的义务

合伙财产包括由合伙人出资形成的财产、因执行合伙事务所取得的财产、由前两项产生的孳息。我国《民法通则》第 32 条规定："合伙人投入的财产，由合伙人统一管理和使用。合伙经营积累的财产，归合伙人共有。"依此规定，自然人间个人合伙的合伙人出资，可依当事人的约定仍归出资人个人所有，但合伙人对该项出资享有统一管理和使用的权利。除此情形外，合伙人对合伙财产享有共同共有的权利。另外，合伙人对合伙财产负有维护合伙财产统一和稳定的义务。首先，合伙人在合伙清算前不得请求返还出资，不得请求分割合伙财产，不得擅自处分合伙财产。其次，合伙人不得主张以合伙对第三人的债权抵消该第三人对其享有的债权，相应的对合伙负有债务的第三人也不能以其对某一合伙人的债权主张抵消。最后，合伙人非经其他合伙人一致同意，不得将其在合伙财产中的份额转让给第三人。

（三）合伙收益的分配权和负担合伙债务的义务

合伙人对于经营合伙事业的收益有分配的权利。合伙收益分配的比例和方式依合伙协议的约定。合伙协议中没有约定或约定不明确的，应按照出资的比例分配；出资比例也不明确的，原则上应当均分。对于经营合伙事业的亏损合伙人也有分担的义务。合伙亏损的负担比例依合伙协议约定，协议中没有约定或者约定不明确的，应以收益分配的比例确定。合伙人对合伙事务的经营亏损对第三人负连带责任。

（四）合伙事务的执行权、决定权和监督权

在合伙人约定由推荐的负责人执行合伙事务时，则合伙事务由负责人执行。但不论在何种情形下，合伙人对合伙事务均有决定权，合伙的重大事务应由合伙人全体共同决定。合伙负责人或其他受委托而执行合伙事务的合伙人在执行的合伙事务的范围内，为其他合伙人的代表，其行为的效力直接及于其他合伙人。合伙人对其他合伙人执行合伙事务的情况有监督检查的权利。

回到本案，石鑫海与卢佰民签订《合伙协议》和《退股协议》均是双方当事人真实的意思表示，合法有效。双方签订《合伙协议》后都未按照协议约定的期限完成出资义务，均已构成违约。其后卢佰民再次与石鑫海签订《退股协议》，要求石鑫海退还其已出资款项，卢佰民与石鑫海均签字认可该协议。至此，《合伙协议》实际已在《退股协议》签订之日起自动解除，双方的合伙关系终止。在此情况下，石鑫海另出资设立个人独资企业的行为既无需告知卢佰民，更不用征得卢佰民的同意。据此，检察机关提出抗诉得到了再审法庭的支持，再审法庭依法对本案改判。

三、结语

本案作为一件合伙协议纠纷案，案情并不复杂，原审却认定基本事实缺乏证据证明、适用法律错误。究其原因，不难发现导致原审错误裁判的原因一方面是卢佰民在原审中有意回避双方签订《退股协议》的事实；另一方面石鑫海无正当理由拒不到庭，致使证据的当庭质证过程无法开展，从而使原审作出与客观事实不符的判断，最终导致本案的再审。对此，虽再审法庭认定双方均负有责任，但案件双方当事人的行为无疑导致了对社会有限诉讼资源的浪费。此类因当事人不重视法庭开庭程序导致事后再审的案件，在民事行政检察部门受理的申诉案件中不占少数。通过对此类型案件的总结，笔者认为，当事人积极出席法庭至少具有以下几方面的重要意义：

第一，通过双方当事人相关证据的当庭质证，有利于法庭对案情的查实。在案件的审理过程中，法官作为中立者既不是案件的当事方也不是案件的亲历者，其对案情的了解程度必然依赖于双方当事人对证据的提交以及陈述。因此，当事人对证据的当庭质证过程，正是法官查实案情的过程。

第二，庭审中的对抗性辩论，有利于当事人维护自己的合法权益。如前所述，作为中立的裁判者法官需要通过双方当事人对抗性的辩论，从中得出案件的事实真相，如果任何一方当事人随意放弃自己出席法庭的权利，可能会导致法官的"偏听偏信"，进而影响法官作出正确的裁判。而错误裁判的最终结果是拒不出席法庭的当事人合法权益的损害。

第三，有利于节约有限的司法资源。随着我国司法改革的深入，广大人民群众在法制的各个方面逐渐开始享受到了大国公民应有的待遇，人民的法律意识也逐渐增强，越来越多的人开始利用诉讼来解决纠纷。可是我国人口众多，而法院、法官和检察院、检察官人员数量有限，民事诉讼案件越来越多，与此同时，检察机关民事申诉案件也不断增加，要解决好"案多人少"这一现实的矛盾，必须标本兼治。而最大限度地利用现有司法资源是在短期内解决这一问题的较好途径，这其中引导和督促当事人正确行使诉讼权利是重点之一。

因此，笔者认为，从更有效的利用有限司法资源服务社会的角度出发，如何完善当事人诉讼权利的行使以及如何加强当事人出庭参与诉讼就显得至关重要，对此，民事行政检察部门作为法律监督部门，该如何作为、怎样作为恐怕是未来民事行政检察工作值得探索的一个方向。

案例来源：浙江省湖州市人民检察院
案例编写：胡婧
案例点评：胡婧

9. 湖南莲城汽车贸易服务有限公司诉湖南合顺汽车销售服务有限公司销售合同纠纷抗诉案

【抗诉机关和受诉法院】

抗诉机关：湖南省人民检察院

受诉法院：湖南省高级人民法院

【基本案情】

申诉人（一审被告、二审上诉人）：湖南合顺汽车销售服务有限公司，住所地：长沙市芙蓉区远大一路408号南栋106－122号。法定代表人：宠庆华，总经理。

被申诉人（一审原告、二审被上诉人）：湖南莲城汽车贸易服务有限公司，湘潭市河东大道61号。法定代表人：李建国，总经理。

2002年10月8日，东风悦达起亚汽车有限公司授权湖南合顺汽车销售服务有限公司（以下简称合顺公司）为湖南省特约经销服务商，2003年3月7日，合顺公司（甲方）与湖南莲城汽车贸易服务有限公司（乙方，以下简称莲城公司）签订了一份东风悦达·起亚轿车代理协议（试行）。协议约定：莲城公司为东风悦达·起亚产品湘潭区域二级代理，在湘潭区域内拥有独家经营权，甲方有权依据《东风悦达·起亚公司商务规定》进行统一管理，店面装修、销售管理、返利金额均严格遵守《东风悦达·起亚公司商务规定》。莲城公司应积极开拓湘潭区域市场，自协议签订3日起9个月内应销售车辆90辆，如通过试销期无法拓展市场，合顺公司有权取消莲城公司在湘潭的独家代理权。

2003年3月20日，莲城公司租赁湘潭市红旗综合农场办公楼一楼门面作为营业场所，进行广告宣传，按东风悦达·起亚公司VIS标准进行装修营业。2003年3月至8月，合顺公司共向莲城公司提供东风悦达·起亚轿车17台，莲城公司销出15台。2003年8月21日，莲城公司汇款631400元给合顺公司，要求购买出租车。合顺公司认为莲城公司没有出租车经销权，将购车款于2003年10月14日退还给莲城公司。理由是根据《东风悦达·起亚公司商务规定》，出租车销售属大宗业务交易，须另行与东风悦达起亚有限公司签订出租车供货协议书，而不同于经销服务协议书，莲城公司根据东风悦达起亚轿车代理协议在湘潭地区享有的独家经营权并不包括出租车经销权。

另查明，2002年11月26日合顺公司曾与湘潭市宇翔汽车贸易有限公司（以下简称宇翔公司）签订了东风悦达起亚轿车销售代理协议，该协议于2003年2月28日终止。2003年2月28日宇翔公司又直接与东风悦达起亚汽车有限公司签订了出租车供货协议书，宇翔公司在湘潭地区享有东风悦达起亚有限公司出租车的经销权。莲城公司认为合顺公司不向其提供出租车，而向同一城市的宇翔公司提供出租车，属违反代理协议约定，侵犯了其独家经营权，乃向法院提起诉讼。

【原审裁判】

莲城公司先以合顺公司违约向长沙市芙蓉区法院提起诉讼，在芙蓉区法院开庭审理后，又于2004年8月9日申请撤回起诉，并于2004年8月10日以合顺公司侵权为由向湘潭市岳塘区人民法院提起诉讼。合顺公司在提交答辩状期间对管辖权提出了异议，岳塘区法院裁定认为该案属侵权纠纷，岳塘区法院有管辖权。合顺公司不服，向湘潭市中级人民法院提起上诉。湘潭中院认为该案属侵权纠纷，侵权行为地和侵权结果地均在莲城公司所在地，岳塘区法院对该案有管辖权，驳回合顺公司上诉，维持岳塘区法院裁定。

2004年12月27日，湘潭市岳塘区法院作出（2004）岳民初字第 649 号民事判决，认为莲城公司、合顺公司签订的东风悦达·起亚轿车代理协议，是双方当事人真实意思表示，合法、有效。双方在合同（协议）签订后，应全面履行协议中确定的义务。原告在协议签订后，租赁场地并按东风悦达·起亚公司 VIS 标准进行店面装修，为汽车的销售做广告宣传，尽了销售方应尽的义务。合顺公司未按协议规定向莲城公司提供轿车，并向其他未经授权的汽车销售商提供同一品牌的轿车，侵犯了莲城公司的合法销售权以及违反了代理协议的约定，应承担本次纠纷的全部责任。因销售代理协议中没有把出租车型作为另类专营代理车型，对合顺公司的辩解观点本院不予支持。莲城公司、合顺公司在协议中约定销售汽车为 90 台，合顺公司实际提供 17 台，少提供 73 台，导致莲城公司实际销售中的可得利益遭受损失，合顺公司应予赔偿。因合顺公司未提供汽车货源导致莲城公司预付款利息损失，合顺公司应予赔偿，本院对莲城公司的上述诉讼请求均予以支持。莲城公司为履行协议内容所租赁的门面以及门面的装修费用、广告费均已包含于上述可得利益之内，不能再以此作为损失费用列入赔偿范围，对此诉讼请求本院不予支持。依照《中华人民共和国民法通则》第 106 条第 1款、第 111 条之规定，判决：一、合顺公司应赔偿莲城公司可得利益损失费 219000 元（73 台×3000 元），赔偿利息损失 7654.94 元，两项合计 226654.94 元；因此款已超过莲城公司的诉讼请求，故本院判令合顺公司向莲城公司支付赔偿金额为 22 万元，此款限合顺公司于本判决生效后 5 日内付清；二、驳回莲城公司的其他诉讼请求。案件受理费 8500 元，由合顺公司承担。

合顺公司不服，向湘潭市中级人民法院提出上诉。2005 年 8月 22 日，湘潭市中级人民法院作出（2005）潭中民二终字第 26 号民事判决，认为合顺公司与莲城公司所签订的东风悦达·起亚轿车代理协议是双方当事人真实意思的表示，合法有效。双方在协议签订后，莲城公司按约租赁了场地，按东风悦达·起亚公司 VIS 标准进行了装修，为履行该协议进行了销售广告宣传，已经全面履行了协议中确定的义务。合顺公司未依约向莲城公司提供所需销售的车辆，并同时向其他汽车销售商提供同一品牌的轿车，侵犯了莲城公司的合法销售权，违反了代理协议的约定，应承担本次纠纷的全部责任。因双方签订的代理协议中，合顺公司授权莲城公司代销东风·悦达起亚系列轿车，并未约定把出租车型作为另类专营代理车型，对合顺公司的辩称本院不予支持。代理协议中约定的销售汽车为 90 台，合顺公司实际提供 17 台，比协议中约定的少供 73 台，导致莲城公司实际销售中的可得利益受到损失，合顺公司应予赔偿。莲城公司按约将购车款打入合顺公司账上后，合顺公司未提供销售车辆，又未及时将该款退回，对此造成的利息损失应予赔偿。莲城公司依约租赁的门面及门面的装修费用、广告费用已包含于上述可得利益之内，不能作为另外损失费用列入赔偿范围。原判事实清楚，程序合法，处理恰当。根据《中华人民共和国民事诉讼法》第 153 条第 1 款第（一）项之规定，判决：驳回上诉，维持原判。

【抗诉理由】

合顺公司不服二审判决，向检察机关提出申诉，2006 年 4 月 17 日，湖南省人民检察院作出湘检民抗字（2006）第 27 号民事抗诉书向湖南省高级人民法院提出抗诉。理由如下：

1. 本案程序违法，管辖错误。莲城公司认为合顺公司不向其提供出租车，而向同一城市的宇翔公司提供同一品牌的出租车，违反了他们之间签订的汽车代理销售合同，损害了其独家经营权。合顺公司认为，不向莲城公司提供出租车并没有违约，而是信守合同之举，莲城公司的独家经营权不包括出租车。双方争议的焦点是合顺公司不向莲城公司提供出租车是否违约，属典型的汽车代理销售合同纠纷。《中华人民共和国民事诉讼法》第 24 条规定："因合同纠纷提起的诉讼，由被告住所地或者合同履行地人民法院管辖。"而该案被告合顺公司的住所地和合同的履行地都是在长沙市芙蓉区，本案应由长沙市芙蓉区人民法院管辖，湘潭市岳塘区法院无权管辖。

2. 认定可得利益损失的证据不足。可得利益是指合同履行以后可以实现和取得的利益，具有未来性、不确定性和可预见性的特点。不能预见、不可能实现的利益不能纳入可得利益的范围。实践中确定可得利益损失数额主要采对比法，即依通常方法比较当事人相同条件下所获取的利益来确定应赔偿的可得利益损失，如以当事人上一年或上一月的平均利润为参照标准来确定可得利益的损失。本案中合顺公司和莲城公司约定，莲城公司自协议签订之日起9个月内应销售车辆90台，否则，合顺公司有权取消莲城公司的独家代理权。上述90台汽车的销售任务，只是合顺公司考核莲城公司销售业绩的指标，并不是莲城公司预期能销售90台。在合同的实际履行过程中，2003年3月至8月纠纷发生时，莲城公司共销售汽车15台，平均每月只销售3台。因而，依据可得利益损失认定的基本法则，法院应参照莲城公司前几个月的平均销售额计算其可得利益，而不能依据销售目标数额计算可得利益。

【再审结果】

湖南省高级人民法院受理本案后，交由湘潭市中级人民法院进行再审。2006年12月14日，湘潭市中级人民法院作出（2006）潭中再字第49号民事判决书，认为原审上诉人与被上诉人签订的轿车代理协议，符合法律规定，合法有效。原审上诉人在协议履行四个多月后无故退回原审被上诉人的购车款，造成协议无法继续履行，原审上诉人应当承担本次纠纷的全部责任。因原审上诉人未提供汽车货源导致原审被上诉人预付款利息损失，原审上诉人应予赔偿。但原判按照协议约定的销售任务来确定可得利益，不符合可得利益可预见性的特点。原审被上诉人在协议履行期间平均每月销售车辆3.2台，因此通过对比法可以预见协议余下的近四个月销售车辆，原审被上诉人在实际销售中的可得利益损失应为38400元（12.8×3000元）。检察机关认为本案原判可得利益损失证据不足的抗诉理由成立，本院予以采纳。依照《中华人民共和国民事诉讼法》第153条第1款第（三）项之规定，判决：一、撤销本院（2005）潭中民二终字第26号民事判决和湘潭市岳塘区人民法院（2004）岳民初字第649号民事判决；二、湖南合顺汽车销售服务有限公司应赔偿湖南莲城汽车贸易服务有限公司汽车销售可得利益损失 38400 元，赔偿利息损失 7654.94 元，两项合计为 46054.94 元。

【点评】

本案在审查时，笔者发现终审判决存在三方面的问题：一是法院违法管辖，本案明显为合同纠纷，法院却以侵权纠纷为由进行立案，立案后又按合同纠纷进行审理；二是合顺公司是否违约事实不清；三是即使合顺公司违约，法院判赔的可得利益损失也过高。但考虑到双方对销售范围的约定确有一定的模糊性，合顺公司是否违约确实有一定的争议，因此仅提出了两个抗点：管辖违法和判赔可得利益损失的依据不足，法院采纳了第二个实质性抗点，对案件进行改判。下面仅就司法实践中如何计算可得利益谈点看法：

现行合同法规定了违约损失全部赔偿的原则，合同依约履行后可以获得的利润也在赔偿之列，但由于可得利益具有将来性、不确定性的特点，如何计算可得利益的损失就成了司法实践中的难题，本案正是这样，是否赔偿可得利益争议不是太大，而如何计算可得利益损失则成了双方的焦点。司法实践中，可得利益的计算方法多种多样，归纳起来主要有如下三种方法：

1. 约定计算法。即根据当事人事先约定的可得利益的数额或因一方违约产生的可得利益损失赔偿额，计算可得利益损失的方法来确定赔偿责任。依《合同法》第 114 条规定精神，当事人可以事先约定一方违约造成对方损失时，应根据约定情况向对方支付一定数额的违约金。在约定的违约金低于受害人的可得利益损失时，受害人可以请求人民法院予以适当增加；在约定的违约金高于受害人的可得利益损失时，违约方可以请求人民法院予以适当减少。此外，当事人也可以事先约定因一方违约产生的损失赔偿的计算方法和最高限额。司法实务中应注意的是，只要可得利益损失赔偿纠纷案件当事人事先有此约定，且不违反法律禁止性规定，不损害国家、集体利益或第三人合法权益的，人民法院应确认此约定有效，并优先适用此方法计算可得利益损失赔偿额。本案当事人并未约定可得利益损失的计算方法，自无此方法适用的余地。

2. 收益对比法。即依通常方法比照受害人相同条件下所获得利益来确定应赔偿的可得利益损失。此种方法又可分为平均收益对比法和同类收益对比法。前者是指以受害人在上一收益时间段的收益作为参考标准，来确定应赔偿的可得利益损失。如以受害人在上一年或上一月的利润作为参考标准来确定其可得利益损失。后者是指以同类合同、同时期内实际履行所取得的财产利益，同类企业在某个时期获得的平均利润，或以某项设备投入正常运行时所获得的财产利益等作为参考标准，来确定受害人的可得利益损失。此种收益对比法一般适用于那些能获得比较稳定的财产收益的情况。司法实务中，采用该计算方法的关键在于准确确定参照对象。确定参照对象应注意受害人的相关条件，或与受害人在某个时期的情况相同或相似，参照对象与受害人的相关条件和情况越相同或越相似，则受害人的可得利益损失赔偿额的计算越精确。本案莲城公司的可得利益损失没有同类收益可供参照，只能参照莲城公司前几个月相同情况下的平均利润，以计算其可得利益损失，即适用平均收益对比法。法院原审判决未将莲城公司前几个月的实际销售数额作为计算可得利益的参照对象，而是将合顺公司的考核指标作为参照对象，违反了参照对象应相同或相似的原理，检察机关以此抗诉，本案顺利改判。

3. 衡平估算法。即在难以准确地确定受害人的可得利益损失数额时，可根据案件的具体情况，衡情估算，依自由裁量权，责令违约方支付一个大致相当的赔偿数额，以合理填补受害人所遭受的可得利益损失。司法实务中，在采取此种方法计算可得利益时，首先应看是否有法律规定。如果有法律规定，应按法律规定处理；如果没有法律规定，则应按合同的性质、目的，本着公平、合理的原则，衡平确定，以兼顾双方当事人的利益。如在计算买卖合同中可得利益数额的关键是确定合同标的物价格的计算标准。由于标的物价格、计算时间和计算地点的不同，计算出来的可得利益结果可能相差很大。一般而言，标的物的价格应根据合同约定的价格，在双方当事人没有约定事后又没有补充约定的，可按国家规定的价格或参照市场同类物的价格进行计算；计算依据的时间应是可以实现可得利益的合同应当履行的时间；计算地点则应以违约行为发生的地点为标的物价格的计算地点。此外，在某些情况下，也可以受害人请求赔偿的数额为基础，根据公平原则，酌情判定应受赔偿的可得利益损失。司法实务中应注意的是，一般情况下不能采用该方法计算可得利益损失，只有在当事人双方事先没有约定可得利益损失的计算方法，且采用收益对比法也难以准确确定这些损失时，方可采用此方法计算受害人所遭受的可得利益损失，并判令违约方承担相应的赔偿责任。本案双方当事人虽未约定可得利益的计算方法，但依照收益对比法能够确定莲城公司的可得利益损失，就无须采用衡平估算法。

可得利益损失赔偿数额的争议是违约纠纷中的常见问题之一，检察机关在审查该类申诉案件时，应全面领会可得利益不同计算方法的适用次序、适用条件，准确提出抗诉理由。

案例来源：湖南省人民检察院
案例编写：宁剑德
案例点评：宁剑德

10. 乔丹诉中国人民财产保险股份有限公司本溪市分公司保险合同纠纷抗诉案

【抗诉机关和受诉法院】

抗诉机关：辽宁省本溪市人民检察院

受诉法院：辽宁省本溪市中级人民法院

【基本案情】

申诉人（原审原告）：乔丹，女，1982 年 3 月 29 日出生，汉族，辽宁省本溪市人，无职业，现住本溪市平山区双泉街 18 号 1 - 3 - 4。

被申诉人（原审被告）：中国人民财产保险股份有限公司本溪市分公司。住所地：本溪市解放北路 46 号。负责人：田泽涛，经理。

2008 年 7 月 18 日，乔丹所有的辽 EG5158 号骊威牌轿车在中国人民财产保险股份有限公司本溪市分公司（以下简称中保本溪分公司）投保了交强险及商业险。中保本溪分公司将编号为 TDAA200821050800004001 的投保单正本及编号为 A0106Z03000L021205 - 1000 的保险条款单交给乔丹，在投保单正本第二页的投保人声明处记载"保险人已将投保险种对应的保险条款（包括责任免除部分）向本人作出了明确说明，本人已充分理解；上述所填写的内容属实，同意以此投保单作为订立保险合同的依据"，在投保人签名处有"乔丹"字样的签名；该份保险条款单第 7 条第五项约定"保险车辆肇事逃逸"保险人不负赔偿责任。

2009 年 7 月 16 日，乔丹的哥哥乔旭东驾驶该车由本溪市明山区新立屯驶往环山路方向，当车行至一九〇师门前路口左转弯时，与相对方向直行的由金春时驾驶的载乘刘莉的两轮摩托车相撞。肇事后，乔旭东弃车逃逸，事故致金春时、刘莉五级伤残。经本溪市公安局交通警察支队认定，乔旭东对该起事故负主要责任，金春时负次要责任，为此乔旭东赔偿金春时、刘莉55万元。乔丹向中保本溪分公司申请商业险理赔，中保本溪分公司以乔旭东弃车逃逸为由拒赔。2010年7月7日，乔丹以保险条款未规定弃车逃逸免责，及保险公司未告知免责条款为由，诉至本溪市明山区人民法院，要求中保本溪分公司承担保险责任。

另查明，因乔丹对保险合同投保人签名处"乔丹"签字有异议，申请法院进行笔迹鉴定。2010年9月17日，辽宁大学司法鉴定中心作出笔迹鉴定，结论为："乔丹"签名非乔丹本人所写。

【原审裁判】

2011年2月28日，本溪市明山区人民法院作出（2010）明民二初字第406号民事判决，认为庭审过程中，中保本溪分公司提供一张编号为A01H01Z04070320的保险条款单作为证据，其责任免除部分第6条第六项约定"事故发生后，被保险人或其允许的驾驶人在未依法采取措施的情况下驾驶被保险机动车或者遗弃被保险机动车逃离事故现场，或故意破坏、伪造现场、毁灭证据"，保险人不负赔偿责任。原、被告于2008年7月18日签订的保险合同中，第三者责任保险条款第6条第五项规定：保险车辆肇事逃逸的，保险公司责任免除。本案中乔旭东弃车逃离现场属于逃逸行为，按照约定被告有权拒绝赔偿。遂判决：驳回乔丹的诉讼请求。

【抗诉理由】

乔丹不服一审判决，向检察机关申诉。2011年5月17日，本溪市人民检察院以本检民抗（2011）8号民事抗诉书向本溪市中级人民法院提出抗诉。理由如下：

1. 原审判决认定乔丹与中保本溪分公司签订的保险合同中的免责条款有效，系适用法律错误。

根据1995年10月1日实施的《中华人民共和国保险法》第

17 条的规定："保险合同中规定有关于保险人责任免除条款的，保险人在订立保险合同时应当向投保人明确说明，未明确说明的，该条款不产生效力。"本案中，在保险合同对免责条款作说明的确认位置，虽然有"乔丹"字样的签名，但该签名并非乔丹本人所签。可见中保本溪分公司并未依照法律规定向作为合同相对方的投保人乔丹尽到明确说明的义务，故该免责条款无效。原审法院适用该条款认定中保本溪分公司有权拒绝理赔，系适用法律错误。

2. 原审判决认定乔旭东弃车逃逸行为，属于保险合同免责条款中"保险车辆肇事逃逸"行为，系适用法律错误。

根据 1995 年 10 月 1 日实施的《中华人民共和国保险法》第 30 条的规定："对于保险合同的条款，保险人与投保人、被保险人或者受益人有争议时，人民法院或者仲裁机关应当作有利于被保险人和受益人的解释。"本案中，乔丹在中保本溪分公司投保时，中保本溪分公司将编号为 A0106Z03000L021205 - 1000 的保险条款单交给乔丹，其中保险条款单第 7 条第五项约定"保险车辆肇事逃逸"保险人不负赔偿责任。在庭审中，关于"保险车辆肇事逃逸"含义的理解，乔丹与中保本溪分公司之间产生了争议。乔丹一方认为"保险车辆肇事逃逸"指的是车辆逃逸，而非驾驶员逃逸，因为肇事车辆并未驶离现场，没有影响交警部门对事故责任的认定，也就没有侵害保险公司的利益。中保本溪分公司则认为"保险车辆肇事逃逸"包括驾驶员弃车逃逸，并拿出编号为：A01H01Z04070320 的保险条款单佐证，该保险条款单第 6 条第六项约定"事故发生后，被保险人或其允许的驾驶人在未依法采取措施的情况下驾驶被保险机动车或者遗弃被保险机动车逃离事故现场，或故意破坏、伪造现场、毁灭证据"保险人不负赔偿责任。通过庭审举证、质证可以看出，关于"保险车辆肇事逃逸"存在两种解释，一种为驾驶员驾车逃逸，另一种为驾驶员弃车逃逸，中保本溪分公司正是基于对格式条款理解的歧义才对该条款进行细化，作出编号为 A01H01Z04070320 的保险条款单。因此，受诉法院在对保险条款理解存在歧义时，应作出有利于受益人乔丹一方的解释，而不应认定乔旭东弃车逃逸为"保险车辆肇事逃逸"。

【再审结果】

辽宁省本溪市中级人民法院受理本案后，于 2011 年 8 月 8 日作出（2011）本审民提字第 4 号民事判决书，认为申诉人乔丹所有的辽 EG5158 号骊威牌轿车在中保本溪分公司投保了商业险，双方签订了机动车辆第三者责任保险，保险期限一年，保险金额 20 万元。在保险合同对免责条款作说明的确认位置，有乔丹字样的签名，但该签名并非乔丹本人所签，系乔旭东所签。根据 1995 年 10 月 1 日实施的《中华人民共和国保险法》第 17 条的规定："保险合同中规定有关于保险人责任免除条款的，保险人在订立保险合同时应当向投保人明确说明，未明确说明的，该条款不产生效力。"本案中，在保险合同对免责条款作说明的确认位置，虽有"乔丹"字样的签名，但该签名并非乔丹本人所签，被申诉人中保本溪分公司未依照法律规定向投保人乔丹尽到说明的义务，该免责条款无效，依据双方签订的机动车辆第三者责任保险合同，保险公司应予理赔，故判决：中保本溪分公司给付乔丹第三者责任保险金 20 万元。

【点评】

本案争议焦点在于保险公司是否履行了提示与明确说明免责条款的义务，以及驾驶人弃车逃逸的行为是否等同于"保险车辆肇事逃逸"。要正确理解保险人的说明义务，必须掌握说明义务的含义、法律基础、履行方式与违反的法律后果，对于驾驶人弃车逃逸的行为是否等同于"保险车辆肇事逃逸"，理论与实务界存在较大的争议，解决此问题不能"一刀切"，必须结合具体案例从主、客观两个方面进行分析。

一、免责条款的理解与适用

（一）免责条款的定义

免责条款是指当事人双方在合同中约定的，旨在限制或免除一方合同义务或责任的条款。保险合同免责条款是指保险人在依据保险合同和保险法律法规中的规定，发生保险事故后，保险人无须对发生事故造成的损失给予赔偿或给付保险金或承担某项责任范围的条款。

（二）保险人对免责条款的提示或明确说明义务的法理基础

保险人的说明义务是指保险人在保险合同订立过程中，依法承担将保险合同条款向投保人说明的义务。它来源于法律的直接规定，1995 年 10 月 1 日实施的《中华人民共和国保险法》第 17 条规定："保险合同中规定有关于保险人责任免除条款的，保险人在订立保险合同时应当向投保人明确说明，未明确说明的，该条款不产生效力。"说明义务的法理基础主要为最大诚信原则与符合契约的客观要求。保险合同一般为格式合同，具有技术性、专业性、定型性及团体性的特征，合同内容一般由保险人单方拟定，其中包含的大量的专业术语及复杂的条款，投保人很难对保险合同的全部文本做到准确理解。因此，在对保险合同的"理解"方面，投保人与保险人处于不平等地位。在此情形下，对于保险人事先拟定的标准合同，投保人"要么接受，要么走开"，"只能或多或少地自愿屈从于由强者一方提出的合同条款和那些经常被人模糊理解的合同条款。"不能真正实现合同法的意思自治精神。故各国保险法一般均要求保险人对责任免责条款履行"提示或明确说明"义务，否则免责条款无效。

（三）保险人对免责条款进行提示与明确说明的方式

最高人民法院研究室《关于对〈保险法〉第十七条规定的"明确说明"应如何理解的问题的答复》（2000 年 1 月 24 日，法研〔2000〕5 号）："明确说明"是指保险人在与投保人签订保险合同之前或者签订保险合同之时，对于保险合同中所约定的免责条款，除了在保险单上提示投保人注意外，还应当对有关免责条款的概念、内容及其法律后果等，以书面或口头形式向投保人或其代理人作出解释，以使投保人明了该条款的真实含义和法律后果。由此可见，"明确说明"包括两方面的要件，即内容要件与形式要件。按照内容要件的要求，保险人应当在签订保险合同之前或者签订保险合同之时，向投保人（包括其代理人）就保险合同中的免责条款所涉及的概念、内容及其法律后果等作出解释，使其明了该条款的真实含义和法律后果。按照形式要件的要求，保险人的解释应当采用一定的形式。就通常情况而言，解释的形式可以有书面和口头两种。所谓口头形式是指保险人向投保人就免责条款以言辞的方法作出解释。书面形式包括在保险单上印上有关规定及说明材料等，通常情况下是指用纸为载体的解释。保险单上仅印上有关提示投保人注意的文字不应视为保险人履行了"明确说明"义务。因为提示性文字只能引起投保人对有关条款的注意。如果保险人未对责任免除条款作出合理的解释，即使投保人注意到了，也不一定能够领会其真正的含义。法研〔2000〕5号函相对而言，更注重于"明确说明"的形式要件。这是因为每个保险合同中有关责任免除条款的内容都不相同。

（四）保险人违反提示与明确说明义务的法律后果

根据我国新《保险法》第17条第2款规定，保险人在缔约时未就保险人责任免除条款作出引起投保人注意的提示并对其内容进行明确说明，该条款不产生效力。这说明保险人一旦违反了对责任免除条款的提示或明确说明义务，则发生免责事由时，保险人即不得以保险条款中有"免责条款"、"除外责任"为由拒绝承担赔偿或给付保险金责任。这是因为保险人赖以免责的条款由于没有对投保人进行说明而"不生效"，当然不能以此"不生效"的条款拘束投保人。

本案乔丹与中保本溪分公司签订的保险合同中，在对免责条款作明确说明的确认位置，虽然有"乔丹"字样的签名，但该签名并非乔丹本人所签，中保本溪分公司并未依照法律规定向作为合同相对方的投保人乔丹尽到明确说明的义务，故该免责条款无效。中保本溪分公司应向乔丹履行保险责任。

二、本案保险合同中"肇事车辆逃逸"一词的理解

本案中，如果签字是乔丹所签，那么乔旭东弃车逃逸、将车辆与乘坐的人员留在现场的行为，是否等同于免责条款规定的"肇事车辆逃逸"的行为，中保本溪分公司是否可以据此免除保险责

任呢？对此存在三种意见。第一种意见认为，弃车逃离现场是否属于保险车辆肇事逃逸，应以交警部门作出的事故责任认定书为准。因为交通事故责任认定书认定乔旭东构成交通肇事逃逸，故保险公司可以免责。第二种意见认为，保险车辆肇事逃逸实际是指交通肇事逃逸。根据有关规定，交通事故发生后，只要在客观上存在车辆离开事故现场或者肇事司机离开事故现场两种情形之一，就可认定交通肇事逃逸，保险公司均可免责。第三种意见认为，保险条款系保险公司提供的格式条款，现双方就保险条款中保险车辆肇事逃逸理解出现争议，一方认为仅指向车辆，另一方则认为包括弃车逃离现场情形，根据《合同法》第41条规定，应作出不利于提供格式条款一方的解释，保险公司不能免责。对于上述三种意见，持前两种意见的比较少，持第三种的较多。其实，第一种意见是实务中常见的一种误区，其本质性错误在于混淆了交通事故责任与民事责任的区别，赋予了交通事故责任认定书在民事裁判中既判力。第二种意见"一刀切"的做法，未区分具体情形，缺乏必要的、完整的价值判断，同时减轻了保险人的责任，造成投保人保险合同目的难以实现。第三种意见片面强调了对格式条款进行特殊解释，忽略了其适用前提，将第一顺位的通常理解机械地等同于严格的文义解释，过于绝对化。

（一）《交通事故责任认定书》在民事裁判中的效力问题

发生交通事故后，交警部门作出的《交通事故责任认定书》是其依照有关法律法规及规章，对当事人之间发生道路交通事故的事故责任所作的认定，它是交警部门所进行的行政行为；当事人基于道路交通事故提起损害赔偿之诉以及保险赔付之诉，人民法院对于民事赔偿责任和保险赔付责任的认定，是依据民事侵权责任和保险合同理论来进行判定的，是一种民事审判活动，两者性质不同。最高人民法院就这个问题曾专门出过司法解释，交警部门出具的《交通事故责任认定书》中的责任划分不能等同于民事责任的划分。因此，不能简单地将道路交通事故中的事故责任与民事赔偿责任画等号。侵权行为法中侵权责任要件包括两个层次，一是侵权责任成立要件，二是侵权责任范围要件。《交通事故责任认定书》在民事侵权之诉中，可作为民事侵权责任第一层次侵权责任是否成立的判断依据之一，但它不是唯一的和必备的依据，而且更不能作为民事侵权责任的第二层次责任范围和责任划分的唯一依据，因为这涉及特殊侵权中的归责原则（如无过错责任原则）等有关侵权行为法理问题。同理，在保险赔付纠纷中，《交通事故责任认定书》是否认定了交通肇事逃逸，不是一项终局认定。在基于交通事故所引发的民事诉讼中，对于责任认定书是否采信、如何运用，本质上属于证据的审查判断问题，归属于案件事实范畴，仍需要归入人民法院的审查范围，交警部门所作的《交通事故责任认定书》在民事裁判中并不具备既判力的效力。

（二）弃车逃离现场应区分情形作必要的价值判断

交通事故发生后，当事人弃车逃离现场，其成因具有复杂性和多样性，一律将其认定为交通肇事逃逸或认定为不属于交通肇事逃逸都是片面的，它缺乏对当事人主观要件的考察，缺乏必要的价值判断。

当事人弃车逃离现场是否构成交通肇事逃逸，这属于案件事实认知范畴。这一认知过程，是通过事实判断和价值判断进行的。按照休谟理论，事实和价值是可以区分的，事实是理性的对象，价值是情感的对象，事实判断是关于对象"是"或"不是"的认识，价值判断是关于对象"应该"或"不应该"的认识。事实判断的内容是纯粹客观的，不以主体的意志为转移；而价值判断源于人们的评价活动，具有主客观共融的创造性，根据价值判断是否带有明确的规范、命令性质，可以将其划分为评价性价值判断和规范性价值判断。

不难看出，交通事故发生后，当事人是否弃车离开事故现场，这仅是一个事实判断范畴。但是，在已肯定了当事人弃车离开事故现场这一前提下，判断它是否属于交通肇事逃逸和保险车辆肇事逃逸，能否成立保险免责问题，则不单纯是一个事实判断问题，它还涉及价值判断问题。既然价值判断具有主客观共融性，那么在判定当事人弃车离开事故现场行为是否属于交通肇事逃逸或保险车辆肇事逃逸这一问题上，理所当然应当采用主客观要件相统一的标准，并且该标准应作为我们对待这一问题上的通常理解。实务中应作如下考量：

1. 交通肇事逃逸是一种非诚信的、有违公序良俗的违法犯罪行为，相应的法律法规对其作了特别的规定并科以严厉的责任。《道路交通安全法实施条例》第 92 条第 1 款规定："发生交通事故后当事人逃逸的，逃逸的当事人承担全部责任。"《刑法》第 133 条规定："……交通运输肇事后逃逸的，处 3 年以上 7 年以下有期徒刑；因逃逸致人死亡的，处 7 年以上有期徒刑。"在民法领域的保险条款中，2008 年以后的保险条款无一例外地规定，交通肇事逃逸或保险车辆肇事逃逸，保险人不负责赔偿，该条款一经当事人合意，即为合法有效。由此可见，当事人弃车逃离现场是否构成交通肇事逃逸问题，法律规范本身提供了一个价值判断的客观标准，那就是看三个要素：（1）救助义务、防止损失扩大义务；（2）保护现场义务；（3）损害救济。如果当事人逃离现场，造成三个要素之一缺失，即可初步认定其具备交通肇事逃逸的客观要件。相反，如果当事人逃离事故现场，并未侵犯三个要素的完整性，就不具备交通肇事逃逸的客观性要件。

2. 从主观要件考察，弃车逃离现场如果成立交通肇事逃逸和保险车辆肇事逃逸，它必须具备主观上是为了逃避法律责任这一特定要件。如果当事人是基于其他原因，如为了躲避受害人亲友的殴打，或者在偏僻山区为履行救助义务而离开现场到附近村庄寻求救助等，都不应认定为交通肇事逃逸。当然，主观的东西看不见摸不着，它必须通过特定的时空条件下的人的行为才能进行界定，也即通常所说的"主观见之于客观"。这就要求我们在处理此类纠纷时，充分正确地审查判断证据，针对个案特定的时空条件，以一定的社会常识为背景，公平公正地作出界定。

（三）特殊解释规则在此类案件中能否适用问题

保险理赔纠纷案件中，常见当事人对保险条款特别是免责条款的理解发生争议，对此，必须通过合同解释学加以处理。对格式条款的解释规定在《合同法》第 41 条及 1995 年《保险法》第 30 条之中。但需注意，这种特殊解释规则属于第二顺位的解释规则，它必须是在穷尽第一顺位解释规则（即按照通常理解予以解释）时才能适用。保险合同作为典型的格式合同，亦应循此法理。

保险免责条款所规定的保险车辆肇事逃逸在法律上具有特殊的意义，对其解释时不能局限于文字本身所载明的"车辆"，而应出于诚信，以一个普通和善良人的标准来衡量，并且该衡量不能脱离现有法律规范和公序良俗。这个衡量过程就是上述所称的必要的价值判断，也是在适用特殊解释规则之前所进行的第一顺位的通常理解。本案中，从主观上看，车辆驾驶人乔旭东虽然离开了肇事现场，但是其将车辆与妹妹乔丹留在现场。其间只经过三四小时便主动投案，并提出了回家取钱的合理解释，因其是第一次经历交通事故，内心恐惧、慌乱在所难免，故不能认定乔旭东具有逃避法律惩罚的故意；从客观上看，乔旭东虽然离开现场，但是其妹妹并未离开，而且拨打了报警电话，对被害人采取积极救助的措施，保险车辆亦未驶离现场，未影响交警认定事故责任，未加重保险公司责任。故本案中，乔旭东弃车逃逸的行为不构成"保险车辆肇事逃逸"，保险公司不能免除保险责任。

案例来源：辽宁省本溪市明山区人民检察院
案例编写：袁文水
案例点评：袁文水　曲斌

11. 西安绿华顺天装饰工程有限公司诉陕西省第十一建筑工程公司、陕西福源置业有限公司承揽合同纠纷抗诉案

【抗诉机关和受诉法院】

抗诉机关：陕西省人民检察院

受诉法院：陕西省高级人民法院

【基本案情】

申诉人（一审被告、二审上诉人）：陕西省第十一建筑工程公司。住所地：咸阳市渭城区文汇路 7 号。法定代表人：徐捷，董事长。

被申诉人（一审被告、二审被上诉人）：陕西福源置业有限公司。住所地：西安市未央区凤城 1 路 9 号 3 幢 105 室。法定代表人：董涛，总经理。

被申诉人（一审原告、二审被上诉人）：西安绿华顺天装饰工程有限公司。住所地：西安市北高新开发区井上工业园 18 号。法定代表人：王宝玲，总经理。

2008 年 6 月 2 日，西安绿华顺天装饰工程有限公司（以下简称绿华公司）与陕西省第十一建筑工程公司（以下简称省建十一公司）、陕西福源置业有限公司（以下简称福源公司）签订了塑钢门窗制安合同书。合同约定：绿华公司承揽省建十一公司福源·四季风景二期住宅楼塑钢门窗的制作安装工程；工程单价：单玻窗 200 元/m²、中空玻窗 245 元/m²、单玻平开门 330 元/m²；合同总

价约 480 万元；工程付款方式：按月进度付款，付款量以月进度完成量的 80% 为计算依据，工程竣工且验收合格、全部手续办理完毕后 1 月内付至工程总价的 97%，预留 3% 为质保金，质保期 2 年，质保期以权威部门取得的检测报告起始日期为准；如因乙方原因导致的质量问题所产生的相关的费用由乙方承担，未按合同约定达到质量标准，乙方应向甲方支付违约金为工程总价的 1%；甲方未按合同约定履行付款义务的，每逾期一日，甲方应向乙方支付违约金为工程总造价的 1%；未办理验收手续，甲方提前使用或擅自动用，则视为验收合格；若发包方无力付款时由担保方履行付款义务。合同签订后，绿华公司 6 月 15 日开始施工。2008 年 11 月 13 日，长青监理公司福源·四季风景项目监理部确认绿华公司完成塑钢门窗制安工作量为：单玻窗面积 14610.24 平方米、中空玻窗面积 7393 平方米、单玻平开门面积 185.5 平方米，总造价为 4794548 元。其间，省建十一公司分 6 次给付绿华公司工程款 3424860.70 元。2008 年 12 月 15 日，省建十一公司、长青监理公司福源·四季风景项目经理部、绿华公司三方形成 20 份《竣工报告》。2008 年 12 月底、2009 年 1 月初，福源公司将福源·四季风景二期住宅楼房交付业主。一审庭审中，省建十一公司坚称工程并未完工因纱窗未安装，且工程存在质量问题，并提供了相应证据，于 2009 年 10 月 19 日提出鉴定工程质量申请。一审法院依法委托进行鉴定，2009 年 12 月 3 日，西安市中级人民法院司法技术室复函：经咨询有关鉴定机构，涉案工程的检材不具备鉴定条件，鉴定机构难以作出准确的判断，无法进行鉴定。

另查明，二审庭审中绿华公司承认未安装纱窗。2009 年 3 月 10 日，西安市建设工程质量安全监督站阎良分站向省建十一公司发出《工程质量问题通知单》，称：福源·四季风景二期工程质量存在以下问题："①塑钢窗扣条大量严重损坏需要更换；②型材窗上口没有打密封胶，部分窗户口密封胶脱落、起皮、密度差；③多处窗框出现断裂、破损需更换；④部分窗框玻璃未安装到位及破损需更换安装；⑤所有窗户未安装纱扇；⑥南北阳台窗强度达不到标准，存在严重的安全隐患，需采取加固措施。"2009 年 3 月 15 日、2009 年 4 月 22 日，长青监理公司福源·四季风景项目经理部向省建十一公司及绿华公司发出 034、035 号监理工程师通知单，指出塑钢窗需整改的 6 个问题，并提出限期整改要求。2009 年 4 月 25 日，省建十一公司将长青监理公司福源·四季风景项目经理部发出的 035 号监理工程师通知单，以特快专递邮件邮给绿华公司，庭审中，绿华公司未否认收到该邮件，并对以上通知单的真实性无异议，但称通知单是交付后形成的，即便有质量问题其也无责任。2009 年 4 月 24 日，西安市阎良区公证处因省建十一公司对涉诉工程现状进行证据保全申请，对塑钢门窗现状进行了摄像，并制作了《现场工作记录》，形成了（2009）西阎证民字第 141 号公证书，现场工作记录载明：部分窗框有裂缝、破损、变形，部分阳台门窗有明显晃动，砸开几处窗边，里面明显是空洞等。

2009 年 5 月 4 日，绿华公司诉至陕西省西安市阎良区人民法院，请求判令省建十一公司支付"福源·四季风景二期住宅楼"塑钢门窗工程款 1225851 元，并由福源公司承担连带责任，判令省建十一公司向其支付 2009 年 5 月 4 日以前的违约金 527340 元。省建十一公司对本诉答辩并提出反诉，要求绿华公司赔偿其各项损失 987042.60 元，返还其多付工程款 363084.70 元。

【原审裁判】

2009 年 12 月 11 日，西安市阎良区人民法院作出（2009）阎民一初字第 192 号民事判决，认为依法成立的合同，自成立时生效，对合同双方均具有约束力。原告绿华顺天公司与被告省建十一公司、被告福源公司所签订的合同书，系双方真实意思表示，为合法、有效的合同，双方均应予以恪守。合同签订后，原告绿华顺天公司按合同约定履行了合同义务，并当庭提供了双方签字或盖章的竣工报告，故此，原告绿华顺天公司的诉讼主张依法成立，予以支持；被告省建十一公司未按合同约定支付工程款，构成违约，理应承担相应的民事责任；被告福源公司作为合同担保方，对合同的履行承担保证责任，因此，对被告省建十一公司的违约行为应承担连带责任。综上，原告绿华顺天公司本诉中主张被告方支付"福源·四季风景二期住宅楼"塑钢门窗工程款1225851元的诉讼请求依法成立，予以支持。原告绿华顺天公司请求支付2009年5月4日以前的违约金527340元，因此约定过高于其实际损失，故适当依法酌定予以减少后，由被告方予以支付。

关于被告省建十一公司反诉请求原告绿华顺天公司赔偿其因塑钢门窗质量问题施工及整改维修费832042.60元、公证费5000元、福源公司罚款150000元，共计987042.60元的诉讼主张，该院认为，原告所施工工程已竣工验收，被告福源公司于2008年12月底、2009年1月初已将本案所涉楼房交付业主使用，根据最高人民法院《关于审理建设工程施工合同纠纷案件适用法律问题的解释》第13条"建设工程未经竣工验收，发包人擅自使用后，又以使用部分质量不符合约定为由主张权利的，不予支持"的规定及原、被告双方所签订的合同第11条"未办理验收手续，甲方提前使用或擅自动用，则应为验收合格"的约定，本案中所涉工程已竣工验收交付使用，不应涉及质量问题，即使没有竣工验收，也因被告方的交付使用而应认定为验收合格。故此，被告反诉中所主张各项损失987042.60元之诉讼请求不能成立，不予支持。对于被告省建十一公司反诉要求原告绿华顺天公司返还多付工程款363084.70元请求，本案中，双方所涉及工程总造价为4794548元，被告省建十一公司已付工程款计3424860.70元，尚欠工程款1225851.30元，按合同约定，并未多付工程款，故对被告省建十一公司请求原告返还多付工程款363084.70元的反诉请求，不予支持。2009年12月11日，该院作出（2009）阎民一初字第192号民事判决：一、被告（反诉原告）陕西省第十一建筑工程公司于本判决生效后10日内支付原告（反诉被告）西安绿华顺天装饰有限公司"福源·四季风景二期住宅楼"塑钢门窗工程款1225851元及逾期付款违约金260000元；二、被告陕西福源置业有限公司对判决第一项被告陕西省第十一建筑工程公司的给付义务承担连带责任；三、驳回被告（反诉原告）陕西省第十一建筑工程公司请求原告（反诉被告）西安绿华顺天装饰有限公司赔偿各项损失987042.60元；四、驳回被告（反诉原告）陕西省第十一建筑工程公司请求原告（反诉被告）西安绿华顺天装饰有限公司返还多付工程款363084.70元的诉讼请求。

省建十一公司不服一审判决，向西安市中级人民法院提出上诉。2010年3月2日，西安市中级人民法院作出（2010）西民四终字第207号民事判决，认为绿华公司与省建十一公司、福源公司签订的合同，意思表示真实，内容亦不违法，应属有效合同，各方均应按约履行。绿华公司按合同规定，完成了"福源·四季风景二期住宅楼"塑钢门窗的制作安装工程，完成的工程量经省建十一公司、监理部签字确认，依合同约定的单价计算，工程总价款应为4794548元，扣除已付款3424860.70元及3%质保金，省建十一公司尚欠工程款1225851元，应向绿华公司支付并承担违约责任。省建十一公司称多付工程款363084.70元，其理由显然不能成立。省建十一公司称工程存在严重质量问题、未安装纱窗，但2008年12月15日竣工验收时，省建十一公司及监理单位均未对此提出异议，并签字、盖章确认"已完成设计、合同约定及变更工程各项内容，工程质量符合国家法律、法规、规范和设计要求"，本案所涉工程已交付业主使用，现省建十一公司又以质量存在问题拒绝向绿华公司支付所欠工程款，对此，原审法院依据最高人民法院《关于审理建设工程施工合同纠纷案件适用法律问题的解释》第13条不予支持，并无不当。省建十一公司及监理单位已对绿华公司的施工验收合格，现称只有进行鉴定才能确定绿华公司责任，理由亦不能成立。综上，原审法院认定事实清楚，适用法律正确。判决：驳回上诉，维持原判。

【抗诉理由】

省建十一公司不服二审判决，向检察机关提出申诉。2010年10月11日，陕西省人民检察院以陕检民行抗（2010）24号民事抗诉书向陕西省高级人民法院提出抗诉。理由如下：

1. 终审判决认定"2008年12月15日竣工验收，并经省建十

一公司、长青监理公司福源·四季风景项目经理部验收"，并认为
"省建十一公司及监理单位已对绿华公司的施工验收合格"证据不
足。2008 年 12 月 15 日，绿华公司、省建十一公司形成的 20 份
《竣工报告》中虽然写明"已完成设计、合同约定及变更工程的各
项内容，工程质量符合国家法律、法规、规范和设计要求，特申请
办理工程竣工验收手续"。但除 4 号楼《竣工报告》审批意见栏有
长青监理公司福源·四季风景项目经理部填写的"同意办理施工
验收手续"外，其余 19 份《竣工报告》审批意见栏内虽有监理部
门签字及印章但并未填写审批意见。从《竣工报告》内容看，当
时涉诉工程只是处于申请办理竣工验收手续阶段，而并非实际进行
竣工验收。建设部《房屋建筑工程和市政基础设施工程竣工验收
暂行规定》第 4 条规定："工程竣工验收工作，由建设单位负责组
织实施。"第 6 条第（二）项规定："建设单位收到工程竣工报告
后，对符合竣工验收要求的工程，组织勘察、设计、施工、监理等
单位和其他有关方面的专家组成验收组，制定验收方案。"本案建
设单位福源公司并未组织人员对该工程进行验收，显然，《竣工报
告》只是施工方准备进行工程验收的申请资料，属工程验收的前
期工作，《竣工报告》不是验收报告，既不能证明该涉案工程进行
了验收，更不能说明验收合格。故法院认定"2008 年 12 月 15 日
竣工验收，并经省建十一公司、长青监理公司福源·四季风景项目
经理部验收"，并认为"省建十一公司及监理单位已对绿华公司的
施工验收合格"错误。

2. 终审判决认为涉案工程"质量符合国家法律、法规、规范
和设计要求"，不存在质量问题证据不足。首先，虽然绿华公司、
省建十一公司在形成的 20 份《竣工报告》中写明"已完成设计、
合同约定及变更工程的各项内容，工程质量符合国家法律、法规、
规范和设计要求，特申请办理工程竣工验收手续"。但如前所述，
涉案工程并未进行验收，其《竣工报告》中写明"质量符合国家
法律、法规、规范和设计要求"只是在申请办理工程竣工验收手
续时自己的结论，不能证明工程质量合格。其次，卷中大量证据证

明涉案工程确实存在质量问题。一是二审庭审中绿华公司承认未安装纱窗。二是 2009 年 3 月 10 日，西安市建设工程质量安全监督站阎良分站向省建十一公司发出《工程质量问题通知单》，指出福源·四季风景二期工程质量存在以下问题："①塑钢窗扣条大量严重损坏需要更换；②型材窗上口没有打密封胶，部分窗户口密封胶脱落、起皮、密度差；③多处窗框出现断裂、破损需更换；④部分窗框玻璃未安装到位及破损需更换安装；⑤所有窗户未安装纱扇；⑥南北阳台窗强度达不到标准，存在严重的安全隐患，需采取加固措施。"三是 2009 年 4 月 24 日，西安市阎良区公证处因省建十一公司对涉诉工程现状进行证据保全申请，对塑钢门窗现状进行了摄像，并制作了《现场工作记录》，形成了（2009）西阎证民字第 141 号公证书，现场工作记录载明：部分窗框有裂缝、破损、变形，部分阳台门窗有明显晃动，砸开几处窗边，里面明显是空洞等。四是业主在验收房时对涉案工程均提出了质量异议（见一审卷三、卷四、卷五《福源·四季风景二期房屋交接记录单》）。以上证据均证明涉案工程确实存在质量问题。两审法院置当事人自认等大量证据于不顾，简单适用最高人民法院《关于审理建设工程施工合同纠纷案件适用法律问题的解释》第 13 条认定涉案工程不存在质量问题不符合案件的客观实际，认定事实错误。

【再审结果】

陕西省高级人民法院受理本案后，指令西安市中级人民法院再审。2011 年 10 月 18 日，西安市中级人民法院作出（2011）西民再终字第 00043 号民事裁定书，认为原审判决认定事实不清，证据不足，且程序有误。依照《中华人民共和国民事诉讼法》第 186 条第 1 款、第 153 条第 1 款第（三）、（四）项的规定，裁定：一、撤销（2010）西民四终字第 207 号民事判决及西安市阎良区人民法院（2009）阎民一初字第 192 号民事判决；二、本案发回西安市阎良区人民法院重审。

【点评】

本案的争议焦点是加工承揽合同中标的物存在质量问题，未经验收交付使用后责任如何划分确定。

实践中，加工承揽合同是市场交易活动中适用非常广泛的一类合同，也是各类商事主体为满足生产、生活所需而经常采用的合同形式。由于承揽合同纠纷所涉事实通常比较复杂，法律适用难度较大，导致此类案件审理中容易出现执法偏差，特别是审理定作人因承揽工作质量不符合约定而要求赔偿引发的承揽合同纠纷案件时，显得更为突出。为此，首先，须对承揽合同的概念予以明确。《合同法》第251条规定："承揽合同是承揽人按照定作人的要求完成工作，交付工作成果，定作人给付报酬的合同。承揽包括加工、定作、修理、复制、测试、检验等工作。"学理上通常认为，承揽合同具有以下四种特征：第一，承揽合同以完成一定的工作为目的。在承揽合同中，定作方所需要的不是承揽方的单纯劳务，而是其物化的劳务成果。也就是说，承揽方完成工作的劳务只有体现在完成的工作成果上，只有与工作成果相结合，才能满足定作方的需要。第二，承揽合同的标的具有特定性。承揽合同的标的是定作方所要求的，由承揽方所完成的工作成果。但该工作成果必须具有特定性，是按照定作方的特定要求，只能是承揽方为满足定作方特殊需要通过自己与众不同的劳动技能而完成的。第三，承揽方独立承担承揽工作风险。承揽方履行合同过程中，定作物发生损坏、灭失，或加工人员出现伤亡的，都要承揽方独立承担责任，定作方原则上不承担责任。第四，承揽合同是诺成、双务、有偿合同。承揽合同自当事人意思表示一致即可成立生效，而不以当事人一方实际交付定作物为合同成立生效的要件，故为诺成合同。承揽合同成立以后，当事人双方均负有一定义务，双方的义务具有对应性，一方的义务也即为对方的权利，符合双务合同的特征。同时，承揽合同又是有偿合同，定作方需为工作成果支付报酬。对于无须支付报酬的加工合同，则不属于合同法规定的承揽合同的范畴，而应该由普通民事法律调整。本案中，绿华公司作为承揽人向合同另一方定作人省建十一公司、福源公司提供加工安装塑钢门窗的行为就是典型的加工承揽合同。通过以上概念，我们能够明确绿化公司不仅要按照双方合同提供加工安装塑钢门窗这种物化的劳务成果，而且工作成果必须具有特定性，即按照定作方的特定要求，满足定作方特殊需要。通俗地说就是要符合定作方的质量要求。

其次，是否符合定作一方的质量要求，需要通过一系列检查验收程序来进行。我国《合同法》第261条规定："承揽人完成工作的，应当向定作人交付工作成果，并提交必要的技术资料和有关质量证明，定作人应当验收该工作成果。"笔者认为，验收应包括受领和检验，因此，根据该条规定，定作人有受领义务，该受领义务既包括接受承揽人交付的工作成果，又包括在承揽人无须实际交付时对承揽人所交付的工作成果的承认。但是，定作人受领义务的履行，仅以承揽人完成的工作成果符合合同约定的标准或条件为前提，如果承揽人完成的工作成果不符合合同约定导致定作人拒收的，则不应认定为定作人不履行受领义务。2000年6月30日，建设部出台的《房屋建筑工程和市政基础设施工程竣工验收暂行规定》第4条规定："工程竣工验收工作，由建设单位负责组织实施。"第6条第（二）项规定："建设单位收到工程竣工报告后，对符合竣工验收要求的工程，组织勘察、设计、施工、监理等单位和其他有关方面的专家组成验收组，制定验收方案。"从以上内容来看，国家对竣工工程验收程序有严格的规定。本案中，福源公司并未组织人员对该工程进行验收，绿华公司、省建十一公司形成的20份《竣工报告》不是实质意义上的验收报告，既不能证明对工程进行了验收，更不能说明验收合格。20份《竣工报告》除1份有项目经理部填写的"同意办理施工验收手续"外，其余19份《竣工报告》审批意见栏内虽有监理部门签字及印章但并未填写审批意见。这表明涉案工程只是处于申请办理竣工验收手续阶段，而并非实际进行竣工验收。绿华公司在庭审中自己也承认未安装纱窗。2009年3月10日，工程质量监管部门向省建十一公司发出《工程质量问题通知单》，指出工程质量存在六项问题并要求其采取措施补救。因此，笔者认为通过这一证据链能够证明涉案工程不仅没有按照有关规定进行验收，而且确实存在质量问题，不能符合定作人对于质量的要求，作为承揽人绿华公司应当承担违约赔偿责任。

最后，本案关键一点在于怎样看待定作人省建十一公司、福源公司受领承揽人绿华公司工作成果的行为。法院认定工程已竣工验收，福源公司已将本案所涉楼房交付业主使用，根据最高人民法院《关于审理建设工程施工合同纠纷案件适用法律问题的解释》第13条"建设工程未经竣工验收，发包人擅自使用后，又以使用部分质量不符合约定为由主张权利的，不予支持"的规定及双方所签订的合同的约定，本案中所涉工程已竣工验收交付使用，不应涉及质量问题，即使没有竣工验收，也因被告方的交付使用而应认定为验收合格。笔者认为，这一认定过于片面。本案原被告双方形成加工承揽合同关系是肯定的事实。根据《合同法》第261条的规定，承揽人交付的工作成果应当符合质量标准，也就是说不能有质量瑕疵，定作人应当对承揽人提供的定作物进行验收，如果有质量异议应当向承揽人提出，但是，对于提出质量异议的期限未作出明确的规定，《合同法》第174条规定："法律对其他有偿合同有规定的，依照其规定；没有规定的，参照买卖合同的有关规定。"在买卖合同中，买受人的质量异议期限是有明确规定的，因此对于承揽合同的质量异议期限可以参照买卖合同中的有关规定。《合同法》第158条规定："当事人约定检验期间的，买受人应当在检验期间内将标的物的数量或者质量不符合约定的情形通知出卖人。买受人怠于通知的，视为标的物的数量或者质量符合约定。当事人没有约定检验期间的，买受人应当在发现或者应当发现标的物的数量或者质量不符合约定的合理期间内通知出卖人。买受人在合理期间内未通知或者自标的物收到之日起两年内未通知出卖人的，视为标的物的数量或者质量符合约定，但对标的物有质量保证期的，适用质量保证期，不适用该两年的规定。出卖人知道或者应当知道提供的标的物不符合约定的，买受人不受前两款规定的通知时间的限制。"可见，在买卖合同中，关于提出质量异议的期间，首先是遵循当事人的约定期间，否则是适用"合理的期间"规定。本案中，双方当事人对于工程质保明确有 2 年的约定，定作人从发现质量问题到起诉至人民法院，没有超出这一时间范围。因此，笔者认为法院没有考虑到双方合同条款对于保质期限约定，机械理解最高人民法院《关于审理建设工程施工合同纠纷案件适用法律问题的解释》第 13 条规定不妥。而且建设部 2000 年 6 月 30 日发布的《房屋建筑工程质量保修办法》第 4 条规定指出，对即使是经验收合格的工程在保修范围和保修期限内出现质量缺陷，保修义务也应由原施工单位承担。如前分析该涉案工程不仅未按照程序组织进行验收，而且质量的确存在问题，在双方明确约定的质保期限内，定作方的责任不能因交付用户使用而免除。

案例来源：陕西省人民检察院
案例编写：闫晓燕　贺军
案例点评：闫晓燕　贺军

12. 佳木斯市郊区农家房屋维修队诉佳木斯市永兴建筑工程公司、佳木斯力佳食品有限责任公司劳务合同纠纷抗诉案

【抗诉机关和受诉法院】

抗诉机关：黑龙江省佳木斯市人民检察院

受诉法院：黑龙江省佳木斯市中级人民法院

【基本案情】

申诉人（原审原告）：佳木斯市郊区农家房屋维修队，住所地：佳木斯市东风区松江乡农家村。代表人：任青刚，队长。

被申诉人（原审被告）：佳木斯力佳食品有限责任公司，住所地：佳木斯市东风区达贤路 222 号。法定代表人：李佳，董事长兼总经理。

被申诉人（原审第三人）：佳木斯市永兴建筑工程公司，住所地：佳木斯市友谊路郊区政府后院。法定代表人：李中伟，主任。

2005 年 5 月 28 日，佳木斯市力佳食品有限责任公司（以下简称力佳公司）与佳木斯市永兴建筑工程公司（以下简称永兴公司）签订施工合同一份，合同约定：厂区规划改造及厂外排水施工，含图纸及施工要求的全部内容，其中排水外网待秋收后实施，时间约为 9 月份。院内的道路和地面为保证生产分两期完成，一次半边。2005 年 6 月 10 日，永兴公司又与佳木斯市郊区农家房屋维修队（以下简称农家维修队）签订力佳公司厂区道路和地面砼施工劳务合同书，合同约定：为保证力佳公司道路和地面工程按预定工期，

将力佳公司道路和地面工程项目包给施工队，承包内容为地面砼和道路，其中地面为 1450 平方米，道路为 1400 平方米。合同签订后农家维修队进厂施工。工程完工后，力佳公司未按约定付款，欠永兴公司工程款 138830 元。永兴公司欠农家维修队劳务费 54453 元。2006 年 4 月 12 日，农家维修队以力佳公司为被告，永兴公司为第三人，以拖欠劳务费纠纷为由诉至佳木斯郊区人民法院，要求力佳公司及永兴公司偿还劳务费本金 54453 元，工程质保金 3830 元。

【原审裁判】

2006 年 6 月 6 日，佳木斯市郊区人民法院作出（2006）郊民初字第 534 号民事判决，认为：本案中农家维修队、永兴公司、力佳公司形成两个法律关系，农家维修队与永兴公司形成劳务合同关系，永兴公司与力佳公司形成建筑工程承包合同法律关系。依据法律及双方签订的合同，农家维修队应得劳务费应与永兴公司结算。农家维修队与力佳公司之间未形成直接的法律关系，永兴公司与力佳公司之间形成直接的法律关系，永兴公司与力佳公司之间签订的合同是否有效对农家维修队利益无直接影响，力佳公司扣留的质保金也不是与农家维修队进行结算，农家维修队与力佳公司无直接利害关系。故农家维修队要求撤销永兴公司与力佳公司之间的法律行为及要求力佳公司给付质保金的诉讼请求法院不予审理。永兴公司有义务给付农家维修队劳务费，长期拖欠是违约行为。农家维修队请求永兴公司给付劳务费的请求，法院予以支持。依据《中华人民共和国民事诉讼法》第 108 条第（一）项、《中华人民共和国合同法》第 109 条之规定，判决：一、永兴公司于判决生效后立即给付农家维修队劳务费 54453 元；二、驳回农家维修队要求力佳公司承担劳务费的请求。

【抗诉理由】

农家维修队不服一审判决，向检察机关提出申诉。2008 年 8 月 20 日，佳木斯市人民检察院以佳检民抗（2008）23 号民事抗诉书向佳木斯市中级人民法院提出抗诉。理由如下：

佳木斯市郊区人民法院对本案的一审判决认定"农家维修队

与力佳公司之间未形成直接的法律关系，永兴公司与力佳公司之间形成直接的法律关系，永兴公司与力佳公司之间签订的合同是否有效对农家维修队利益无直接影响，力佳公司扣留的质保金也不是与农家维修队进行结算，农家维修队与力佳公司无直接利害关系"并判决驳回农家维修队对力佳公司的诉讼请求，适用法律错误。

最高人民法院《关于审理建设工程施工合同纠纷案件适用法律问题的解释》（以下简称《建设工程施工合同解释》）第 26 条第 2 款规定："实际施工人以发包人为被告主张权利的，人民法院可以追加转包人或者违法分包人为本案当事人。发包人只在欠付工程价款范围内对实际施工人承担责任。"依该司法解释规定，将建设工程非法转包、违法分包后，建设工程施工合同的义务都是由实际施工人履行的。实际施工人与发包人已经全面履行了发包人与承包人之间的合同并形成了事实上的权利义务关系。因此，发包人只在欠付工程价款范围内对实际施工人承担责任，并不会损害发包人的权益，有利于保护实际施工人权益。本案中农家维修队是实际施工人，其向力佳公司及永兴公司主张拖欠工程劳务费权利的请求，是符合《建设工程施工合同解释》第 26 条第 2 款的规定的。因此原审判决驳回农家维修队要求力佳公司承担劳务费的请求，适用法律错误。

【再审结果】

佳木斯市中级人民法院受理本案后，指令佳木斯市郊区人民法院进行再审。2009 年 5 月 8 日，佳木斯市郊区人民法院作出（2009）郊民再初字第 3 号民事判决书，认定永兴公司与力佳公司签订施工合同的事实，还认定 2005 年 6 月 10 日永兴公司又与农家维修队签订劳务合同，永兴公司又将承建力佳公司的工程转包给农家维修队。力佳公司得知永兴公司将工程转包给农家维修队后，向永兴公司、农家维修队提出双方必须在合同期内完成全部工程，逾期则每日罚款 1000 元。工程完工后，由于力佳公司未按约定期限付款（即工程完成一半，力佳公司给付 30% 费用），到目前为止仍欠永兴公司工程款 138830 元，力佳公司首先违约，导致永兴公司拒绝给付农家维修队劳务费54453元，农家维修队诉至法院。同时，认为该项建设工程施工合同的义务都是由实际施工人（即农家维修队）履行的，实际施工人与发包人（即力佳公司）已经全面履行了发包人与承包人之间的合同，并形成了事实上的权利义务关系，而发包人对承包人（即永兴公司）转包的情况是清楚的，事实上予以默认，故应当承担责任，农家维修队要求永兴公司、力佳公司给付劳务费的请求符合法律规定。原审判决部分不妥，应予以撤销，检察机关抗诉理由成立，应予以支持。根据《中华人民共和国民事诉讼法》第130条、第179条第1款第（二）项、《建设工程施工合同解释》第26条第2款之规定，判决：一、维持（2006）郊民初字第534号民事判决第一项；二、撤销（2006）郊民初字第534号民事判决第二项；三、力佳公司在所欠永兴公司工程款范围内对所欠农家维修队工程款承担连带责任。

【点评】

本案是建设工程施工中引发的劳务合同纠纷，涉及发包人与转包人或违法分包人未结算工程款，实际施工人主张发包人承担责任时，如何理解和适用《建设工程施工合同解释》第26条第2款规定的问题。

一、《建设工程施工合同解释》第26条第2款的制定背景、立法目的

建设工程关乎民生，其质量好坏直接关系到人民群众的生命财产安全。因此，国家对建设工程施工合同有着严厉的管理和监督，对该类合同的主体条件同样也存在着严格的限制。我国建筑法规定，承包建筑工程的单位应当持有依法取得的资质证书，并在其资质等级许可的业务范围内承揽工程。《中华人民共和国合同法》第272条第3款规定："禁止承包人将工程分包给不具备相应资质条件的单位。禁止分包单位将其承包的工程再分包。"《建设工程施工合同解释》第1条规定了建设工程施工合同无效的三种具体情形。即承包人未取得建筑施工企业资质或者超越资质等级的；没有资质的实际施工人借用有资质的建筑施工企业名义的；建设工程必

须进行招标而未招标或者中标无效的，这三种建设工程施工合同均应认定为无效合同。

然而，目前建筑行业劳务承包的现象非常普遍，比如，资质等级高、信誉好的企业由于承揽工程相对较多，有时难以按合同约定的工期完成施工任务，于是将工程整体转包，或者部分转包或者分包给有资质的企业；发包人将工程承包给未取得建筑施工企业资质或者超越资质等级的承包人；承包人将工程整体转包，或者部分转包，或违法分包给一些没有资质的实际施工人，没有资质的实际施工人借用有资质的建筑施工企业名义进行劳务承包；等等。由于建筑业属劳动密集型行业，技术含量低，吸引大量农民工组成由包工头带领的临时施工队伍，并成为一个个经营团队。为了生存与发展，他们虽没有资质或资质等级较低，但他们往往会想方设法挂靠一些有相应资质的企业去承揽工程，向有资质的企业交纳管理费，获得工程后，他们实际施工，然后以他们的名义与建设单位去结算。

长期以来，建筑市场上转包、违法分包的现象大量存在。有的工程几经转包，层层剥皮，实际施工人已经没有利润，只能依靠偷工减料、克扣农民工工资维系企业生存。拖欠实际施工人的工程款也就是拖欠农民工工资。不规范的市场秩序和供大于求的市场供需关系，造成拖欠工程款的问题相当突出，特别是大量拖欠农民工工资现象十分严重，不仅影响了建筑市场正常的交易秩序，而且也影响了社会的稳定。

与此同时，合同的相对性理论坚持合同主要在特定的合同当事人之间发生法律拘束力，只有合同当事人一方能基于合同向对方提出请求或提起诉讼，而不能向与合同无关的第三人提出合同请求。这样由于实际施工人与发包人没有合同关系，即使发包人欠付工程款，实际施工人也无法向发包人主张权利。在转包人资信状况恶化、破产、法人主体资格消灭、超过诉讼时效等情况下，可能永远无法主张权利，对于众多的农民工来说维系生存的血汗钱可能永远都难以要回。

正是在这样的背景下，《建设工程施工合同解释》第 26 条第 2 款才得以出台，即在一定条件下赋予实际施工人以诉权，可以向发包人主张权利，其立法目的主要在于解决农民工组成的实际施工人与其有合同关系的相对人，因下落不明、破产、资信状况急剧恶化等原因导致其缺乏支付能力，实际施工人又投诉无门的情况下，为实际施工人主张工程价款提供的特殊救济途径，即准许实际施工人突破合同相对性，提起以发包人、施工总承包人为被告的诉讼，从而进一步扩展保护实际施工人权益的渠道，维护社会稳定。

二、《建设工程施工合同解释》第 26 条第 2 款的具体内容及其理解

《建设工程施工合同解释》第 26 条第 1 款规定："实际施工人以转包人、违法分包人为被告起诉的，人民法院应当依法受理。"第 2 款规定："实际施工人以发包人为被告主张权利的，人民法院可以追加转包人或者违法分包人为本案当事人。发包人只在欠付工程价款范围内对实际施工人承担责任。"笔者认为，应从以下几个方面对《建设工程施工合同解释》第 26 条第 2 款的内容进行理解：

（一）"实际施工人"的范围

并非所有参与施工的人都是实际施工人，不能把实际施工人简单理解为所有从事工程施工的人。因此，应正确理解《建设工程施工合同解释》第 26 条第 2 款的真实内涵，严格控制实际施工人的范围，不宜单纯根据字面含义，将所有参与建设工程施工的主体都界定为实际施工人。

实际施工人是指无效建设工程施工合同中缺乏建筑资质的建筑企业和施工队，包括五类：（1）转包的承包人；（2）违法分包的承包人；（3）未取得建筑施工企业资质的承包人；（4）超越资质等级及没有资质而借用有资质的建筑施工企业名义从事建设工程施工的承包人；（5）建设工程必须进行招标而未招标或者中标无效的建设工程施工合同的承包人。

对于因劳务分包、承揽、雇佣等法律关系参与了建设工程施工

的农民工个人，应严格按照合同相对性原则向其合同相对方主张权利，而不应简单适用《建设工程施工合同解释》第 26 条第 2 款，加重发包人的法律责任。即农民工个人不能以实际施工人身份、以发包人为被告提起追讨工资的诉讼。

（二）《建设工程施工合同解释》第 26 条第 2 款仅是对合同相对性原则的有限突破

《中华人民共和国民法通则》第 84 条规定："债是按照合同的约定或者依照法律的规定，在当事人之间产生的特定的权利和义务关系。享有权利的人是债权人，负有义务的人是债务人。债权人有权要求债务人按照合同的约定或者依照法律的规定履行义务。"也就是说，"特定的权利和义务关系"是在合同当事人之间产生的，债权所具有的相对性属性是债存在的基础。

合同相对性又称为债的相对性，是指债只能在债权人和债务人之间产生法律拘束力。债权债务关系发生在特定的享有权利的债权人和承担义务的债务人之间。《中华人民共和国合同法》第 8 条第 1 款规定："依法成立的合同，对当事人具有法律约束力。当事人应当按照约定履行自己的义务，不得擅自变更或者解除合同。"第 121 条规定："当事人一方因第三人的原因造成违约的，应当向对方承担违约责任。当事人一方和第三人之间的纠纷，依照法律规定或者按照约定解决。"这两条规定均对合同相对性作了强调。因此，合同相对性是原则，是基石，不能随意突破。在没有法律明确规定的情况下，合同责任的承担应当坚持合同相对性原理。在建设工程施工合同纠纷中，即使存在多次转包、违法分包的情形，亦应坚持该原理，转包合同、违法分包合同关系中的实际施工人主张工程款，应当以不突破合同相对性为基本原则。准许实际施工人突破合同相对性向不具有合同关系的当事人主张权利，是不符合法理规定的。只在有特别规定的情形下，以准许突破合同相对性为补充。

《建设工程施工合同解释》第 26 条第 2 款是为保护农民工权益在特定情况下作出的特殊规定，是对合同相对性在特定情况下的突破，赋予实际施工人以诉权，在一定条件下，可以向发包人主张权利，但发包人只在欠付工程价款范围内对实际施工人承担责任。

（三）实际施工人向发包人主张权利的条件限制

为弥补突破合同相对性带来的法理上的缺陷，适用《建设工程施工合同解释》第 26 条第 2 款规定受到以下一些严格条件的限制：

首先，完整准确理解《建设工程施工合同解释》第 26 条第 2 款规定，应当结合该条第 1 款规定一并解读，原则上只有在合同相对方存在法定情形时实际施工人才可以提起诉讼。

《建设工程施工合同解释》第 26 条第 1 款规定："实际施工人以转包人、违法分包人为被告起诉的，人民法院应当依法受理。"其目的是强调：原则上不准许当事人突破合同相对性提起诉讼。《建设工程施工合同解释》第 26 条第 2 款的规定，虽然突破了合同相对性原则，但是有严格适用条件，是为保护农民工利益作出的补充规定，不能因此款规定的存在而否认法定合同相对性的大原则。原则上不准许实际施工人提起以不具有合同关系的发包人、总承包人为被告的诉讼；只有在实际施工人的合同相对方破产、下落不明等实际施工人不提起以发包人或者总承包人为被告的诉讼就难以保障权利的情况下，才准许实际施工人提起以发包人或总承包人等没有合同关系的当事人为被告的诉讼。

其次，适用《建设工程施工合同解释》第 26 条第 2 款的规定时，原则上要求第一手承包合同与下手的所有转包合同均应当无效。

最后，禁止借用实际施工人名义，在不符合《建设工程施工合同解释》第 26 条第 2 款规定的情形下，提起以发包人或总承包人为被告的诉讼，恶意损害他们的合法权益。即在实际施工人并不存在投诉无门的情况，其合同相对人也具备支付工程款的实力时，禁止原告出于向发包人索要超出合同约定的高额不法利益，与其有合同关系的相对人恶意串通，或者合谋借机向发包人或者总承包人敲诈勒索，恶意提起以发包人或总承包人为被告的诉讼。

对于总承包人欠付材料供应商的建筑材料款、借款等形成的债权债务关系，不属于《建设工程施工合同解释》第26条第2款规定的适用范围，施工人的债权人不是实际施工人，也无权适用《建设工程施工合同解释》第26条第2款规定，以发包人或者总承包人为被告向人民法院提起诉讼。

（四）发包人只在拖欠工程款的范围内对实际施工人承担责任

《建设工程施工合同解释》第26条第2款还同时对实体问题进行了规定，即发包人只在欠付工程价款范围内对实际施工人承担责任。

所谓欠付工程款，是指发包人依据承包合同应付而欠付承包人的工程价款。换言之，实际施工人向发包人主张权利时，发包人只是在欠付工程价款的范围内，将本应直接付给承包人的价款支付给实际施工人。因此，即使承包人未支付或未完全支付实际施工人工程款，如果发包人能够证明其已向承包人付清工程款，则不能判决发包人承担责任。只有在发包人的确尚未支付或未完全支付承包人工程款的情况下，可判决发包人在欠付工程款的范围内承担责任。

结合上述分析，就本案而言，农家维修队作为仅有房屋维修资质未取得建筑施工企业资质的劳务承包人，符合"实际施工人"的主体要件。承包人永兴公司作为一个已被吊销营业执照的建筑企业，其与发包人力佳公司所签订的施工合同为无效合同。永兴公司处于歇业状态，无力支付给农家维修队施工劳务费，其与未取得建筑施工企业资质的农家维修队签订的劳务承包合同也为无效合同。且发包人力佳公司实际欠付承包人永兴公司工程款138830元，而永兴公司因该工程拖欠实际施工人农家维修队劳务费54453元。农家维修队以力佳公司为被告、永兴公司为第三人诉至法院，主张力佳公司在拖欠永兴公司工程款范围内承担责任是符合《建设工程施工合同解释》第26条第2款规定的。原审法院片面强调合同的相对性，以力佳公司与农家维修队无直接利害关系为由驳回农家维修队对力佳公司的诉讼请求，适用法律错误。再审判决依法纠正了原审判决的错误，改判力佳公司在拖欠永兴公司工程款范围内对农家维修队承担责任是正确的。

　　该案启示我们，在审查建设工程施工引发劳务合同纠纷而要求发包人承担给付劳务费案件时，要围绕原告是否具备"实际施工人"主体资格，第一手承包合同与下手的所有转包合同是否均为无效合同，发包人是否欠付承包人工程款等方面进行审查，以确定人民法院是否严格适用《建设工程施工合同解释》第 26 条第 2 款的规定进行裁判，如此才能作出准确的判断。

　　　　案例来源：黑龙江省佳木斯市人民检察院
　　　　案例编写：乔传忠　　马良驰
　　　　案例点评：乔传忠

民事·

财产损害赔偿纠纷

离婚析产、人身与

13. 华兰诉重庆市涪陵区市政管理局、重庆市涪陵区园林绿化管理处、梁玉元人身损害赔偿纠纷抗诉案

【抗诉机关和受诉法院】

抗诉机关：重庆市人民检察院第三分院

受诉法院：重庆市第三中级人民法院

【基本案情】

申诉人（原审原告）：华兰，女，1972 年 11 月 17 日出生，汉族，住重庆市涪陵区蔺市镇铜鼓村二组。

被申诉人（原审被告）：重庆市涪陵区市政管理局。住所地：涪陵区太极大道 43 号。法定代表人：吕国胜，局长。

被申诉人（原审被告）：重庆市涪陵区园林绿化管理处。住所地：涪陵区望州路 39 号。法定代表人：杨盛波，处长。

被申诉人（原审被告）：梁玉元，男，1963 年 8 月 19 日出生，汉族，住重庆市涪陵区同乐乡莲花村二组（现住涪陵城十字街 8 号）。

重庆市涪陵区园林绿化管理处（以下简称园林处）是涪陵城黎明路黎明花园（以下简称黎明花园）的管理者。2005 年 7 月 1 日，园林处将黎明花园内的两个水池、茶屋水吧出租给梁玉元经营，租期为一年。2006 年 7 月 15 日下午 1 时许，家住宏业小区的华兰之婆母金茂惠带着华兰之子艾平举（又名艾湖滨，2000 年 6 月 27 日出生）到黎明花园的茶楼打牌消遣。金茂惠让艾平举在茶

楼自由玩耍。下午 3 时许，金茂惠发现艾平举已不在茶楼内，遂开始找人，但未找着，就以为艾平举已独自回家了。金茂惠赶回家后未见艾平举，就把情况告诉了艾平举的爷爷艾裕林。后在黎明花园茶楼附近的水池中找到艾平举的尸体。

华兰认为，由于淹死其子艾平举的鱼池的护栏太矮，是造成艾平举之死的主要原因，因此，黎明花园的管理者和场地租用者对艾平举之死有不可推卸的责任。应承担相应的民事赔偿责任。遂于 2007 年 7 月 2 日向涪陵区人民法院提起诉讼。后涪陵区人民法院因华兰未在规定时间内缴纳诉讼费而按自动撤诉处理。

2008 年 6 月 2 日，华兰再次向涪陵区人民法院提起诉讼。请求法院判令：由市政局、园林处、梁玉元连带赔偿华兰因艾平举死亡的损失共计 67580 元。其中死亡赔偿金 57580 元，丧葬费 10000元。诉讼中变更诉讼请求为 345849 元。其中死亡赔偿金 274300元；安葬费 10000 元；精神抚慰金 60000 元。

【原审裁判】

2008 年 8 月 1 日，重庆市涪陵区人民法院作出（2008）涪民初字第 1554 号民事判决，认为根据我国民法规定，人身损害赔偿的诉讼时效期间为一年。本案原告之子于 2006 年 7 月 15 日被淹死，原告应当知道其权利已然遭受到了侵害，其诉讼时效应当从2006 年 7 月 15 日起计算至 2007 年 7 月 15 日届满，因此，原告于2008 年 6 月 2 日诉至本院，显然超过了诉讼时效。原告于 2007 年7 月 2 日向本院起诉，因未缴纳案件受理费，本院已按自动撤诉处理，原告认为，其此次起诉已经产生了诉讼时效中断，本院认为，权利人未缴纳案件受理费属于其消极行使权利，应视为其自始未起诉，故亦不发生诉讼时效中断的后果，因此，原告认为诉讼时效中断的这一主张，本院不予支持。遂判决：驳回原告华兰的诉讼请求。

【抗诉理由】

华兰不服一审判决，向检察机关提出申诉。2009 年 10 月 13日，重庆市人民检察院第三分院以渝检三分民抗（2009）12 号民事抗诉书向重庆市第三中级人民法院提出抗诉。理由如下：

原判决认定"原告不缴纳案件受理费，本院已按自动撤诉处理，权利人未缴纳案件受理费属于其消极行使权利，应视为其自始未起诉，故亦不发生诉讼时效中断的后果"系适用法律确有错误。华兰因于 2007 年 7 月 2 日向区人民法院提起诉讼，法院于同日决定立案受理，而引起诉讼时效的中断。至于其后法院因华兰未按规定缴纳诉讼费而做出的自动撤诉的处理，并不影响诉讼时效中断的法律后果。由此，华兰于 2008 年 6 月 2 日再次向法院提起诉讼并未超过诉讼时效，法院应依法予以审理。

【再审结果】

重庆市第三中级人民法院受理本案后，指定重庆市涪陵区人民法院另行组成合议庭再审。2010 年 5 月 13 日，重庆市涪陵区人民法院作出（2010）涪法民再初字第 3 号民事判决书，认为从本案所确认的事实来看，华兰之子艾平举是 2006 年 7 月 15 日下午 3 时许，在黎明花园水池里淹死，其诉讼时效应从 2006 年 7 月 15 日起计算至 2007 年 7 月 15 日届满，而华兰在 2007 年 7 月 2 日就向法院起诉，根据我国《民法通则》第 140 条的规定："诉讼时效因提起诉讼、当事人一方提出要求或者同意履行义务而中断。"也就是说，华兰的诉讼时效应当从 2007 年 7 月 2 日起中断。虽然华兰未缴纳案件受理费被本院裁定按自动撤诉处理，但并不影响诉讼时效中断的法律后果。因此，华兰在 2008 年 6 月 2 日再次向法院起诉未超过诉讼时效。原判决认为华兰不缴纳案件受理费，属于其消极行使权利，应视为其自始未起诉，不发生诉讼时效中断的后果于法无据。故原审已超过诉讼时效为由驳回华兰的诉讼请求，属适用法律错误。检察机关就诉讼时效的抗诉理由成立，本院应予采纳。遂判决：一、撤销本院（2008）涪民初字第 1554 号民事判决；二、华兰因艾平举死亡的死亡赔偿金 70180 元，丧葬费 10000 元，共计人民币 80180 元，由梁玉元、重庆市涪陵区园林绿化管理处连带赔偿给华兰 16036 元；三、驳回华兰的其他诉讼请求。

【点评】

原告在法定期限内提起诉讼即可发生中断诉讼时效的效力，在我国并无争议。我国《民法通则》第 140 条规定："诉讼时效因提起诉讼、当事人一方提出要求或者同意履行义务而中断。"2008 年 9 月 1 日起施行的最高人民法院《关于审理民事案件适用诉讼时效制度若干问题的规定》第 12 条进一步明确规定："当事人一方向人民法院提交起诉状或者口头起诉的，诉讼时效从提交起诉状或者口头起诉之日起中断。"但是，如果原告起诉后又撤诉，其撤诉行为能否消除之前起诉行为引起的诉讼时效中断法律后果？这在我国立法上尚属空白，在理论界与实务界也颇具争议，这些意见分歧可以划分为三种截然不同的观点：

第一种观点认为，当事人起诉后又撤诉的，其之前的起诉行为绝对不发生诉讼时效中断的法律后果。这种观点主要借鉴了法、德、日及我国台湾地区的民法和民事诉讼法的规定。在这些大陆法系国家的民事法律规定中，撤诉的直接法律后果是视为未起诉，不存在因撤诉而重新计算诉讼时效问题。例如，《法国民法典》第 2247 条规定："有下列情形之一者，不认为时效中断：当原告撤回起诉时"；《德国民法典》第 212 条规定："如果撤诉或因被未审理诉讼事实而作出的判决驳回起诉时，因起诉中断的时效视为未中断。"这些规定的法理理由是：如果原告起诉后又撤诉，则其权利主张实际上已被其撤诉行为所否认，应视同原告未曾向被告主张权利，故不发生诉讼时效中断的法律后果。

第二种观点认为，当事人起诉后又撤诉的，其之前的起诉行为相对不发生诉讼时效中断的法律后果。即原告起诉后又撤诉的，则该起诉行为本身不产生诉讼时效中断的法律后果，但是起诉书副本已经送达对方当事人的情形除外。其理由是如果起诉书副本已经送达对方当事人，则是属于向对方当事人提出了要求的情形，这种情况下该起诉行为能够产生诉讼时效中断的法律后果。例如，最高人民法院主办的《人民司法》研究组曾对基层法院关于"法院裁定不予受理、驳回起诉和准予撤诉的案件，诉讼时效能否中断？"的疑问作出过答复，该答复认为：起诉的一方当事人申请撤诉经人民法院批准的，即表明当事人放弃通过诉讼解决争议的权利，该起诉行为本身不产生诉讼时效中断的法律后果。但在起诉书副本送达对方当事人后，则是向对方当事人提出了要求的情形，产生诉讼时效中断的法律后果。

第三种观点认为，当事人起诉后又撤诉的，其之前的起诉行为仍然具有诉讼时效中断的法律后果。

其理由是：《民事诉讼法》及相关司法解释中都没有"当事人撤诉的，视为权利人未起诉，所以不发生时效中断"类似的规定，同时《民法通则》第140条对"提起诉讼"没有作任何限制性规定，没有附加任何条件和诉讼阶段上的要求，司法解释也没规定只能是在提起诉讼后没有撤回起诉或者按撤诉处理才算是"提出诉讼"。因此，可以认为当事人起诉后又撤诉的，并不影响之前起诉行为引起的诉讼时效中断。

本案中，抗诉机关与再审法院均采纳了第三种观点，因为这种观点和我国的国情特点相符合，也与现行的立法精神一致，理由如下：

1. 起诉后又撤诉的行为不影响诉讼时效中断符合我国国情。（1）当前我国民事法律体系还不健全，规定起诉后又撤诉的行为不影响诉讼时效中断有利于对公民诉讼权利的保护。由于我国没有民法典，现行民事法律规定还有诸多真空地带。比如，对当事人起诉又撤诉后，其之前的起诉行为是否继续发生诉讼时效中断的法律后果，缺乏明文规定，就属于法律真空地带之一，连法学专家对此都争议不断，又如何能期待普通群众能意识到其中可能存在的法律风险？又如，国外不少发达国家对诉讼时效规定为5年，而我国仅规定2年，涉及人身损害赔偿的案件只有1年，如此短的时效设置与群众还比较薄弱的法律意识与法律水平也显得很不相称。（2）我国存在大量无力缴纳诉讼费用的弱势群体，规定起诉后又撤诉的行为不影响诉讼时效中断有利于缓和社会矛盾。这些弱势群体包括农村和城镇贫困人口。比如，在发生道路交通事故或其他原因引起的人身损害赔偿时，往往需要缴纳数千元的诉讼费，几乎相当于这些贫困人口一年的收入，他们确实无力缴纳。同时，现行司法救助、法律援助机制也不完备。2000 年 7 月最高人民法院出台了《关于对经济确有困难的当事人予以司法救助的规定》，但其中对"生活确实困难"没有规定具体的标准，在实际操作中往往带有主观随意性。此外，我国的法律援助并不包括代当事人缴纳诉讼费。因此，并非每一个诉讼费减、免、缓缴的申请都会被法院批准，而一旦不予批准，则几乎会堵死了那些生活极度困难、连基本生活都得不到保障的当事人的司法救济渠道，会引发更多的社会矛盾和社会悲剧。

2. 起诉后又撤诉的行为不影响诉讼时效中断符合我国的立法精神。（1）依照我国现行法律，当事人起诉的生效并不以告知对方当事人或不能撤诉为前提。由于法律没有就撤诉对诉讼时效中断的影响作出明文规定，如果在法律适用中任意参考西方国家关于诉讼时效的处理做法，则会对当事人产生不确定的法律风险。正是基于法律对诉讼时效中断规定的原则性，对于普通的群众，只能对法律规定作字面理解，即提起诉讼就中断时效，他们根本不可能意识到撤诉就可能导致胜诉权的永久丧失，而国家法律也没有给当事人设置这样的一种诉讼风险。（2）规定起诉后又撤诉的行为不影响诉讼时效中断有利于国家法律的统一实施。否则，对诉讼时效中断这样同一问题的法律适用，在不同的法官手中会产生出完全相反的判决。我们认为，法官在处理因撤诉引起的时效中断这一与诉讼权利相关的程序性问题时，首先应当从法律、司法解释中去寻找依据。当法律没有提供这种依据时，采纳前述意见分歧中第一、二种观点的法官会作出原告丧失胜诉权的判决，而采纳第三种观点的法官会作出原告具有胜诉权的判决，在诉讼权利这样基本而又重要的问题出现如此大的法律适用差别，显然是很不应当的。

3. 起诉后又撤诉的行为不影响诉讼时效中断，有最高人民法院书面批复的司法文件可以作为依据。2000 年 4 月 5 日，最高人民法院（1999）民他字第 12 号给四川省高级人民法院的批复中明确表示：原告向法院起诉，应视为诉讼时效中断，诉讼时效期间应从撤诉之日起重新计算。该案中，长沙铁路天群实业公司贸易部（以下简称天群贸易部）于1994年11月25日向法院起诉时，四川鑫达实业有限公司（以下简称鑫达公司）作为第三人参加诉讼。天群贸易部于1997年6月经法院准予撤诉后，又于1998年6月向法院起诉，要求鑫达公司返还代收货款。最高人民法院经研究认为，根据《民法通则》第140条的规定，天群贸易部向法院起诉，应视为诉讼时效中断，诉讼时效期间应从撤诉之日起重新计算。按照该批复精神，从1994年11月到1997年6月期间，天群贸易部对鑫达公司所享有的诉讼时效处于持续性中断状态，而并不是从起诉的1994年11月起满2年就到期，更不是从当事人发生争议之日起计算，而是从撤诉的1997年6月开始重新起算，所以天群贸易部在1998年6月再次起诉时，并未超过2年的普通诉讼时效。从这份几乎是唯一的涉及撤诉对诉讼时效影响的正式司法文件中，不难看出：撤诉只是对"起诉所引起的诉讼时效持续性中断状态"的一种终结，而不是对起诉的全部否定，从撤诉之日起，诉讼时效应当重新计算。当然，我们也可以从假设的角度来理解这一批复的精神，如果起诉引起的诉讼时效中断不是持续状态的话，那么对于一起因各种原因导致在原告起诉之日起一年内法院仍未作出判决的人身侵权案件，被告是否就可以合理地提出"在法院审理期间，由于自原告诉讼请求提出之日起已满一年的诉讼时效，原告的请求不应再受到司法保护，法院不能判决原告胜诉"的抗辩？这一假设的结果显然是荒谬和不应当存在的。

综上，在我国撤诉不能视为自始未起诉，也不能以撤诉时起诉书副本已送达对方作为时效中断的条件。当事人起诉后又撤诉的，其之前的起诉行为仍然具有诉讼时效中断的法律后果。通过办理本案，笔者发现：本案中除了争议的诉讼时效问题外，还存在当法条规定过于原则和笼统的情形下如何正确地适用法律的问题，这个问题也值得我们思考。特别是，由于目前我国的民法体系正处于逐步完善的过程之中，一些早期制定的法律已经显得相对滞后，不能完全反映出当今社会经济发展的特点，例如《民法通则》至今就已经施行了近 25 年。但是，立法又是一个慎重的问题，特别是对于像民法这样重要的基本法不可能随意变动。因此，司法工作者在适用法律的过程中，难免会遇到许多依照现行法律难以直接判断的情形，那么在这种情况下，我们应该如何正确适用法律呢？对此，笔者以为：一是在理解上应遵循法条的立法本意，二是在处理上应符合社会当下的现实，三是在结果上应最大程度地彰显社会公平与正义。如此，司法工作才能发挥弥补立法缺陷、定分止争的重要作用。

案例来源：重庆市人民检察院第三分院
案例编写：郝绍海　赵锐
案例点评：郝绍海　赵锐

14. 卢群志诉陈锡困、陈锡椿道路交通事故损害赔偿纠纷抗诉案

【抗诉机关和受诉法院】

抗诉机关：广东省人民检察院

受诉法院：广东省高级人民法院

【基本案情】

申诉人（一审原告、二审被上诉人）：卢群志，男，1967 年 12 月 26 日出生，汉族，住肇庆市怀集县凤岗镇森工站宿舍楼。

被申诉人（一审被告、二审上诉人）：陈锡困，男，1977 年 3 月 16 日出生，汉族，住肇庆市怀集县怀城镇沿江东路县府宿舍 A 幢 202 房。

被申诉人（原审被告）：陈锡椿，又名陈锡春，男，1984 年 3 月 20 日出生，汉族，住肇庆市怀集县怀城镇城北居委会。

一审原告：李少平，又名李小平，女，1965 年 8 月 25 日出生，汉族，住肇庆市怀集县凤岗镇森工站宿舍楼（系卢群志妻子）。

一审被告：叶剑龙，又名叶剑洪，男，1987 年 2 月 21 日出生，汉族，住肇庆市怀集县怀城镇红旗路 64 号。

2004 年 4 月 5 日 16 时零分许，叶剑龙驾驶从陈锡椿处借来的无号牌（假牌）两轮摩托车，后载卢瑞明（系卢群志儿子）、钱喜浪由怀集梁村往怀城方向行驶，途经怀集县 S349 线 57km + 400m（眉田路段）时，叶剑龙驾驶车辆采取措施不当，致使车辆失控驶出路外撞树，造成卢瑞明送医院抢救无效死亡、叶剑龙受伤及摩托

车损坏的重大交通事故。怀集县公安局交通警察大队对上述交通事故，以第 B221 号《道路交通事故责任认定书》认定：1. 叶剑龙负该事故的全部责任。2. 卢瑞明、钱喜浪是乘客，不负该事故责任。卢瑞明于 2004 年 4 月 6 日在怀集县人民医院急诊部后转入内三科住院治疗至 2004 年 4 月 9 日止，共住院四天。经诊断，卢瑞明因："1. 脑中枢性损害，中枢性呼吸衰弱。2. 蛛网膜积血。3. 胫骨骨折"。病情危重，抢救无效，于 2004 年 4 月 9 日上午 10 时 35 分死亡。住院期间需要护理人员 2 人。卢瑞明共花费医疗费 11034.95 元。其间，陈锡困及叶剑龙的法定监护人叶壬子各支付 2000 元给卢群志。肇庆市公安局法医学鉴定中心怀集县门诊部作出怀公法检字〔2004〕第 149 号法医学尸体检验报告，结论：根据尸体检查所见，结合本案调查情况分析，卢瑞明应系因交通事故致重型颅脑损伤而死亡。事故产生的费用包括：住院伙食补助费 120 元（30 元×4 天）、护理费 144 元（18 元×8 天）、丧葬费 9489.50 元、抢救费及医药费 11034.95 元、死亡补偿费 247608 元，以上合计 268396.45 元。事故发生后，陈锡困与陈锡椿一同至怀集县公安局幸福派出所领取肇事摩托车，幸福派出所值班民警在接处警经过中写明肇事摩托车"已被车主陈锡困领回去"。2004 年 4 月 7 日，陈锡椿接受交警询问时承认肇事摩托车车主是陈锡困。后卢群志、李少平向怀集县人民法院起诉，请求判令叶剑龙、陈锡困、陈锡椿承担事故赔偿责任。

另查明，陈锡困向法院提交的由怀集县广发车行开具的购货单位（人）为陈锡椿的 No：0339544 发票，系于 2004 年 4 月 30 日以怀集县永恒车行开具的购货单位（人）为陈锡困的 No：1197994 发票换开的。有怀集县人民法院对广发车行老板所作的调查笔录、怀集县人民检察院对广发车行和永恒车行老板所作的调查笔录、两车行出具的书面证明、怀集县人民检察院向怀集县国税局调取的 No：0339544 发票第一联（存根联）和向广发车行获取的 No：1197994 发票复印件为证。

【原审裁判】

2005 年 1 月 17 日，怀集县人民法院作出（2005）怀民初字第 11 号民事判决，认为本案系道路交通事故损害赔偿纠纷，过错方应根据事故责任大小承担相应的民事责任。公安交通管理部门对本案事故的责任认定准确，予以确认。根据有关法律规定以及计算标准，卢群志、李少平要求叶剑龙赔偿损失的诉讼请求，其合理部分应予以支持。叶剑龙应承担全部的赔偿责任，即一次性支付卢群志、李少平 268232.45 元，扣除陈锡困、叶壬子已支付 4000 元，还应赔偿 264232.45 元，由于叶剑龙尚未成年，属限制民事行为能力人，其造成他人损害的由其监护人承担民事责任。鉴于韦德芳已与叶壬子离婚，且叶剑龙未跟随其生活，可适当减轻民事责任，本院确认韦德芳应承担 10% 的民事赔偿责任即 26423.25 元，本案争议的焦点是谁是肇事摩托车车主，根据原告、被告的举证情况及本院调查取证情况综合分析，陈锡困应是肇事摩托车的车主，陈锡椿是肇事摩托车的实际支配人，依法应承担连带责任。遂判决：一、由叶剑龙监护人叶壬子赔偿住院伙食补助费、护理费、丧葬费、医药费 237809.2 元给卢群志、李少平；二、由叶剑龙的法定监护人韦德芳赔偿住院伙食补助费、护理费、丧葬费、医药费共 26423.25 元给卢群志、李少平；三、陈锡困、陈锡椿对上述赔偿款承担连带责任。

陈锡困不服一审判决，向肇庆市中级人民法院提出上诉。2005 年 8 月 1 日，肇庆市中级人民法院作出（2005）肇中法民终字第 154 号民事判决，认为本案属人身损害赔偿纠纷案件，根据以上案情事实，上诉争议的焦点有三个，一是本案是否遗漏诉讼主体；二是肇事摩托车的买受人问题；三是死者卢瑞明是否与本案事故存在因果关系及车辆买受人、实际支配人责任问题。关于本案遗漏诉讼主体问题。钱喜浪是车辆借用人，依法应是车辆实际支配人，为本案的诉讼主体。原审法院在诉讼中，已明确告知其他有关人员的责任，但卢群志坚持对车辆实际支配人钱喜浪不主张权利，根据广东省高级人民法院、广东省公安厅《关于处理道路交通事故案件若干具体问题的补充意见》第 15 条的规定，本案不属遗漏诉讼主体。关于肇事摩托车买受人问题。从现有的证据资料分析，该摩托车购买发票（No：0339544）的购货单位（人）为陈锡椿、该摩托车养路费用专用票据（IF011852）为陈锡椿交纳 2004 年度养路费，而且该车一直为陈锡椿使用。参照广东省高级人民法院、广东省公安厅《关于〈道路交通安全法〉施行后处理道路交通事故案件若干问题的意见》第 37 条第 1 款的规定，由于该车尚未入户，应以购买发票（No：0339544）上购货单位（人）陈锡椿确定为该车的买受人。卢群志提出原始购车发票显示为陈锡困为购货单位（人），但未能提供该发票予以证实。因而，本案肇事车辆的买受人应认定为陈锡椿。关于死者卢瑞明是否与本案事故存在因果关系及车辆买受人、车辆实际支配人的责任问题。根据怀集县交通警察大队《道路交通事故责任认定书》和肇庆市公安局法医学鉴定中心怀集县门诊部《法医学尸体检验报告》，卢瑞明的死亡与本案事故存在直接的因果关系。陈锡椿应承担叶剑龙赔偿的连带责任。此外，作为法定监护人的卢群志有疏于监护及不配合医院抢救的过错，应承担 20% 的责任。叶剑龙承担 80% 的责任。另，因叶壬子与韦德芳于 2001 年离婚，叶剑龙由叶壬子抚养，对叶剑龙的监护，全由叶壬子负责。因而，叶剑龙承担的赔偿责任应由叶壬子全部承担。综上所述，陈锡困上诉理由成立，予以采纳。原审法院认定除车辆买受人有误外，其余基本事实清楚，但责任分担错误，应予改判。遂判决：一、撤销一审判决及诉讼费的负担；二、由叶壬子赔偿卢瑞明住院伙食补助费、护理费、丧葬费、医药费、死亡赔偿费共 264232.45 元的 80% 即 211385.96 元给卢群志。其余 20% 费用由卢群志负担；三、陈锡椿对上述赔偿款承担连带责任；四、驳回卢群志对陈锡困的诉讼请求。

【抗诉理由】

卢群志不服二审判决，向检察机关提出申诉。2008 年 6 月 24 日，广东省人民检察院以粤检民抗（2008）121 号民事抗诉书向广东省高级人民法院提出抗诉。理由如下：

本案为道路交通事故损害赔偿纠纷，争议的焦点在于肇事摩托车的车主应当为陈锡困还是陈锡椿。终审判决认定陈锡椿为肇事摩托车的车主，属认定事实缺乏证据证明，且有新证据足以推翻终审判决。

本案中，终审判决认定肇事摩托车车主为陈锡椿的证据有二，一为由怀集县广发车行开具的购货单位（人）为陈锡椿的 No：0339544 发票第二联（发票联），二为陈锡椿交纳 2004 年度养路费的肇事摩托车养路费用专用票据（IF011852）。关于证据一：该发票上载明的开票日期为 2004 年 1 月 30 日，而一审期间法院向怀集县国税局调查取证，证实该发票于 2004 年 3 月 19 日出售给广发车行，因此，该发票实际开票时间不可能为 2004 年 1 月 30 日。检察机关对本案进行立案审查后，向怀集县国税局调取了广发车行开具的 No：0339544 机动车销售统一发票第一联（存根联），其上载明的时间为 2004 年 4 月 30 日。由此可证，作为终审判决认定事实主要证据的 No：0339544 发票，是在事故发生的 2004 年 4 月 5 日之后开具的。一审法院向广发车行老板谭某某调查时，谭某某承认该发票是以怀集县永恒车行开具的 No：1197994 发票换开的，肇事摩托车并非由广发车行售出。因此，由广发车行开具的购货单位（人）为陈锡椿的 No：0339544 发票是在事故发生后虚假开具的，对肇事摩托车车主的认定应当不具有证明力。关于证据二：从检察机关向交管站有关人员进行调查的情况来看，交管站对养路费的收取并不规范，收费时对车辆的牌照真假不作识别，只按车辆当时的号牌登记收费，而不抄录发动机号码，其收费行为在内容和形式上都存在重大瑕疵。因此，养路费发票对缴费车辆是否肇事摩托车、陈锡椿是否是车辆买受人没有证明力。终审判决对 No：0339544 发票及养路费发票的真实性及证明力未予以查实，据此作出陈锡椿为肇事摩托车的买受人的认定，缺乏证据证明。

从本案原审证据来看，幸福派出所出具的接处警经过和陈锡椿接受交警队询问时所作的询问笔录，均表明肇事摩托车的车主为陈锡困。卢群志在庭审时主张肇事摩托车的原始购车发票是以陈锡困为购车单位（人）的 No：1197994 发票，并申请法院调查取证，但法院也未能取得该证据。后怀集县人民检察院向永恒车行及广发车行老板进行调查，前者证实肇事摩托车是陈锡困于 2003 年 1 月 8 日在永恒车行购买的，后者承认以陈锡困为购车单位（人）的原始发票换开以陈锡椿为购车单位（人）的 No：0339544 发票的事实，并均出具了书面证明。检察机关从广发车行处取得了 No：1197994 发票复印件，并从怀集县国税局调取了 No：0339544 发票第一联（存根联），其上载明的开票时间为 2004 年 4 月 30 日。检察机关获取的证据，申诉人卢群志在庭审时因客观原因难以取得，应属于新证据。以上证据形成较为完整的证据链，证明陈锡困是肇事摩托车的真正买受人，应当依法承担道路交通事故损害赔偿的连带责任。

【再审结果】

广东省高级人民法院受理本案后，指令肇庆市中级人民法院对本案进行再审。2009 年 8 月 18 日，肇庆市中级人民法院作出（2008）肇中法民再字第 14 号民事判决书，认为关于谁是肇事车车主的问题，由于肇事摩托车尚未登记入户，故应以承买人为车主。而证明谁是承买人最直接的证据是购车发票。但本案中出现了两份购车发票，一份是一审时陈锡椿提交的怀集县广发车行开出的购货人为陈锡椿的 0339544 号发票，一份是再审时抗诉机关作为新证据提交的永恒车行开出的购货人为陈锡困的 1197994 号发票。该两份发票哪份是购买肇事车的原始发票以及 0339544 号发票是否事故发生后以 1197994 号发票换开，这是认定谁是车主的关键。综合一、二审查明的事实和再审出现的新证据，基于以下四点理由，可以认定肇事摩托车车主是陈锡困而非陈锡椿。第一，虽然 1197994 号发票只有复印件没有原件，但据永恒车行业主祝沛恒在检察机关调查笔录中反映，该发票复印件是其于 2007 年 12 月 30 日复印给卢群志的，原件因车行结业及家庭搬迁等原因已丢失，无法再提供，但其本人在该发票复印件上签名及加盖永恒车行原始印章证明该发票复印件与原件相一致。由于祝沛恒与本案处理并无利害关系，而且据检察机关笔录反映，祝沛恒与陈锡困大哥陈锡权还是生意上的伙伴，故其证言可信度较高。第二，陈锡椿提交法庭的0339544号发票第二联上填写的开票日期为"2004年1月30日"。但从一审法院向怀集县国税局调取的纳税人分类账反映，该发票于2004年3月19日才出售给车行。而检察机关对本案立案后，向怀集县国税局调取了该发票第一联（存根联），其上载明的开票时间为2004年4月30日。这说明陈锡椿持有的0339544号发票是事故发生后才取得的，开票日期是倒签的。第三，广发车行及祝文锋、谭欲标等无利害关系人亦出具证明或证言证实0339544号发票是拿1197994号发票去换开的，后者才是购买肇事车的原始发票。第四，陈锡椿起初的供述及派出所民警的证言亦指认陈锡困是车主。至于肇事摩托车2004年养路费用专用票据上登记车主为陈锡椿的问题，由于陈锡椿本人已承认其当时只是拿假牌去交路费，交通局是凭他报的车牌号和车主名出具缴费票据，对此情况，怀集县交通局亦予以证实。故此，该路费缴交票据不能证明陈锡椿是肇事车车主。综上所述，肇事摩托车车主应是陈锡困。二审认定陈锡椿是车主错误，应予纠正。遂判决：一、撤销（2005）肇中法民终字第154号民事判决；二、叶壬子在接到判决书之日起30日内赔偿169108.77元给卢群志；三、韦德芳在接到判决书之日起30日内赔偿42277.19元给卢群志；四、陈锡困、陈锡椿对上述赔偿款在140923.97元范围内承担连带责任。

【点评】

本案是检察机关依法行使调查权对民事审判活动进行监督的成功案例。实务中，检察机关调查取证并据以对生效民事裁判提出抗诉，需要解决两个问题：一是调查权行使的正当性和适度性，二是检察机关调取的证据是否符合启动再审程序的"新的证据"的条件。

一、调查权行使的原则和具体依据

调查权派生于检察权，是检察机关查明案件事实的重要手段。在检察机关内部的职能分工中，民事行政检察部门主要承担的是对民事、行政生效裁判的审查任务。《人民检察院民事行政抗诉案件办案规则》（以下简称《办案规则》）第 17 条规定："人民检察院审查民事、行政案件，应当就原审案卷进行审查。非确有必要时，不应进行调查。"民事行政检察部门行使调查权，应当遵循两个原则。一是坚持检察权的法律监督属性。检察机关代表国家行使法律监督权，主要对诉讼活动中司法权和执法权行使过程中违反法律的情况进行监督，本质上是公权力对公权力的制约。作为检察机关法律监督的重要内容，民事行政检察监督在性质上同样属于对公权力的监督。民事抗诉案件办理中的调查取证应以审判权行使的不当或失效为前提，而非不加区别对所有未证事实予以调查。二是维护审判权独立行使和诉讼平衡。在民事诉讼领域，当事人的实体权利救济要依靠诉权和审判权的依法行使来实现，检察机关无法直接为当事人提供权利救济，只能通过促进和维护公正、独立审判，达到维护国家利益、社会公益以及当事人的合法权益的目的。民事诉讼法律制度规定了诉讼参加人的各项权利义务，保证各方当事人平等的诉讼地位，构建相对平衡的诉讼结构。在当事人怠于行使诉讼权利，不充分履行举证义务的情况下，检察机关不宜启动调查程序。

《办案规则》第 18 条规定："有下列情形之一的，人民检察院可以进行调查：（一）当事人及其诉讼代理人由于客观原因不能自行收集的主要证据，向人民法院提供了证据线索，人民法院应予调查未进行调查取证的；（二）当事人提供的证据互相矛盾，人民法院应予调查取证未进行调查取证的；（三）审判人员在审理该案时可能有贪污受贿、徇私舞弊或者枉法裁判等违法行为的；（四）人民法院据以认定事实的主要证据可能是伪证的。"本案中，终审判决认定肇事摩托车车主的主要依据是由广发车行开具的购货单位（人）为陈锡椿的 No：0339544 发票，而诉讼期间已有的证据表明，发票上所载的开具时间早于税务机关向广发车行出售该发票的时间，明显不符合常理，同时，该发票对购车人的记载，又与事故发生后派出所的接处警经过写明的内容及陈锡椿接受交警询问时的表述等相矛盾，存在伪证的可能性。该发票内容是否真实直接关系到确认赔偿事故死者家属损失的责任主体问题,属于本案的关键证据。伪证在诉讼中被采用,不仅使当事人的合法权利得不到保护,也损害了审判的公正与权威。在法院依卢群志的申请进行调查取证仍未能取得相关证据的情况下,检察机关向有关人员进行调查取得相关证据,查明肇事摩托车车主身份,符合宪法、法律精神和《办案规则》的规定。

值得一提的是,2011 年最高人民法院、最高人民检察院会签了《关于对民事审判活动与行政诉讼实行法律监督的若干意见(试行)》(以下简称《若干意见》),第 3 条关于"人民检察院对于已经发生法律效力的判决、裁定、调解,有下列情形之一的,可以向当事人或者案外人调查核实:(一)可能损害国家利益、社会公共利益的;(二)民事诉讼的当事人或者行政诉讼的原告、第三人在原审中因客观原因不能自行收集证据,书面申请人民法院调查收集,人民法院应当调查收集而未调查收集的;(三)民事审判、行政诉讼活动违反法定程序,可能影响案件正确判决、裁定的"的规定,内容上与《办案规则》存在不一致,但均遵循了维护司法公正与权威、维护审判权独立行使、尊重诉讼规律的原则。在贯彻《若干意见》的过程中,民事行政检察部门应更审慎和规范行使调查权。

二、对"新的证据"的认定

《中华人民共和国民事诉讼法》第 179 条规定了"有新的证据,足以推翻原判决、裁定的"这一再审条件,但未明确何为"新的证据"。2001 年最高人民法院《关于民事诉讼证据的若干规定》(以下简称《证据规定》)将举证责任制度引入我国的证据立法体系,认为上述"新的证据"是指原审庭审结束后新发现的证据,对于推进程序公正、提高诉讼效率具有重要意义。但在我国民事主体举证意识和能力尚较为薄弱、人民群众对实体公正的需求和关注日益增长的现实情况下,《证据规定》对再审中"新的证据"所规定的较窄范围,无法满足司法的现实需要。因此,最高人民法院在 2008 年《关于适用〈中华人民共和国民事诉讼法〉审判监督程序若干问题的解释》（以下简称《解释》）中规定了四种情形，较大程度地放宽了"新的证据"的适用范围。

最高人民法院《关于适用〈中华人民共和国民事诉讼法〉审判监督程序若干问题的解释》第 10 条规定："申请再审人提交下列证据之一的，人民法院可以认定为民事诉讼法第一百七十九条第一款第（一）项规定的'新的证据'：（一）原审庭审结束前已客观存在庭审结束后新发现的证据；（二）原审庭审结束前已经发现，但因客观原因无法取得或在规定的期限内不能提供的证据；（三）原审庭审结束后原作出鉴定结论、勘验笔录者重新鉴定、勘验，推翻原结论的证据。当事人在原审中提供的主要证据，原审未予质证、认证，但足以推翻原判决、裁定的，应当视为新的证据。"该条文是对再审新的证据的界定。从该条文看，再审新的证据包括以下四种：一是新发现的证据，二是新取得的证据，三是新出现的证据，四是原审中已提出的证据。

司法实践中，判断再审新的证据须具备以下要件：

1. 形式要件。该要件主要是从证据形成时间上的考量。首先，再审新的证据一般应当是申请再审时新提交的证据。其次，再审新的证据一般是指新发现的证据，这里主要涉及再审新证据基准时间的确定，从发现证据的时间看，再审新的证据应当包括原审庭审终结前发现的证据和原审庭审终结后发现的证据两种情形。对于后一种情形并无争议，存在争议的是前一种情形，对于原来就发现的证据，当事人没有及时提交，应当结合当事人的主观要件加以确定。最后，再审新的证据一般是指原先形成的证据，也就是说，该证据一般应形成于原审庭审终结前，是在辩论终结前就已经客观存在的证据，只不过在辩论终结前当事人尚未发现或者因客观原因未能提出。

2. 实质要件。该要件主要是从再审新的证据与原审主要讼争事实的关联性上的考量。首先，再审新的证据应当具有重要性。除了符合形式要件之外，再审新的证据应当是证明力相当强的证据，也就是说"足以"推翻原判决、裁定。证明力尚不足以动摇原生效裁判、仍不能启动再审程序的证据，比如补强证据或辅助性证据，虽然是"新的"证据，但不能引发启动再审审理程序，故一般不认为是民事再审事由中的"新的证据"。其次，再审新的证据与原审诉讼应当具有不可分性。民事再审程序是在原审诉讼基础上的延续和补充，是相对于第一审、第二审常规程序的特别救济程序。再审程序的审理应当以原审诉讼请求为审理、裁判的对象和范围，不应超越原审诉讼请求。如果新的证据与原审诉讼具有可分性，可以另行起诉处理的话，一般不应冲破原审裁判的既判力而启动再审程序。

3. 主观要件。该要件主要考量是否属于可以归责于当事人的原因，根据主观要件的要求，再审新的证据一般是指不可归责于当事人的原因在原审辩论终结前未发现并提交的证据。

检察机关的抗诉工作与审判机关的再审工作，"维护司法公正与权威、维护法律正确统一实施"的根本宗旨一致，但具有各自的工作特性和职能差异，因此在审查案件时，保持检察机关法律监督的视角是必要的。在本案的办理过程中上述《解释》尚未出台，对于一系列新取得证据的审查围绕民事诉讼的内在规律从主客观两个方面展开。第一，审查申诉人在原审诉讼中对于举证不足是否具有主观过错。本案中，由于相关证据留存于车行、税务机关等处，卢群志取证具有较大困难，为证明肇事摩托车车主为陈锡困，他自行获取到案涉发票系陈锡困事后换开的信息，向法院提供了线索并申请调查取证，但法院因故未能取证成功。应当认定，卢群志尽到了合理的举证义务，主观上不具有过错。第二，审查证据本身的真实性、关联性和合法性。能够作为抗诉事由的新证据应当是案件的主要证据或重要证据，能够证明案件的基本事实或主要事实，对当事人的实体权利义务产生关键影响。本案新证据包括广发车行和永恒车行老板所作的调查笔录、两车行的书面证明、No：0339544 发票存根联和 No：1197994 发票复印件，由检察机关依法调取，税务机关及无利害关系人出具，并且对于陈锡困为肇事摩托车车主的事实具有直接证明力，应当属于《民事诉讼法》第 179 条规定的

"新的证据"。检察机关据此提出抗诉并获改判，使卢群志得以要求具有赔偿能力的陈锡困承担民事责任，维护了司法公正，并避免了一起因申诉人情绪过激而可能引发的突发危险事件，取得了良好的法律效果和社会效果。

案例来源：广东省人民检察院
案例编写：晏恒
案例点评：晏恒　王水明

15. 陈刚、杨品容诉唐嘉荣、张本利、重庆润明客运有限公司、荣昌县公路路政管理大队交通事故损害赔偿纠纷抗诉案

【抗诉机关和受诉法院】

抗诉机关：重庆市人民检察院

受诉法院：重庆市高级人民法院

【基本案情】

申诉人（一审原告，二审被上诉人）：陈刚（系陈钦文之父），男，1968年5月27日生，汉族，重庆市荣昌县人，个体经营户，住荣昌县古昌镇永丰路94号。

申诉人（一审原告，二审被上诉人）：杨品容（系陈钦文之母），女，1969年1月26日生，汉族，重庆市荣昌县人，个体经营户，住荣昌县古昌镇永丰路94号。

被申诉人（一审被告，二审上诉人）：唐嘉荣，女，1969年3月2日生，汉族，重庆市荣昌县人，驾驶员，住荣昌县古昌镇冲锋村1组70号。

被申诉人（一审被告，二审被上诉人）：重庆润明客运有限公司。住所地：重庆经济技术开发区经开园C40地块综合服务大楼13层2号。法定代表人：张丽，董事长。

被申诉人（一审被告，二审被上诉人）：荣昌县公路路政管理大队。住所地：荣昌县昌元街道昌州中段278号。法定代表人：吴正祥，大队长。

被申诉人（一审被告，二审被上诉人）：张本利，男，成年人，重庆市荣昌县人，住荣昌县古昌镇和丰村 1 组。

2007 年 11 月 11 日上午，张本利为砌自家院坝的堡坎购买了条石，请唐嘉荣驾驶自有且实际挂靠于重庆润明客运有限公司长寿分公司的渝 B70719 号中型自卸货车运货。当天中午，由张本利跟车、唐嘉荣驾车将条石运至张本利家附近即荣昌县文荣路 38km + 700m 处卸倒，张本利支付了唐嘉荣运输费用。随后，张本利组织人员转运了部分条石到自家，余下部分条石仍留放在公路上欲第二天继续转运。当晚 23 时 40 分，陈刚、杨品容之子陈钦文（死者，生于 1992 年 6 月 11 日）驾驶两轮摩托车由荣昌县古昌镇往荣昌方向行驶，当行至该路段时，撞击在公路上堆放的条石上，造成车损人亡的交通事故。经荣昌县公安局交通警察大队对此事故的认定：主要原因是陈钦文未取得机动车驾驶证，驾驶机动车在公路上行驶时，对公路上的情况观察不够，遇到情况措施不当，未确保行车安全；其次是唐嘉荣把条石卸倒在公路上占用道路从事非交通活动。根据《中华人民共和国道路交通安全法实施条例》第 91 条和《交通事故处理程序规定》第 45 条第 1 款第（二）项之规定，认定此事故由陈钦文负主要责任，唐嘉荣负次要责任。陈刚、杨品容向法院起诉，要求唐嘉荣、张本利、重庆润明客运有限公司长寿分公司、荣昌县公路路政管理大队（以下简称"路政大队"）赔偿其子陈钦文死亡赔偿金及相关费用，合计 284906 元。

【原审裁判】

2008 年 8 月 16 日，荣昌县人民法院作出（2008）荣民初字第 232 号民事判决，认为本次交通事故的发生，系陈刚、杨品容之子陈钦文违反道路交通法律法规，无证驾驶机动车，未确保安全行驶及张本利、唐嘉荣在履行运输合同中违法占用道路从事非交通活动，路政大队疏于管理等多个原因造成。根据荣昌县公安局交通警察大队的责任认定，陈刚、杨品容之子陈钦文负事故的主要责任，应自负本次事故损失的 60%；路政大队疏于管理，未尽到巡查管理职责，应承担 5% 的赔偿责任；张本利、唐嘉荣将条石卸倒在公路上，未经许可，非法占用道路，且未设置警示标志，因此张本利、唐嘉荣应承担 35% 的赔偿责任；重庆润明客运有限公司长寿分公司作为渝 B70719 号车辆挂靠的法定车主，应对实际车主唐嘉荣所承担责任部分承担连带清偿责任，由于重庆润明客运有限公司长寿分公司不具备法人资格，其承担的责任应由具有法人资格的重庆润明客运有限公司承担。遂判决：一、由被告唐嘉荣、张本利共同赔偿二原告之子陈钦文死亡赔偿金、丧葬费、误工费、交通费等共计 99717 元；二、由被告重庆润明客运有限公司对被告唐嘉荣应承担的赔偿款，承担连带清偿责任；三、由被告荣昌县公路路政管理大队赔偿二原告之子陈钦文死亡赔偿金、丧葬费、误工费、交通费等共计 14245 元；四、驳回二原告对被告重庆润明客运有限公司长寿分公司的诉讼请求；五、驳回二原告的其他诉讼请求。

唐嘉荣不服一审判决，向重庆市第五中级人民法院提出上诉。2008 年 12 月 10 日，重庆市第五中级人民法院作出（2008）渝五中民终字第 2982 号民事判决，认为陈刚、杨品容之子陈钦文在驾驶摩托车行驶过程中，撞上被上诉人张本利堆放在道路中的条石，导致陈钦文身亡。本案被上诉人之子陈钦文虽因交通事故身亡，但相对于上诉人唐嘉荣的行为而言并不构成交通事故，因此，本案应适用《民法通则》的过错责任原则确定各方当事人在本案中的责任。被上诉人陈刚、杨品容之子陈钦文未取得机动车驾驶证驾驶机动车在公路上行驶，由于自身对公路情况观察不够，未确保行车安全，导致损害发生，应承担主要民事责任。被上诉人张本利作为条石的所有人，未经相关部门许可，将条石堆放在道路上不及时进行转运，导致损害发生，存在相应过错，应承担相应民事责任。上诉人唐嘉荣无视相关规定，将条石卸倒在道路上，影响正常的行车安全，其对于损害的发生也存在一定过错，应承担一定民事责任。被上诉人路政大队作为该段道路的管理人，因未尽到巡查管理职责，疏于管理，亦应承担一定的民事责任。综上所述，原审法院认定事实清楚，但适用法律、责任划分不当，应予改判。遂判决：一、维持（2008）荣民初字第 232 号民事判决第二、三、四、五项；

二、变更（2008）荣民初字第 232 号民事判决第一项为：陈钦文因死亡产生的死亡赔偿金、丧葬费、误工费、交通费共计 284906 元，由张本利赔偿 71226.50 元，唐嘉荣赔偿 28490.60 元。

【抗诉理由】

陈刚、杨品容不服二审判决，向检察机关提出申诉。2009 年 12 月 10 日，重庆市人民检察院以渝检民抗字（2009）124 号民事抗诉书向重庆市高级人民法院提出抗诉。理由如下：

原审未判决张本利、唐嘉荣、路政大队承担共同侵权的连带赔偿责任，属适用法律错误。

首先，经查实，张本利购买条石请唐嘉荣运货，当时是由张本利跟车、唐嘉荣驾车运至张本利家附近时，二人将条石卸倒在公路上。当晚陈钦文驾驶摩托车撞在该条石上，造成车损人亡的交通事故。对于将条石堆放在公路上的事实，系唐嘉荣、张本利二人共同行为所致。荣昌县公安局交警大队也认定发生事故的次要原因是唐嘉荣把条石卸倒在公路上占用道路从事非交通活动。因张本利、唐嘉荣未经许可将条石卸倒在了公路上，既非法占用道路，又未设置安全警示标志，其二人的共同过失行为导致了损害结果的发生，已构成共同侵权。根据《民法通则》第 130 条"二人以上共同侵权造成他人损害的，应当承担连带责任"之规定，唐嘉荣、张本利应当承担连带责任。

其次，荣昌县公路路政管理大队作为该段道路的路政管理机关，有义务清理或者责令责任者清理公路路面的障碍物，以确保公路畅通、安全。由于荣昌县路政大队不作为，未尽到巡查管理职责，对损害结果的发生也应承担责任。上述事实表明，荣昌县公路路政管理大队与张本利、唐嘉荣的侵害行为相互联系，构成了多因一果，虽无共同故意、共同过失，但其侵害行为直接结合发生了同一损害后果，根据最高人民法院《关于审理人身损害赔偿案件适用法律若干问题的解释》第 3 条第 1 款"二人以上共同故意或者共同过失致人损害，或者虽无共同故意、共同过失，但其侵害行为直接结合发生同一损害后果的，构成共同侵权，应当依照民法通则

第130条规定承担连带责任"之规定，荣昌县公路路政管理大队与张本利、唐嘉荣，已构成共同侵权，也应当依照《民法通则》第130条的规定承担连带赔偿责任。

【再审结果】

重庆市高级人民法院受理本案后，于2010年8月11日作出(2010)渝高法民提字第182号民事判决书，认为：1. 张本利跟车、唐嘉荣驾车将条石卸倒在公路上，应当预见到可能影响行车安全仍然占用公用道路，直接导致陈钦文驾驶摩托车撞在条石上并造成当场死亡的后果，其主观上二人存在共同过失，应当对陈钦文的死亡承担共同侵权连带责任。抗诉机关此抗诉理由成立。2. 荣昌县公路路政管理大队未尽到管理职责的不作为与张本利、唐嘉荣的共同侵权行为不构成直接结合的共同侵权。各行为人应当按照过错和原因力大小承担相应责任。原一审判决认定荣昌县公路路政管理大队疏于管理，未尽到巡查管理职责，承担5%的赔偿责任并无不当。遂判决：撤销第五中级人民法院（2008）渝五中民终字第2982号民事判决，维持荣昌县人民法院（2008）荣民初字第232号民事判决。

【点评】

本案中，张本利与唐嘉荣因共同过失构成共同侵权承担连带责任是毋庸置疑的。本案关键的问题在于张本利、唐嘉荣与路政大队无意思联络的侵权行为是否构成共同侵权，承担连带责任。在传统的侵权责任认定中，无意思联络的数人侵权由于其无共同过错的要件，不构成共同侵权行为，加害人对受害人的损害承担的是分别责任，而非连带责任。但从大陆法系到英美法系的侵权法理论发展实践来看，无意思联络的数人侵权（又称客观关联的侵权）承担连带责任的模式已成为趋势。我国对此责任承担的立法也从"按份责任"过渡到"连带责任兼按份责任的结合"。本案所涉及的即是数人无意思联络的侵权责任承担问题，但其承担的系连带还是按份责任之判断标准仍是司法实践中的一大难点。为此，笔者将从我国立法状况、判断标准并结合本案情况，具体分析无意思联络的数人侵权行为。

一、无意思联络的数人侵权之国内立法状况

无意思联络的数人侵权是指数人事先并无共同的意思联络，其加害行为相结合而致同一损害结果的侵权类型。最高人民法院《关于审理人身损害赔偿案件适用法律若干问题的解释》出台之后，对无意思联络的数人侵权责任，我国立法已经根据不同类型的行为，采纳了分别责任与连带责任两种责任模式。

1. 最高人民法院《关于审理人身损害赔偿案件适用法律若干问题的解释》（以下简称《人身损害赔偿解释》）第3条规定："二人以上共同故意或者共同过失致人损害，或者虽无共同故意、共同过失，但其侵害行为直接结合发生同一损害后果的，构成共同侵权，应当依照民法通则第一百三十条规定承担连带责任。二人以上没有共同故意或者共同过失，但其分别实施的数个行为间接结合发生同一损害后果的，应当根据过失大小或者原因力比例各自承担相应的赔偿责任。"至此，无意思联络的数人侵权行为就有了承担连带责任的法律依据。

2. 《中华人民共和国侵权责任法》（以下简称《侵权责任法》）自2010年7月1日实施，该法在总结民法理论和裁判实践的基础上对无意思联络的数人侵权规定作出进一步完善，其第11条规定："二人以上分别实施侵权行为造成同一损害，每个人的侵权行为都足以造成全部损害的，行为人承担连带责任。"第12条规定："二人以上分别实施侵权行为造成同一损害，能够确定责任大小的，各自承担相应的责任；难以确定责任大小的，平均承担赔偿责任。"

对于数人侵权承担连带责任之问题，传统理论采"主观说"，即强调共同的意思联络及共同的行为。随着大陆法系连带责任范围的不断扩张，数人侵权承担连带责任问题已从"主观说"逐渐发展到"关联共同说"，即数人的行为共同构成违法行为的原因或条件，因而发生同一损害。① 该说包括主观关联说（共同意思联络）和客观关联说（数人之行为系受害人所生损害之共同原因）。无意思联络的数人侵权连带责任之理论基础即为此处的客观关联说。而数人侵权承担连带责任从主观扩展到客观的原因主要在于实用主义的运用，即"诣在使受害人不应当因为不止一个人对损害负有责任而遭受不利"②，其实质在于加强对受害人的保护。我国《人身损害赔偿解释》第3条、《侵权责任法》第11条的立法来源即在于此。但是否只要有数人侵权造成损害则应承担连带责任呢？我国对此的判断标准已从《人身损害赔偿解释》之原因标准过渡到《侵权责任法》之结果标准。

二、无意思联络的数人侵权责任承担之判断标准

1. 原因判断标准。根据《人身损害赔偿解释》，其判断无意思联络的数人侵权之责任承担标准是依据行为结合程度，即导致损害产生的原因结合程度：直接结合承担连带责任，间接结合承担按份责任。从该司法解释来看，"直接结合"的判断标准主要是：（1）数个侵权行为紧密结合造成了事故的发生；（2）各行为后果在受害人的损害后果中无法区分。对于"间接结合"的判断标准主要是：（1）数个侵权行为本身的结合不是十分紧密；（2）数个侵权行为若单独发生，都不必然导致最终损害结果的发生。直接结合强调的是"多因"的紧密性和关联性，而间接结合强调的是"多因"的松散性和偶然性。但"紧密"或是"松散"的判断存在较大的主观认识，给司法实践带来一定的认定难度。比如说本案，张本利、唐嘉荣在公路违规堆放条石的行为与路政大队未履行职责清除公路上障碍的行为（不作为）到底是直接结合还是间接结合？如果从"but for"③的因果关系角度判断，没有张本利、唐

---

① 孙森炎：《民法债编总论》（上册），法律出版社2006年版，第231页。

② ［德］克雷斯蒂安·冯·巴尔：《欧洲比较侵权行为法》（上卷），张新宝译，法律出版社2001年版，第401页。

③ "没有A行为即没有B结果"，A即为B产生之原因。

嘉荣的行为即不会产生最终损害后果，但如果路政大队履行了清除公路障碍的行为也不会产生最终损害后果。从这个角度讲，他们的行为结合对结果的产生应该是紧密的。但从路政大队不履职的行为仅仅为张本利、唐嘉荣的行为创造了条件来看，他们的行为结合对结果的产生也可以说是松散的。因此，要从直接结合或是间接结合区分连带责任还是按份责任，是不具有实践操作性的。因此，《侵权责任法》第 11 条改变了"原因判断"标准，过渡到"损害后果"标准上加以判断。

2. 损害后果判断标准。大陆法系国家通常适用该标准，即没有证据区分每个侵权人造成的具体损害，则适用连带责任，如现代德国法即有此规定。① 而现代法国侵权法更扩大了连带责任的适用，即凡是参与了导致损害的被告，都会适用连带责任，其目的在于最大限度确保受害人获得赔偿。② 《侵权责任法》出台后，对无意思联络的侵权行为责任承担的判断已改为从损害后果上分析。承担连带责任主要的判断依据是单独的行为足以造成全部之损害；而承担分担责任的判断核心是各行为分别不足以造成全部之损害。该标准主要是从损害后果是否具有可分性进行判断，行为人如果能证明其行为只与损害的一部分存在因果关系，则损害是可分的，应适用按份责任。该标准既易操作，又有利于保护受害人。同时，对于无意思联络的数人侵权行为中存在不作为行为时，同样适用损害后果判断标准。史尚宽先生指出，盖数人之行为皆构成违法行为之原因或条件，行为人虽无主观之联络，以使其结果负连带责任为妥，尤其在不作为之时，有此必要。③

就本案而言，主要存在两个方面的侵权行为，一是张本利、唐嘉荣在公路违规堆放条石的行为；二是路政大队未履行职责清除公

---

① 例如，德国联邦最高法院 1995 年的一则判决：由于使用运输过铅粉的车厢运输甜菜，导致食用受到铅粉污染甜菜的奶牛死亡，铁路公司和货运代理商承担连带责任。

② George A. Bermann, Etienne Picard ed., Introduction to French Law, Kluwer Law International, 2008, pp. 238, 259.

③ 史尚宽：《债法总论》，中国政法大学出版社 2000 年版，第 173 页。

路上障碍的行为（不作为）。这两个方面的无意思联络的侵权行为是否承担连带责任呢？从损害后果标准来看，本案较易作出判断。首先，若只有第一种行为，显然已足以造成陈钦文撞在条石上死亡的损害后果；其次就第二种行为而言，因其是不作为行为，要割裂看其单独的行为是否足以造成全部后果则须反向推之，即如路政大队履行了清除公路障碍的义务，损害后果是否会不发生，答案显然是不会发生。也即，本案中的两种侵权行为都足以造成全部之损害，应当承担连带责任。笔者认为，原审之所以判决张本利、唐嘉荣与路政大队承担按份责任，其原因可能在于路政大队的过错较小，要其承担连带责任显失公平，但该过错仅系在内部责任划分上的依据，并非其承担连带责任的判断因素，故此，在路政大队的行为足以造成全部损害时，应承担连带责任。如果认为以较小的过错承担全部连带责任有违公平原则，可借鉴美国判例上的"深口袋"限制原则，① 即对连带责任的范围进行限制。如果让最终责任份额只有 5% 的连带责任人承担了全部赔偿责任，此 20 倍于最终责任的赔偿责任确实超出了公平的界限。美国在判例上采用了根据责任人不同的过错程度就赔偿责任总额与最终责任份额的比例上设定一个最高倍数②来解决连带公平问题。参照此"深口袋"理论，本案中，路政大队虽最终责任承担是 5%，但可要求其在最终责任 5 倍的基础上（25%）承担连带责任，这样既最大限度地使受害人获得了赔偿，同时又维护了公平价值，值得我们的司法实践予以借鉴。

三、结语

从该案的办理中，我们可以看到无意思联络的数人侵权是否承担连带责任的标准已经从原因标准过渡到损害后果标准，即单独的

---

① 美国在连带责任领域，存在所谓"深口袋"理论，即连带责任的承担者往往是具有较强赔偿能力的被告，在诉讼中引入"深口袋"将较好地保证受害人受偿，但同时任意地引入则可能导致对"深口袋"经济自由的限制，因此对"深口袋"的"深度"进行限制。

② South Dakota 州立法规定，被告承担连带责任的范围不超过其责任份额的两倍。

行为是否足以造成全部损害之事实。在办理此类无意思联络的数人侵权行为案件时，我们既不能简单地以过错大小为判断标准，也不宜以其行为是否为作为或不作为作为排除连带责任的理由，应从无意思联络数人侵权承担连带责任之保护受害人的实用主义角度出发，结合损害后果标准，即单独的行为（包括作为和不作为）是否足以造成全部损害进行判断。

案例来源：重庆市人民检察院

案例编写：贺唯　潘郎

案例点评：梁琴

16. 陈秋玲诉重庆市渝北区龙溪医院医疗过错损害赔偿纠纷抗诉案

【抗诉机关和受诉法院】

抗诉机关：重庆市人民检察院

受诉法院：重庆市高级人民法院

【基本案情】

申诉人（一审原告、二审上诉人）：陈秋玲，女，2003 年 9 月 30 日出生，土家族，住重庆市石柱县三星乡石星村高兴社 71 号。

被申诉人（一审被告、二审被上诉人）：重庆市渝北区龙溪医院。住所地：重庆市渝北区龙溪街道松石大道 3 号。法定代表人：周昌渝，院长。

汤素芳等人未经行政许可成立重庆龙脊医院并挂靠在重庆市渝北区龙溪医院名下。2003 年 9 月 30 日，陈秋玲之母马世会于当日下午 3 时 30 分前往重庆龙脊医院生产，该院门诊检查后收住入院。经家属同意于当日下午 5 时 30 分，剖宫产下一女婴（即陈秋玲），术毕安全送返病房。回病房时生命体征平稳。四日后，马世会出院，无任何不适，新生儿生命体征平稳，食欲佳，脐部干燥未脱落。二便正常。在手术及住院期间，医院未作新生儿记录及新生儿护理记录。此后，陈秋玲因病分别到重庆医科大学儿童医院治疗、第三军医大学第三附属医院、重庆江陵医院、重庆市第三人民医院治疗。2007 年 6 月 26 日，经重庆劲源律师事务所委托，重庆市科证司法鉴定所对陈秋玲的病情作出鉴定，结论为"陈秋玲目前遗留有三肢瘫、语言障碍、轻度智能障碍，其护理程度为大部分依赖；其目前脑瘫可进行营养细胞、改善脑循环等药物治疗及言语训练和物理治疗，费用为 2.5 万—3 万元/年"。2007 年 7 月 30 日，陈秋玲以龙溪医院在医疗过程中存在过错并致其损害为由诉至渝北区人民法院，要求判决龙溪医院赔偿残疾生活补助金、残疾用具费、护理费、后续医疗费、精神损害赔偿等，共计 1407560 元。

在原一审诉讼中，法庭经当事人申请，委托重庆市法医学会司法鉴定所对医疗行为有无过错及若有过错与陈秋玲脑萎缩有无因果关系进行司法鉴定。2007 年 12 月 12 日，重庆市法医学会司法鉴定所作出市伤法医鉴（2007）第 2501 号《司法鉴定书》，鉴定结论为：1. 重庆渝北龙溪卫生院在对陈秋玲的医疗行为中存在过错；2. 其过错行为与患儿目前状态无因果关系。陈秋玲的法定代理人因对鉴定结论 2 有异议，于 2008 年 1 月 2 日向法庭递交了《鉴定人员出庭申请书》，申请鉴定人出庭接受质询，但鉴定人未出庭接受质询。陈秋玲在上诉状中以鉴定人经申请未出庭接受质询，违反法定程序为由申请重新鉴定，二审既未组织重新鉴定，也未在二审庭审中通知鉴定人出庭接受质询。

【原审裁判】

2008 年 3 月 31 日，重庆市渝北区人民法院作出（2007）渝北法民初字第 3925 号民事判决，认为 2003 年 9 月 30 日陈秋玲之母马世会因停经 10 月到重庆龙脊医院检查，在该院剖宫产术并分娩出陈秋玲，双方形成了医患关系。汤素芳等人未经行政许可，成立重庆龙脊医院挂靠于龙溪医院名下，应由卫生行政主管部门给予处罚，与陈秋玲目前状态无直接因果关系。在陈秋玲出生过程中，医院无新生儿记录及新生儿护理记录，表明医院医疗操作不规范。但根据重庆市法医学会司法鉴定所鉴定结论：医院的过错行为与原告的目前状态无因果关系。故不能认定医院的过错与原告目前状态有因果关系，遂判决：驳回原告陈秋玲的诉讼请求。

陈秋玲不服一审判决，向重庆市第一中级人民法院提出上诉。2008 年 7 月 15 日，重庆市第一中级人民法院作出（2008）渝一中法民终字第 1832 号民事判决，认为二审中陈秋玲未举示新的证据证明其主张，故其提出赔偿的诉讼请求缺乏事实和法律依据。原审判决认定事实和适用法律正确，上诉理由不成立。遂判决：驳回上诉，维持原判。

【抗诉理由】

陈秋玲不服二审判决，向检察机关提出申诉。2009 年 7 月 22 日，重庆市人民检察院以渝检民抗（2009）66 号民事抗诉书向重庆市高级人民法院提出抗诉。理由如下：

最高人民法院《关于民事诉讼证据的若干规定》第 59 条规定："鉴定人应当出庭接受当事人质询。鉴定人确因特殊原因无法出庭的，经人民法院准许，可以书面答复当事人的质询。"在本案中，陈秋玲依法申请鉴定人出庭，但原审未通知鉴定人出庭接受质询，违背了上述司法解释之规定。鉴定结论作为法定证据种类之一，依据《民事诉讼法》第 66 条之规定，应当在法庭上出示，并由当事人相互质证，这是一种正当的程序保障，也是其作为裁判依据的必要条件。在一方当事人申请的情况下，鉴定人出庭接受质询，是对鉴定结论进行质证的重要环节，这不仅仅是鉴定人的法定义务，是当事人的重要诉讼权利，更是法庭采纳鉴定结论的必要程序基础，为维持司法裁判的公正性，法庭应当对鉴定人出庭接受质询予以保障。此外，依据最高人民法院《关于民事诉讼证据的若干规定》第 59 条之规定，即便鉴定人因特殊原因无法出庭且经人民法院准许的，仍要书面答复当事人的质询。而本案中，鉴定人没有出庭，既未说明不出庭的原因，也未对当事人的质询进行书面答复。故原审违反法定程序，可能影响案件正确裁判。

【再审结果】

重庆市高级人民法院受理本案后，于 2009 年 8 月 3 日裁定再审并指令重庆市第一中级人民法院对本案进行再审。2010 年 2 月 4 日，重庆市第一中级人民法院作出（2010）渝一中法民再终字第 2 号民事判决书，认为鉴定人员出庭接受质询或书面答复质询意见是对鉴定结论进行质证的延伸，这有利于辨明鉴定结论的科学性和真实性。根据最高人民法院《关于民事诉讼证据的若干规定》第59条"鉴定人应当出庭接受质询，鉴定人确因特殊原因无法出庭的，经人民法院准许，可以书面答复当事人的质询"的规定，一审法院应对陈秋玲提出的《鉴定人员出庭申请书》予以准许。但一审法院违反相关规定，未组织鉴定人员出庭接受质询或书面答复当事人的质询意见，致使本案的主要证据鉴定结论的质证过程存在瑕疵，有可能影响案件的正确处理。抗诉机关的理由成立，予以支持。鉴于原审法院违反法定程序，有可能影响案件的正确处理，根据《中华人民共和国民事诉讼法》第186条第1款、第153条第1款第（四）项之规定，裁定：撤销原一、二审判决，发回渝北区人民法院重审。

【点评】

一、我国法律对鉴定结论效力的规定

《中华人民共和国民事诉讼法》第125条第2款规定："当事人经法庭许可，可以向证人、鉴定人、勘验人发问。"最高人民法院《关于民事诉讼证据的若干规定》第59条也规定："鉴定人应当出庭接受当事人质询。鉴定人确因特殊原因无法出庭的，经人民法院准许，可以书面答复当事人的质询。"上述两个条款赋予了鉴定人接受质询的义务，保障了当事人对于鉴定结论充分发表意见的权利。司法鉴定结论虽然可以说对于案件事实及责任的认定几乎具有决定性作用，但它并非免证事实，即鉴定结论只具有认定上的科学性，不应具有司法上的权威性，其作用在于补充法官在专业科学方面的不足，协助其进行案件资料的价值判断，而不能替代法官完成对事实的认定。依据《中华人民共和国民事诉讼法》第63条关于民事证据种类的规定，它仅是证据的一种，同其他几类证据一样必须接受庭审质证才能作为认定案件事实和裁判的根据。从另一个角度看，鉴定结论的科学性不仅依赖于科技手段的发展情况，还依赖于鉴定人，而且鉴定人的因素对鉴定结论的科学性和真实性有着更直接的影响。2005年全国人大常委会通过了《关于司法鉴定管理问题的决定》，将司法鉴定机构的"官方色彩"逐渐褪去，而使其走向了社会化和经营化，这一做法在很大程度上使得鉴定结论回归到其本质属性（即一种证据）之上，但同时也让鉴定结论的客观公正性在一定程度上受到了挑战。而由于当前对于鉴定机构和鉴定人员的管理和监督机制尚显得薄弱，因此鉴定结论的科学性和可靠性就更需要通过完整的庭审质证程序来保障，从而对相关的风险加以控制，因此鉴定人出庭接受质询显得重要而且必要。

二、当前鉴定结论存在的问题及改进建议

然而目前在司法实践中，作为鉴定结论质证程序延伸的鉴定人出庭接受质询或书面答复质询意见的比例严重偏低已是不争的事实。庭审质证的一个重要环节就是回答对方关于证据本身真实性、合法性、关联性方面的提问，未接受质询的鉴定人无法直接面对当事人的反驳和质疑，其鉴定结论中的错误往往难以得到及时的发现和有效的纠正。而在当事人要求的情况下，鉴定人未出庭接受质询或书面答复质询意见实际上就没有完成对鉴定结论这一证据的质证。这个质证环节的缺失，在很大程度上弱化了公正裁判的基础，极有可能影响案件的正确处理。

作为鉴定人接受质询制度一个重要环节，在鉴定人出庭义务之外，法官的通知义务在立法上却没有明确的规定，因此在认识上存在一定偏差。部分法官认为，鉴定人是受司法机关指派或聘请，帮助司法机关解决诉讼中有关专门性问题的专家，因而对鉴定人资格、能力、品格高度信赖，对鉴定结论的科学性、公正性毫不置疑，片面认为依据鉴定结论可以直接结论性地认定案件事实，鉴定人出庭并非必要，故而不通知鉴定人出庭。还有部分法官认为法律并未强制性地规定法官必须通知鉴定人出庭，而对证据的审核认定在法官自由裁量权的范围之内，要否认鉴定结论的证明力，除非符合法定的重新鉴定的条件，仅仅凭庭审对鉴定人的质询不足以否认鉴定结论的证明力，故而在法官对鉴定结论不持疑义的时候，也无须通知鉴定人出庭。但持以上两种观点的人首先是忽略了鉴定结论也只是证据种类之一的属性。《民事诉讼法》第 66 条规定："证据应当在法庭上出示，并由当事人互相质证……"鉴定结论的质证除了在法庭上出示并询问双方当事人意见之外，由于其实质是一种主观判断，正如证人证言的质证应当经当庭交叉询问一样，对鉴定结论的质证也必然地包含了对鉴定人的质询，当然，这种质询当事人可以放弃。其次，他们曲解了法官在此的义务。诚然，法律并未明确地在此规定法官在接到申请之后有通知鉴定人出庭的义务，但法官的职责除了在实体上作出事实认定及法律适用外，还必须保障审理程序的公正有序及当事人充分行使诉讼权利。《民事诉讼法》第 125 条第 2 款及最高人民法院《关于民事诉讼证据的若干规定》第 60 条均规定：当事人经法庭许可，可以向证人、鉴定人、勘验人发问。这赋予了当事人质询鉴定人的诉讼权利。法庭的许可仅是赋予了法官控制庭审节奏，维护法庭纪律的权力。若法官据此忽略当事人质询鉴定人的要求，无疑剥夺了其诉讼权利，从而为公正地进行实体裁判埋下了隐患。充分保障当事人的诉讼权利是贯穿于审判始终的基本要求，通知义务作为程序公正的必要保障，法律实际上并未在这个环节赋予法官自由裁量权，因此法官必须依据当事人的申请向鉴定人转达出庭接受质询的要求。

当前，鉴定人出庭率偏低的现实是由一系列的原因造成的，要比较彻底地解决这个问题，需要从制度上入手进行改良。首先是强调鉴定人的出庭义务，增强现行相关规定的可操作性。一是对鉴定人不出庭的例外情形明晰化、具体化；二是增加对无正当理由拒不出庭的鉴定人的强制性措施和法律责任。其次是加强鉴定人出庭的人身权利保障。现行民事诉讼法在规定鉴定人出庭义务的同时并没有赋予其相应的保障性权利，由此导致了权利与义务失衡的现象。实践中由于鉴定结论对定案有至关重要的作用，鉴定人经常可能受到威胁、引诱甚至打击报复，使自身及家人的安全受损。这不但大大降低了鉴定人出庭的积极性，也使其出庭作证变成一种带风险性的行为。为了免除鉴定人出庭的后顾之忧，鉴定人及其近亲属的人身、财产应受到法律的特殊保护。西方许多国家都为鉴定人制定了严密的保护制度，而我国在这方面却仍显不足，特别是在对相关意外情况的预防机制上尚属空白。最后是规范鉴定人出庭费用收取制度。当前，我国法律对鉴定人因出庭作证而受到的经济损失问题的规定尚不完善，在鉴定人出庭费用是否收取，如何计算等方面各地做法不一，也为建立统一的鉴定人接受质询制度增加了难度。只有从制度和执行两方面着手，实践中的司法公正和权威才能得以保障。

三、本案的具体分析

本案中，裁判的主要依据是鉴定机关作出的鉴定结论，而陈秋玲一方对鉴定结论的质疑是显然的，他们也依法向法庭递交了鉴定人出庭接受质询的申请。虽然他们质疑的在法官眼中可能只是鉴定程序中的某些无关紧要的细节，甚至这些质疑可能源自当事人的不了解。但在当事人申请时通知鉴定人出庭是法官的一项基本义务，本案原一审法官怠于履行这一义务，可能对他来说只是忽略了质证程序的一个细节，但却因此加深了当事人的质疑，降低了司法裁判权威，直接导致了本案的上诉、申诉，进而加重了当事人的诉累，也浪费了司法资源。而在原二审程序中，虽然当事人明确提出，但仍未引起重视，错过了补救的机会。对鉴定人出庭接受质询的不重视，也许与当前鉴定人出庭接受比例较低，鉴定人出庭接受质询形式化等现实不无关系，但程序公正的价值不仅仅在于保障实体公正，它本身就是一种看得见的公正，因此一个缺乏程序公正的判决，即便其最终结果看似公正，但也难以实现诉讼定分止争的功能。本案再审全面采纳检察机关抗诉意见也说明在这一点上，检法两家的认识是一致的。

法谚有云：程序正义就好比一盏明灯，照亮了实体正义实现的道路。任何一个程序上的细节，都是保障案件得到公正审判的关键，无论其是否最终能对实体权利的处理产生直接的影响，都是不容忽视的。程序与实体并重的精神在"两高"会签的《关于对民事审判活动与行政诉讼实行法律监督的若干意见（试行）》以及《关于在部分地方开展民事执行活动法律监督试点工作的通知》中也很明显地表达了出来。文件中有多个条文都对检察机关开展程序监督进行了专门规定，加强了监督职权，扩大了监督范围，丰富了监督方式，为进一步拓展民行检察工作、进一步加强程序监督创造了有利条件。而另一方面，也加强了对检察机关自身办案程序规范化的要求，增强了检察监督的合法性和规范性。两个文件的出台，及时解决了民行检察面临的诸如监督法律依据缺失、现行规定操作性欠佳以及案件数量倒三角等"瓶颈"问题，满足了民行检察发展的需要，也与法院实现了良性互动，营造了和谐的司法关系。

案例来源：重庆市人民检察院
案例编写：田晶
案例点评：田晶

17. 张先发、姜玉花、张媛诉大连经济技术开发区人力资源代理中心、大连经济技术开发区人力资源代理中心瓦房店营业部、瓦房店轴承股份有限公司人身损害赔偿纠纷抗诉案

【抗诉机关和受诉法院】

抗诉机关：辽宁省大连市人民检察院

受诉法院：辽宁省大连市中级人民法院

【基本案情】

申诉人（原审原告）：张先发，男，1938 年 8 月 25 日出生，汉族，退休工人，住瓦房店市新华办事处科峰路 25 号 1 - 1 - 1。系张世坤之父。

申诉人（原审原告）：姜玉花，女，1938 年 10 月 27 日出生，汉族，退休工人，住瓦房店市新华办事处科峰路 25 号 1 - 1 - 1。系张世坤之母。

申诉人（原审原告）：张媛，女，1996 年 3 月 12 日出生，汉族，学生，住大连市甘井子区千山路 21 号。系张世坤之女。

被申诉人（原审被告）：大连经济技术开发区人力资源代理中心。住所地：大连经济技术开发区金马路 260 号。法定代表人：王学森，中心主任。

被申诉人（原审被告）：大连经济技术开发区人力资源代理中心瓦房店营业部。住所地：瓦房店市大宽街一段 68 - 6 号。法定代表人：王学森，营业部主任。

被申诉人（原审被告）：瓦房店轴承股份有限公司。住所地：瓦房店市北共济街 1 段 1 号。法定代表人：王路顺，董事长。

原审原告张世坤系瓦房店轴承股份有限公司（以下简称瓦轴公司）员工。2006 年 5 月 15 日，张世坤与单位签订了解除劳动合同证明书。2006 年 5 月 29 日，又与原审被告大连经济技术开发区人力资源代理中心瓦房店营业部（以下简称营业部）签订了劳务合同后被派遣到原审被告瓦轴公司工作，劳务合同中约定张世坤享有工伤待遇。同年 8 月 25 日，张世坤被大连市劳动委员会鉴定为"因病完全丧失劳动能力"，9 月 28 日，被大连市社会劳动保障局批准退职，并从 2006 年 9 月起领取生活费。2006 年 10 月 26 日张世坤领取退休证。同年 10 月 28 日，张世坤在瓦轴公司劳动时，因装有毛坯料箱的挂环突然断裂，掉下的毛坯将张世坤的右脚三趾砸伤，后被送往医院治疗。张世坤起诉请求原审三被告赔偿误工费、护理费、伤残赔偿金及精神抚慰金等 116320 元。

【原审裁判】

2008 年 3 月 13 日，大连市瓦房店市人民法院作出（2007）瓦民初字第 2575 号民事裁定，认为原告张世坤原系瓦轴公司员工，在与原单位签订解除劳动合同退职后，又与被告营业部签订了劳务合同，在被派遣到接受单位被告瓦轴公司劳动时发生事故，造成伤害。按双方所签订的劳务合同第 3 条中约定，实属工伤，是一种特殊侵权，无过错赔偿，应适用《劳动合同法》和《工伤保险条例》调整，而不适用民法调整。前提条件应先进行劳动争议仲裁，对仲裁不服的，可依法向人民法院主张权利。据此，依照《中华人民共和国劳动法》第 77 条、第 78 条、第 79 条，最高人民法院《关于审理劳动争议案件适用法律若干问题的解释（二）》第 6 条，最高人民法院《关于审理人身损害赔偿案件适用法律若干问题的解释》第 11 条第 3 款、第 12 条第 1 款之规定，裁定：驳回原告张世坤的起诉。

【抗诉理由】

因张世坤于 2008 年 3 月 23 日胃癌去世，张先发、姜玉花、张媛不服一审裁定，向检察机关提出申诉。2008 年 12 月 26 日，大连市人民检察院以大检民抗（2009）5 号民事抗诉书向大连市中级人民法院提出抗诉。理由如下：

1. 根据相关法律规定，原审原、被告之间形成的是雇佣关系，应受《民法通则》调整。

《劳动合同法》第 58 条第 2 款规定："劳务派遣单位应当与被派遣劳动者订立二年以上的固定期限劳动合同，按月支付劳动报酬。"经审查卷宗，张世坤与营业部签订了《劳务合同》后到瓦轴公司工作，其与瓦轴公司并未签订任何形式的劳动合同，张世坤与营业部签订的《劳务合同》第 2 条约定合同的履行期间是由 2006 年 5 月 29 日至 2006 年 12 月 31 日，共计 7 个月零 7 天，不符合《劳动合同法》中关于劳务派遣的法律规定。综观《劳务合同》内容以及该合同的履行情况，张世坤向用人单位瓦轴公司提供的是短期劳务，双方形成的是雇佣关系而非劳动关系，应受《民法通则》调整而非受《劳动合同法》调整。

2. 原审裁定适用法律错误。

2004 年的《工伤保险条例》第 61 条规定："本条例所称职工，是指与用人单位存在劳动关系（包括事实劳动关系）的各种用工形式、各种用工期限的劳动者。"可见，适用《工伤保险条例》的前提是用人单位与劳动者之间存在劳动关系。本案中，虽然张世坤与营业部签订的《劳务合同》中约定了"工伤保险"条款，但作为用人单位的瓦轴公司与张世坤形成的是雇佣关系，非劳动关系，而且瓦轴公司在张世坤工作期间并未给张世坤申请过工伤保险，因此张世坤在工作中的受伤不应适用《工伤保险条例》。该条款应为无效条款。

【再审结果】

大连市中级人民法院受理本案后，指令瓦房店市人民法院另行组成合议庭进行再审。瓦房店市人民法院于 2009 年 12 月 24 日作出（2009）瓦民再字第 10 号民事判决书，认为张世坤已经完全丧失劳动能力，先是办理退职，后又办理退休。虽然没有与原审被告营业部办理终止劳动合同，但其实际与原审被告营业部的劳动关系已名存实亡，即张世坤在受伤前与原审被告营业部已不存在劳动关系。张世坤退休后在原审被告瓦轴公司工作，已不可能再享有工伤保险待遇了。此时张世坤与原审被告瓦轴公司之间形成了雇佣关系。张世坤受伤索赔不用经过劳动仲裁，可直接提起民事诉讼请求赔偿。因此，原审被告瓦轴公司作为雇主应承担张世坤作为雇员的人身损害所造成的合理经济损失。原审被告大连经济技术开发区人力资源代理中心（以下简称代理中心）和营业部不是张世坤的雇主，不应承担责任。由于张世坤已故，本案三原告作为张世坤的法定继承人有权提起民事诉讼，并主张权利。依照《中华人民共和国民法通则》第 98 条，最高人民法院《关于审理人身损害赔偿案件适用法律若干问题的解释》第 20 条、第 21 条、第 23 条、第 25 条、第 28 条的规定，判决：一、撤销本院的（2007）瓦民初字第 2575 号民事裁定；二、原审被告瓦房店轴承股份有限公司于本判决生效后立即赔偿原审原告张先发、姜玉花和张媛人民币 145280.50 元。

【点评】

本案争议的主要问题是张世坤与三被告之间形成的是劳动关系还是雇佣关系，应适用《工伤保险条例》还是《民法通则》。笔者认为要解决上述问题，关键在于区分劳动关系和雇佣关系这两种法律关系。

一、劳动关系与雇佣关系的联系

从历史的角度考察，劳动关系是从雇佣关系的基础上发展而来的。随着工业生产和经济的快速发展，劳动者的工作强度和危险程度也随之加大。由于用人单位和劳动者经济地位的不平等，很多企业主利用地位优势，滥用"意思自治原则"损害了劳动者的利益。为了保护经济上的弱者，许多国家加强了政府干预。由此，在雇佣关系的基础上，产生了一种具有新特征、新内容的劳动关系。

劳动关系与雇佣关系在含义上具有相通性。劳动关系，即劳动者与用人单位之间，为实现劳动过程而发生的一方有偿提供劳动力，另一方有偿使用劳动力的社会关系。雇佣关系，是指受雇人利用雇佣人提供的条件，在雇佣人的指示和监督下，以其劳动行为为雇佣人提供劳务并获取报酬的社会关系。至于什么叫雇佣合同，我国法律没有明确规定。王泽鉴先生认为，雇佣合同，"即受雇人于一定或不一定之期限内，为雇佣人服劳务，雇佣人负担给付报酬的契约"。实际生活中常见的雇佣形式有家庭雇佣保姆、车主雇人开车、雇请钟点工、聘用离退休人员等。

二、劳动关系与雇佣关系的区别

1. 主体范围不同

劳动关系主体具有单一性，即一方只能是劳动者个人，另一方只能是《劳动合同法》规定的用人单位，即中国境内的企业、个体经济组织、民办非企业单位等组织，还有国家机关、事业单位、社会团体。雇佣关系主体则无特殊规定，凡平等主体公民之间、公民与法人之间均可形成。

2. 主体地位不同

劳动关系中用人单位与劳动者之间有行政隶属关系，是管理者与被管理者的关系，劳动者必须服从用人单位，双方具有从属性。雇佣关系中尽管雇员在一定程度上也要接受雇主的监督管理和支配，但雇主单位内部的各项规章制度对雇员通常不具有很强的约束力，双方具有平等性。

3. 适用法律不同

劳动关系的调整适用《劳动合同法》及其相关的法律法规，而雇佣关系的调整适用民法和《合同法》。从我国现行立法现状看，民法和劳动合同法分属于不同的部门法。正因为两者适用的法律不同，所以劳动者和雇员被保护的标准不同，纠纷的处理方式不同，进而主体间所承担的法律责任也不同。

4. 国家干预程度不同

劳动关系受劳动法律规范的制约，劳动法律规定了劳动合同的订立、履行、变更、解除和终止，规定了劳动者的工资报酬、社会保险、劳动安全卫生标准等。雇佣关系一般不受国家的干预，雇工一般没有社会保险等福利待遇，也不受最低工资保护，雇员的劳务行为就是雇主意志的体现。

另外，劳动者是否连续稳定地从事工作也是劳动关系与雇佣关系的一项区别标准，一般来说劳动关系中劳动者在一段时期内有长期持续稳定地在用人单位工作的主观意图和客观事实，而雇佣关系中劳务人员具有临时性。

结合本案来看，原审原告张世坤先与原单位解除劳动合同，后与营业部签订劳务合同，该劳务合同从内容上看实际上是劳务派遣合同，合同约定了张世坤享有工伤待遇。双方还约定合同的履行期共计7个月零7天，虽然该劳务合同约定的履行期限不符合《劳动合同法》第58条的规定，即"劳务派遣单位应当与被派遣劳动者订立二年以上的固定期限劳动合同"，但从形式上，张世坤与营业部之间形成了劳动关系，符合理论上关于用人单位和劳动者范围和地位的分析。在与营业部签订劳务合同并被派遣到瓦轴公司工作后，张世坤被大连市劳动委员会鉴定为"因病完全丧失劳动能力"，批准退职后办理了退休证并开始领取生活费。实际上，在被鉴定完全丧失劳动能力时，张世坤就已经丧失了作为劳动者的主体资格，与营业部之间形成的劳动关系自然也就终止了。虽然张世坤与营业部的劳动关系已经名存实亡，但他仍继续在瓦轴公司工作直至受伤住院。此时，张世坤利用瓦轴公司提供的条件，在瓦轴公司的指示和监督下，以其劳动行为为瓦轴公司提供劳务并获取报酬，符合雇佣关系的内涵和构成要件。同时，从张世坤与营业部签订的劳务合同中也不难看出，合同约定的履行期间仅仅7个月零7天，具有临时性，张世坤并没有长期稳定地在瓦轴公司工作的主观意图；客观上，无论是营业部还是瓦轴公司自始也没有给张世坤缴纳任何保险。综上所述，张世坤与瓦轴公司之间形成的是雇佣关系，应该由民法来调整。因此，作为雇员的张世坤受伤索赔不用经过劳动仲裁，可直接向法院提起民事诉讼，请求雇主瓦轴公司予以赔偿。再审判决支持了张先发等人的诉讼请求，符合法理。

关于已退休工人在单位工作中受伤，造成损害应如何救济的问题，理论和实务界一直存在争议。早在 2004 年大连劳动和社会保障局就发布了《关于工伤保险有关问题处理意见的通知》，其中明确提出："离退休（退职）人员在被用人单位聘用期间发生事故伤害，申请工伤认定的，劳动保障行政部门不予受理，由用人单位与被聘用者依据劳动协议协商解决。"从该通知可以看出，退休人员在工作中受伤已不能享受工伤保险待遇。笔者认为，该通知符合立法精神，因为工伤保险待遇是给伤残劳动者今后生活提供的一种物质保障，作为退休人员实际上已经开始享受保障待遇，所以不能按照工伤保险请求赔偿。退休工人与用人单位之间形成的是雇佣关系，应由民法调整。虽然劳动关系是从雇佣关系发展而来的，《劳动合同法》及其相关法律对劳动关系、主体范围及双方权利义务、救济途径规定的相当明确，但作为起源基础的雇佣关系在目前法律上却没有明确具体的规定，只是在最高人民法院《关于审理人身损害赔偿案件适用法律若干问题的解释》第 11 条第 1 款中提到："雇员在从事雇佣活动中遭受人身损害，雇主应当承担赔偿责任。"2010 年 7 月 1 日实施的《侵权责任法》中也只是提到个人之间形成的劳务关系，但劳务关系并不等同于雇佣关系，它只是雇佣关系的一种。

三、结语

由于目前法律上的空缺，判断劳动关系与雇佣关系的标准模糊重叠，这二者又属于不同的部门法调整，因此，很容易造成认定事实不清、适用法律不当，甚至剥夺劳动者的合法权利。若不把劳动关系与雇佣关系做严格区分，势必会造成理论与司法实践的混乱。梁慧星教授主持的课题组向全国人大法制工作委员会提交的民法典专家建议稿对雇佣合同专设一章进行规定。该草案合同编第 15 章第 301 条规定，"雇佣合同是受雇人向雇佣人提供劳务，雇佣人支付报酬的合同"。还有学者建议将雇佣合同作为劳动合同的一种特殊形式写进《劳动合同法》中，除了赋予当事人更多的意思自由的空间以外，应当多一些国家的干预。笔者认为，应将雇佣关系的详细具体规定纳入合同法中，确定雇主与雇员双方的权利义务，明确责任的承担。这样既坚持了意思自治原则，保护了双方的平等地位，又给法律适用提供了依据，从而保障劳动关系主体双方和雇佣关系主体双方都能够通过法律的规定找到其权利的平衡点，并在保护自身权利的同时促进其关系的平衡发展。

案例来源：辽宁省大连市人民检察院

案例编写：毛妮

案例点评：蔡元国　毛妮

18. 陈秀芬等诉阆中市电力总公司人身损害赔偿纠纷抗诉案

【抗诉机关和受诉法院】

抗诉机关：四川省南充市人民检察院

受诉法院：四川省南充市中级人民法院

【基本案情】

申诉人（原审原告）：陈秀芬，女，1949 年 9 月 24 日出生，汉族，无业，住阆中市四元街一单元六楼。

申诉人（原审原告）：王素珍，女，1926 年 9 月 28 日出生，汉族，农民，住阆中市五马乡董家营村三组。

申诉人（原审原告）：董晓菱，女，1971 年 7 月 16 日出生，汉族，无业，住址同上。

申诉人（原审原告）：董晓媛，女，1979 年 4 月 13 日出生，汉族，无业，住址同上。

被申诉人（一审被告）：阆中市电力总公司。住所地：阆中市公园路 3 号。法定代表人：杨贵，经理。

2005 年 10 月 16 日上午，董俊（系陈秀芬之夫，王素珍之子，董晓菱、董晓媛之父）与董朝明一起前往构溪河阆中扶农场段（即事发地）钓鱼。在钓鱼过程中，董俊使用的碳素钓鱼竿不慎接触上空的 10kV 高压线，造成其当场死亡。经现场勘验，田边小路朝小河方向曾有挖田堆砌形成的一小土包，土包底部为河边延伸的一段缓坡，紧靠河边曾有一条供赶牛人及钓鱼人通行的小便道

（事发后，该土包由阆中市电力总公司雇人移除）。事发位置未设置电力设施保护标志牌和安全警示标语。董俊死亡倒地位置地面与上空 C 相高压线垂直距离为 6 米，钓鱼竿丢弃处与上空 A 相高压电线垂直距离为 7.06 米，钓鱼竿长 6.3 米。董俊的第一顺序继承人妻子陈秀芬、母亲王素珍、女儿董晓菱、董晓媛四人作为共同原告起诉至阆中市人民法院，要求阆中市电力总公司赔偿董俊因触电死亡的丧葬费及相关费用 172183 元。

另查明，该案事发后阆中市电力总公司在事发路段显眼位置设置了安全警示标语。

【原审裁判】

2006 年 5 月 23 日，阆中市人民法院作出（2006）阆民初字第 377 号民事判决，认为董俊系完全民事行为能力人，明知上空有高压线而使用超过电线高度的能导电的碳素鱼竿，未尽到通常的合理注意义务。同时在电力设施保护区内钓鱼，应视为实施《电力设施保护条例》中危害电力线路设施的禁止性行为。被告架设线路符合规程，在非人口活动频繁地区，国家对野外高压线设立警示标志无明确规定，依《四川省电力设施保护实施办法》规定，该地点也不属于应当设立安全标志地点。因此被告对事故发生没有过错。依据最高人民法院《关于审理触电人身损害赔偿案件若干问题的解释》第 3 条"因高压电造成他人人身损害有下列情形之一的，电力设施产权人不承担责任：……（4）受害人在电力设施保护区从事法律、行政法规所禁止的行为"之规定，原告的诉讼请求本院不予支持。遂判决：驳回原告陈秀芬、王素珍、董晓菱、董晓媛的诉讼请求。

【抗诉理由】

陈秀芬等四人不服一审判决，向检察机关提出申诉。2007 年 11 月 13 日，南充市人民检察院以南检民行抗（2007）17 号民事抗诉书向南充市中级人民法院提出抗诉。理由如下：

1. 生效判决适用法律不当。生效判决认定"董俊在电力设施保护区内钓鱼，应视为实施了《电力设施保护条例》中危害电力线路设施的禁止性行为",但并未具体引用该条例具体条款,也就是说董俊到底实施了何种危害电力线路设施的禁止性行为未予明确,从而判决驳回原告的诉讼请求属适用法律不当。

2. 依据最高人民法院《关于审理触电人身损害赔偿案件若干问题的解释》第 2 条、《民法通则》第 123 条规定的精神,高压电造成人身损害的赔偿应当适用无过错责任原则,死者董俊虽未对存在的危险性加以通常的合理注意,自身存在过失,但其触电死亡不属于自己故意造成的,因此,阆中市电力总公司应当承担相应赔偿责任。

【再审结果】

南充市中级人民法院受理本案后,指令阆中市人民法院依法另行组成合议庭再审。阆中市人民法院于 2008 年 9 月 3 日作出(2008)阆民初再字第 3 号民事判决书,认为根据《中华人民共和国民法通则》第 123 条及最高人民法院《关于审理触电人身损害赔偿案件若干问题的解释》第 2 条、第 3 条的规定精神,高压电致人损害的责任承担是以电力设施产权人承担无过错赔偿责任为原则,以因不可抗力、受害人故意或实施了法律、法规所禁止的行为电力设施产权人才能免责为例外。就本案而言,死者钓鱼处是一处长期有钓鱼爱好者垂钓的自然水域,其触电身亡处紧邻农田,并有一条供村民通行的便道,而距扶农场仅约百米的距离,应属人口流动较为频繁的区域,被告安装的 10kV 伏高压电线从该处通过,既未设立电力设施保护标志牌(相应法律法规规定了电力设施保护范围,但被告未设立保护标志牌,作为一般公民应无从知晓),也未设立安全警示标志,经当地村民反映后,被告也未采取相应警示措施,而在该案事故发生后,被告才在进入该路段明显处设置了警示标语,因此,被告在管理上首先存在疏漏;退一步讲,事故发生地段即或不是必须设置警示标志的地区,但被告所从事的高压作业,其本身对周围环境就具有潜在的危险,对造成他人伤害承担赔偿责任应是其应承担的经营风险,也就是说承担法律上的无过错赔偿责任。其次,本案原告的亲属董俊触电死亡,既不是以破坏电力设施为目的，也不是为了自寻短见，也没有实施法律、法规所禁止的其他行为，只能说是死者的疏忽大意造成的。原审被告称线路安装符合规范性要求，事故的发生是死者实施了法律、法规所禁止的行为造成的，但从被告提供的《电力法》、《电力设施保护条例》、《电力设施保护条例实施细则》、《四川省电力设施保护实施办法》、《农村安全用电规程》等法律、法规及规范性文件看，体现了依法保护电力设施、禁止对电力设施进行故意破坏的原则，但均无禁止在电力设施保护范围内钓鱼的明确规定，仅在《农村安全用电规程》中提示性表述为"演戏、放电影、钓鱼和集会等活动要远离架空电力线路和其他带电设备，防止触电伤人"，因此，被告辩驳理由不能成立。原审认定死者在电力设施保护区从事法律、法规所禁止的行为，缺乏法律依据，检察机关的抗诉理由成立，应予支持。而死者作为当地的一名乡镇干部，应该具有基本的防触电的常识，自己在高压线路范围内钓鱼，未对存在的危险性加以通常的合理注意，自身存在较大过失，应自担 40% 责任，但其触电死亡不属其故意造成的，因此，被告应当承担 60% 赔偿责任。依据最高人民法院《关于审理触电人身损害赔偿案件若干问题的解释》及《关于审理人身损害赔偿案件适用法律若干问题的解释》的规定精神，遂判决：一、撤销本院于 2006 年 5 月 23 日作出的（2006）阆民初字第 377 号民事判决；二、由原审被告阆中市电力总公司赔偿原审原告陈秀芬、王素珍、董晓菱、董晓媛死亡补偿费、丧葬费、被抚养人生活费、死者亲属参加处理触电事故及办丧事支出的交通费、住宿费、伙食补助费及误工损失等各项费用共计人民币 129416.06 元。限本判决发生法律效力后 15 日内履行完毕。其他损失费用由原审原告自行负担。

【点评】

本案争议的焦点是关于触电造成人身损害的责任承担问题，对于该问题，应当从归责原则和免责事由两方面来判断加害人是否应当承担责任。具体而言，首先应根据案件具体情况判断应适用何种归责原则，然后判断是否存在免责事由，对于免责事由的认定要严

格遵循法律的规定。下面分述如下:

一、关于触电造成人身损害的归责原则

本案发生时,我国法律对触电造成人身损害的归责原则的规定主要体现在下列法律和司法解释中:

1.《中华人民共和国民法通则》(以下简称《民法通则》)第123条规定:"从事高空、高压、易燃、易爆、剧毒、放射性、高速运输工具等对周围环境有高度危险的作业造成他人损害的,应当承担民事责任;如果能够证明损害是由受害人故意造成的,不承担民事责任。"由此可知,高度危险作业侵权的构成要件包括:(1)存在高度危险作业的行为。例如高压、易燃、易爆、剧毒、放射性、高速运输工具等。(2)存在损害事实。高度危险作业造成了受害人的人身与财产损失。(3)高度危险作业与损害事实间存在因果关系。即损害事实是由高度危险作业引起的。而高度危险作业的免责事由仅有损害是由受害人的故意造成的一种情况,此时作业人将免除其责任。如果受害人对于损害的造成仅有过失,也应当由作业人承担责任。因此,《民法通则》规定的高度危险作业造成他人损害适用的归责原则为无过错责任原则。

2. 2001年1月21日起施行的最高人民法院《关于审理触电人身损害赔偿案件若干问题的解释》(以下简称《触电人身损害司法解释》)第2条第1款规定:"因高压电造成人身损害的案件,由电力设施产权人依照民法通则第123条的规定承担民事责任。"此条明确了对于因高压电造成人身损害的应按照《民法通则》的规定适用无过错原则,责任承担主体为"电力设施产权人"。

本案是因高压电触电造成人身伤亡,具备高度危险作业侵权的构成要件,即存在"高压电"这一高度危险作业,高压电也造成了受害者死亡的结果,并且受害人是因触电死亡,高压电与受害人死亡之间存在因果关系。因此,本案中触电造成人身损害属于高度危险作业侵权,应当按照《触电人身损害司法解释》第2条第1款的规定适用《民法通则》规定的无过错责任原则,由电力设施产权人阆中市电力总公司对董俊承担民事赔偿责任。原审判决认为阆中市电力总公司对事故发生没有过错，不应承担责任，从而驳回原告的诉讼请求，其对高度危险作业造成损害适用的是过错责任原则，显然与法律规定相悖。

二、关于触电造成人身损害的免责事由

对于触电造成人身损害的免责事由，我国法律和司法解释的规定存在不一致的地方：

1.《民法通则》第123条规定："从事高空、高压、易燃、易爆、剧毒、放射性、高速运输工具等对周围环境有高度危险的作业造成他人损害的，应当承担民事责任；如果能够证明损害是由受害人故意造成的，不承担民事责任。"高度危险作业的免责事由为受害人故意。

2.《中华人民共和国电力法》（以下简称《电力法》）第60条规定："因电力运行事故给用户或者第三人造成损害的，电力企业应当依法承担赔偿责任。电力运行事故由下列原因之一造成的，电力企业不承担赔偿责任：（1）不可抗力；（2）用户自身的过错。"由此，免责事由为不可抗力和用户自身的过错，而用户自身过错包括了故意和过失。因此，《电力法》将电力企业的免责事由扩大到了不可抗力和受害人过失。

3.2000年最高人民法院《关于从事高空高压对周围环境有高度危险作业造成他人损害的应适用民法通则还是电力法的复函》中认为："民法通则规定，如能证明损害是由受害人故意造成的，电力部门不承担民事责任；电力法规定，由于不可抗力或用户自身的过错造成损害的，电力部门不承担赔偿责任。这两部法律对归责原则的规定是有所区别的。但电力法是民法通则颁布实施后对民事责任规范所作的特别规定，根据特别法优于普通法，后法优于前法的原则，你院所请示的案件应适用电力法。"据此，对于触电造成人身损害的免责事由应为不可抗力和受害人过错，包括受害人故意和过失。

4.《触电人身损害司法解释》第3条规定："因高压电造成他人人身损害有下列情形之一的，电力设施产权人不承担民事责任：

（1）不可抗力；（2）受害人以触电方式自杀、自伤；（3）受害人盗窃电能，盗窃、破坏电力设施或者因其他犯罪行为而引起触电事故；（4）受害人在电力设施保护区从事法律、行政法规所禁止的行为。"该条规定的因高压电造成他人人身损害时电力设施产权人的免责事由为四类情形。

从以上规定可以看出，对触电造成人身伤亡的免责事由，我国法律存在冲突的地方，如何适用法律是正确确定责任承担的前提。笔者认为，《民法通则》是调整民事法律关系的基本法，其他法律不应突破《民法通则》确定的原则规定。在其他法律与《民法通则》有冲突的情况下，应当以《民法通则》的相关规定为准。虽然2000年最高人民法院《关于从事高空高压对周围环境有高度危险作业造成他人损害的应适用民法通则还是电力法的复函》中认为应当适用电力法，但是2001年施行的《触电人身损害司法解释》中对触电造成人身伤亡的免责事由的规定与《电力法》规定有所不同，并且《触电人身损害司法解释》是针对触电人身损害赔偿案件的专门性规定，其明确规定了因高压电造成人身损害的案件应依照《民法通则》第123条的规定承担民事责任，因此，对于此类案件，应当适用《民法通则》和《触电人身损害司法解释》的相关规定。

综上，笔者以为，结合《民法通则》和《触电人身损害司法解释》，对于触电造成人身损害的案件，只有存在损害是由受害人故意造成的和上述四种情形，电力设施产权人才能免责，否则，无论电力设施产权人是否有过错，均应承担责任。

三、本案的具体分析

本案中，董俊因钓鱼而高压电触电身亡，不符合司法解释中免责事由的前三种情形，有争议的是对于第（4）项免责事由的理解。有理解认为，《触电人身损害司法解释》列举的这一情况与《民法通则》第123条中规定的"故意"是相矛盾的，其理由是依照《民法通则》第123条规定，电力设施产权人必须证明损害结果是受害人主观故意造成的，才能免除其应承担的责任，而《触电人身损害司法解释》第3条规定的第（4）项免责事由是，只要电力设施产权人举证证明受害人在其设施保护区从事了《电力法》或《电力设施保护条例》所禁止的任何一项行为，不论受害人是故意还是过失，电力设施产权人都可以不承担责任。笔者认为，《触电人身损害司法解释》第2条第1款规定："因高压电造成人身损害的案件，由电力设施产权人依照民法通则第123条的规定承担民事责任"，《民法通则》第123条规定如果能够证明损害是由受害人故意造成的，不承担民事责任。所以，根据立法本意，《触电人身损害司法解释》第3条规定的第（4）项免责事由也应当理解为是受害人故意实施的行为，即受害人明知是电力设施保护区，也明知法律法规禁止从事某行为而故意实施，只有在这种情况下，电力设施产权人才得以免责。没有明显的标志以致受害人不知道是电力设施保护区，或者出于过失或无主观过错的情况下违反法律、行政法规的规定，在电力设施保护区从事禁止的行为不在加害人免责之列。同时，对于免责事由的存在，应当由电力设施产权人举证证明。

《电力法》和《电力设施保护条例》中没有对在电力设施保护范围内钓鱼作出明确禁止的规定，仅在国家经贸委《关于触电事故有关问题的复函》中规定在电力线路保护区内甩竿钓鱼属于违反此条规定的行为。但阆中市电力总公司必须举证证明董俊在电力设施保护区内钓鱼时故意实施的才能免责。因此，本案中董俊钓鱼触电身亡不符合《触电人身损害司法解释》第3条规定的电力设施产权人的免责情形。虽然董俊作为当地的一名乡镇干部，应该具有基本的防触电的常识，自己在高压线路范围内钓鱼，未对存在的危险性加以通常的合理注意，自身存在过失，但并非故意，阆中市电力总公司作为电力设施产权人不能免责。

综上，阆中市电力总公司作为电力设施产权人，对其高度危险作业造成董俊触电身亡应当承担无过错责任，同时本案又不存在免责事由，阆中市电力总公司应当承担人身损害赔偿责任。原审判决对特殊侵权行为造成损害的归责原则和免责事由理解有误，其驳回原告诉讼请求的判决明显错误。检察机关准确把握法院判决的错误所在，并依法提起抗诉。该案再审后，再审法院支持了检察机关的抗诉理由并予以改判，从而保护了受害人家属的合法权益，维护了国家法律的正确实施。

需要注意的是，本案发生在《侵权责任法》实施之前，《侵权责任法》实施之后，处理该类案件还应当结合《侵权责任法》的相关规定。《侵权责任法》第 69 条规定："从事高度危险作业造成他人损害的，应当承担侵权责任。"从该条内容来看，从事高度危险作业造成他人损害的，行为人不能通过证明自己对造成损害没有过错而不承担责任，高度危险责任在归责原则上应适用无过错责任。《侵权责任法》第 73 条规定："从事高空、高压、地下挖掘活动或者使用高速轨道运输工具造成他人损害的，经营者应当承担侵权责任，但能够证明损害是因受害人故意或者不可抗力造成的，不承担责任。被侵权人对损害的发生有过失的，可以减轻经营者的责任。"由此，高压电造成人身损害的免责事由为受害人故意和不可抗力，受害人有过失的不能免除侵权人的责任。在免责事由上，《侵权责任法》、《民法通则》与《电力法》存在规定不一致的地方，对于如何适用法律，笔者认为，《侵权责任法》第 5 条规定："其他法律对侵权责任另有特别规定，依照其规定。"这里的"其他法律"应当仅指全国人大及其常委会通过的法律，而不包括行政法规等其他规范性文件。根据此条规定，特别法优于普通法，特别法应当优先适用。但《侵权责任法》相对于现有的规定了侵权责任的特别法而言，又属于新法，如果作为旧法的特别法中的规定与《侵权责任法》相冲突的，应当适用《侵权责任法》。

四、结语

从本案的审查办理还引申出我们办案过程中如何正确理解和适用法律的问题。正确理解法律，需要我们运用法律解释的方法对法律条文作出正确的解释。一般而言，我们首先运用文义解释方法，明确法律条文的字面含义，进而确定该条规定的适用范围和构成要件等。其次，我们应当运用体系解释方法，根据法律条文在法律体系中的位置，联系该条文前后条文或者调整同一法律关系的相关法律规定,进一步确定法律条文的意义、适用范围、构成要件和法律效果等。当对一个法律条文经文义解释和体系解释后出现两种不同的理解时,就需要运用立法解释方法,分析立法者在制定法律时所持的价值判断,以推知该法律条文的立法本意,并由此判断哪一种理解更为合理。另外,根据需要,还可以运用扩张解释、缩限解释、目的解释等方法,来确定法律条文的内容意义、适用范围、构成要件、法律后果等,由此确定该条文是否适用于案件。在对法律条文进行解释后,就需要运用法律适用的基本原则,来确定应该适用哪一法律条文来解决案件问题。首先应当确定法律的位阶,当下位法与上位法发生冲突,应当以上位法的规定为准;其次,确定法律规定的性质,同类性质的法律规定之间才能发生特别法与普通法、强行法与任意法等关系;最后,对于同一位阶和同类性质的法律条文,综合运用特别法优于普通法、强行法优于任意法、新法优于旧法、专门性规定优于一般性规定等原则来确定应当优先适用哪一法律规定。①

案例来源:四川省南充市人民检察院
案例编写:侯琳
案例点评:米蓓

---

① 梁慧星:《裁判的方法》,法律出版社 2003 年版,第 40—152 页。

19. 隋宝林等诉张樊伟、齐宝玉、高树成人身权纠纷抗诉案

【抗诉机关和受诉法院】

抗诉机关：黑龙江省伊春市人民检察院

受诉法院：黑龙江省伊春市中级人民法院

【基本案情】

申诉人（一审被告）：张樊伟，男，1980 年 5 月 30 日出生，汉族，个体司机，现住铁力市铁力镇站前社区二组。

申诉人（一审被告）：齐宝玉，男，1979 年 2 月 17 日出生，汉族，个体户，现住铁力市铁力镇站前社区。

申诉人（一审被告）：高树成，男，1975 年 7 月 13 日出生，汉族，铁力市环卫处职工，现住铁力市铁力镇站前社区。

被申诉人（一审原告）：隋宝林，男，1957 年 11 月 15 日出生，汉族，农民，现住黑龙江省明水县光荣乡金山村 13 队。

被申诉人（一审原告）：李春英，女，1958 年 8 月 3 日出生，汉族，农民，现住黑龙江省明水县光荣乡金山村 13 队。

被申诉人（一审原告）：高慧慧，女，1982 年 8 月 3 日出生，汉族，无业，现住铁力市铁力镇向阳社区居委会三组。

被申诉人（一审原告）：隋嘉俊，男，2004 年 3 月 24 日出生，汉族，儿童，现住铁力市铁力镇向阳社区居委会三组。系高慧慧之子。

2009 年 4 月 14 日，张樊伟过生日，隋志坤从同事高树成口中

得知张樊伟过生日事宜，在没有张樊伟邀请的情况下，主动与高树成一同参加生日宴会。席间隋志坤喝了两杯白酒和两瓶啤酒。后隋志坤在多次接到妻子高慧慧的催促电话后，于 18 时 50 分左右离开张樊伟的生日宴会先行回家。隋志坤离开时语言表达能力正常，神志清醒，未有醉酒形态。齐宝玉等人打出租车回家途中看见隋志坤在路上等车，便顺道捎他一同回家。后出租车行到铁力林业局职工医院东道口时隋志坤要求下车回家。当晚 11 点 30 分左右，有人发现隋志坤死在金土地饭店胡同里。当晚的天气情况是雨夹雪，气温在 1.4—3.3℃。经铁力市公安局认定，隋志坤死亡原因排除暴力性外伤致死，属非正常死亡。事发后，隋宝林、李春英、高慧慧、隋嘉俊与张樊伟、齐宝玉、徐丽娜、高树成、李文敏、高立岩、王宏宇、赵寿喜、鲁凤玲、张忠利等人多次协商未果，起诉至铁力市人民法院，要求张樊伟等 10 人赔偿隋志坤死亡赔偿金等各项损失 138677.70 元。

【原审裁判】

2009 年 10 月 18 日，铁力市人民法院作出（2009）铁民初字第 339 号民事判决，认为本案的争议焦点为隋志坤的死亡后果与各被告是否存在因果关系，各被告是否存有过失。注意义务包括可能导致损害后果的预见义务和为避免损害后果发生而采取积极措施的避免义务。行为人若未尽到注意义务，应认定为存在过失，就应承担相应的侵权责任。本案中被告张樊伟举办生日宴会是一种情谊行为，隋志坤回家途中下车后齐宝玉打电话询问高树成其自己回家是否可行的行为亦应推定隋志坤饮酒后头脑并不清醒，存在醉酒现象。虽然被告均否认隋志坤醉酒，但无证据证实。根据公安机关对隋志坤死亡原因的分析意见，结合事发当晚的天气情况以及隋志坤死亡前的表现，依据民事诉讼证据盖然性原则，应当认定隋志坤的死亡与事发当晚的过量饮酒以及行为人未尽到合理限度范围内的安全保障义务存有一定因果关系。隋志坤作为完全行为能力人，应明知过量饮酒有一定的危害性，对其自身的损害后果应当承担主要责任。被告张樊伟举办生日宴会，对隋志坤过量饮酒没有进行劝解或制止，酒后亦未对其采取安全保障义务，对隋志坤的死亡后果应当承担次要责任。被告齐宝玉在隋志坤回家途中下车后明知其自行回家存有一定的危险性，未能完全履行注意义务，存有一定过失，亦应承担相应责任。被告高树成与隋志坤系同事，较为熟悉，对其过量饮酒的后果应有一定的预见性，在齐宝玉与其通话后仍称隋志坤自行回家没事，由于疏忽大意而存有过失，也应承担一定责任。被告徐丽娜、李文敏、高立岩、王宏宇、赵寿喜、鲁凤玲、张忠利在此情谊活动中未有过失，亦无证据证实其未完全履行安全注意义务，故不应承担责任。原告请求中死亡赔偿金等赔偿标准符合法律规定，但扶养费只能赔偿受害人依法应当负担的部分。因被告的过错程度较小，故原告的精神抚慰金请求不予支持。依照《中华人民共和国民法通则》第119条、第130条、第131条，最高人民法院《关于审理人身损害赔偿案件适用法律若干问题的解释》第3条、第6条、第17条、第27条、第28条、第29条，最高人民法院《关于确定民事侵权精神损害赔偿责任若干问题的解释》第10条、第11条，最高人民法院《关于民事诉讼证据的若干规定》第64条的规定，判决：一、隋宝林、李春英、高慧慧、隋嘉俊请求赔偿的各项合理损失350459.17元（其中死亡赔偿金231620元（11581元×20年）、被扶养人生活费107316.17元（3845元×20年×2人/3人＋8623元×13年/2人）、丧葬费11523元），此款由张樊伟承担10%即35045.92元，由齐宝玉承担2.5%即8761.48元，由高树成承担2.5%即8761.48元。上述款项由三被告承担连带偿付责任，于判决生效后10日内付清；二、徐丽娜、李文敏、高立岩、王宏宇、赵寿喜、鲁凤玲、张忠利不承担赔偿责任；三、驳回隋宝林、李春英、高慧慧、隋嘉俊的其他诉讼请求。

【抗诉理由】

张樊伟、齐宝玉、高树成不服一审法院判决，向检察机关提出申诉。2010年2月3日，伊春市人民检察院以伊检民抗（2010）2号民事抗诉书向伊春市中级人民法院提出抗诉。理由如下：

1. 判决认定隋志坤死亡原因为醉酒引起的证据不足。首先，隋志坤在事发时并无醉酒表现。张樊伟过生日时，隋志坤自己主动参与，在饮酒时没人劝其饮酒，而是自己饮了两杯白酒和两瓶啤酒。且酒后未见有醉酒状态和神智不清的表现。其妻子高慧慧和同事高树成证实，平时喝两杯白酒再喝点啤酒均没事，所以隋志坤不存在醉酒的问题，既然不存在醉酒状态，又何来注意义务及侵权责任。其次，隋志坤的死亡时间及原因不清。铁力市公安机关的非正常死亡报告单中的分析意见只说明"隋志坤排除暴力性外伤致死"，不能以此就认定隋志坤处于醉酒状态及因醉酒致死。据此认定三被告未尽到注意义务并应承担侵权责任，证据不足。

2. 判决适用法律错误。根据上述论述，三被告人均无过错，又未违反法定义务，不应当适用侵权责任的法律条款，判决适用法律存在错误。

【再审结果】

伊春市中级人民法院受理本案后，指令铁力市人民法院进行再审。2010 年 12 月 10 日，铁力市人民法院作出（2010）铁民再字第 1 号再审判决书，认为隋志坤与高树成是一个单位的同事，两人较为熟悉，与其他同宴人齐宝玉、高立岩、赵寿喜、张忠利等均不认识，同张樊伟也只是见过一两次面认识而已。张樊伟过生日并未约请他参加，隋志坤只是听同事高树成说张樊伟过生日，并且在未得到任何人约请的情况下自己去的张樊伟家参加其生日宴会。席间未有人劝其过量饮酒。所以，隋志坤的死亡与原审被告张樊伟等人无因果关系。原审原告未举出张樊伟等人应承担民事责任的证据。所以，对原审原告隋宝林、李春英、高慧慧、隋嘉俊的诉讼请求本院不予支持。依照《中华人民共和国民法通则》第 119 条之规定，判决如下：一、撤销本院（2009）铁民初字第 339 号民事判决书；二、驳回原审原告隋宝林、李春英、高慧慧、隋嘉俊的诉讼请求。

【点评】

本案涉及两个问题：一是如何认识劝酒行为；二是本案中张樊伟等人对隋志坤死亡后果应否承担民事责任。下面具体论述如下：

一、对劝酒行为的法理分析

（一）劝酒行为的性质应属一种情谊行为

首先应当明确的是，劝酒并不违法。劝酒行为不属于法律行为，只是社交层面的情谊行为。"情谊行为"一词来源于德国，也称"好意施惠"、"施惠行为"。如好意同乘、帮忙照看小孩等。德国学者迪特尔·梅迪库斯认为，情谊行为是指发生在法律层面之外，当事人之间不能依法产生后果的行为。① 情谊行为不由法律调整，不发生法律效力。情谊行为是正常社会生活的需要，法律不应当过度地介入，否则将会破坏正常的社会生活规则。我国法律并不禁止成年公民饮酒和相互劝酒。况且，中国传统酒文化中，对长辈、宾客劝酒、敬酒是延续了几千年的习俗和社交礼节，"喝好"甚至"喝倒"是表达诚意的一种方式。因此适度的劝酒、单纯的敬酒不需要承担任何法律责任。换言之，对于彼此正当饮酒后的行为当事人之间不负有约定或法定的保护义务。

（二）劝酒人的责任基础应为合理注意义务与过错责任原则

我国历来重视酒文化，同席饮酒和相互劝饮是延续几千年的习俗和社交需要，但不当劝酒、强行劝酒又会产生一定的损害后果。在情谊活动中，当事人之间基于聚餐饮酒、相约旅游等共同行为形成了某种特定的关系，并基于此种特定关系在当事人相互之间产生了某种合理的信赖，相信活动主体间会从善良、理性的角度来履行相互照顾、保护的合理注意义务。将情谊行为造成的损害纳入法律调整的范畴，是为了合理限制行为人的行为，令其尽到必要的注意义务，即谨慎行事，避免自己的行为损害他人或社会利益。所以，在追究劝酒等情谊行为的法律责任时，应当严守过错责任原则，即以行为人有过错为必要要件。如果由于不当劝酒产生了损害后果，除了饮酒人自己自担风险外，劝酒人也要承担相应的民事甚至刑事责任。

---

① ［德］迪特尔·梅迪库斯：《德国民法总论》，邵建东译，法律出版社 2004 年版，第 153 页。

（三）劝酒民事责任包括自己责任与过错责任

所谓自己责任是指当事人对自己的行为及其所造成的后果所应承担的相应责任，这种责任是当事人自己本来就应承担的，而不是替代他人进行的责任承担，即自负其责。自己责任是民事责任中的常见形式，是民事责任的基础。过量饮酒会对身体造成伤害是一个基本常识。任何完全民事行为能力人，均须对自己的行为承担责任。饮酒者作为独立的民事主体，首先应对自己的生命健康负责，当其在自愿的情形下为有一定风险行为时，应当为自己的选择承担相应的后果。即每个完全民事行为能力人在生活中原则上应当承担自己的责任。如果饮酒者对劝酒不加拒绝而造成饮酒过量，并对自己的身体或他人造成伤害，应当首先由其个人负责，实行饮酒人的自己责任原则。所以在责任分配时，一般认定由醉酒人承担主要民事责任，劝酒人承担次要责任。如果劝酒人已经尽到了必要的安全注意义务，就不应再要求其对受害人的损害承担赔偿责任。

劝酒人的过错责任。劝酒人的过错主要来自行为人先前的行为，行为人先前的行为给他人带来某种危险，则行为人负有帮助他人脱离这种危险的义务。具体包括：一是故意灌酒或过度劝酒。指预设圈套恶意或者强行灌酒，用话要挟、刺激对方，不喝就不依不饶，或者明知对方的身体状况不允许其喝酒或者在对方已喝醉、意识不清、没有自制力的情况下，仍劝其喝酒，导致对方受到人身伤害的行为。二是未履行劝阻义务或者未将醉酒者安全送达。如果明知共饮者将要从事不宜酒后从事的工作却不履行劝阻义务的，或者共饮者发现有酒友出现不良反应如身体疼痛、神志不清、行为失控迹象等现象，却没有履行由于先前的共同饮酒行为产生的及时通知、照顾、救助义务，导致损害结果发生的行为。上述情况劝酒人均存在过错，应当按照一定比例承担相应的民事责任。

二、本案张樊伟等人是否构成侵权

判断张樊伟等人是否构成侵权，首先应当明确他们在同席饮酒过程中是否存在过错。即是否存在过度劝酒行为，及是否尽到安全注意义务。

本案中张樊伟等人的行为并不构成侵权。首先，张樊伟等人在饮酒过程中并无过度劝酒行为。张樊伟作为宴会召集人，其并未邀请受害人参加自己的生日宴会，是受害人听说张樊伟过生日，主动要求与同事一同参加生日宴会；其间同席数人亦无强行劝酒或恶意劝酒等行为，受害人自行饮用两杯白酒和两瓶啤酒。上述情况说明，张樊伟等人并未实施恶意劝酒和过度劝酒等错误行为。其次，张樊伟等人并未违反安全注意义务。判断一个人在主观上是否存在过错，通常以一个正常的、与行为人民事能力相当的自然人的认识标准作为参照：如果行为人的行为达到一定标准，那么他就没有过错，反之则有过错。本案中受害人饮用两杯白酒和两瓶啤酒，离开时神态正常，并无醉态。庭审过程中受害人妻子等人亦证实受害人当日饮酒量并未明显超过平时饮酒量；且事发当日室外温度在零度左右，并不会对受害人生命构成危胁。在这种情况下作为一个正常人不能预见到受害人独自回家会对自身造成危险。因此，作为同席饮酒人的张樊伟等人在主观上并无过错，其已经尽到安全注意义务。综上，张樊伟等人的行为不存在过错，不符合侵权的构成要件，原审判决要求其承担部分赔偿责任适用法律错误。抗诉机关以此为切入点提出抗诉观点，再审判决完全予以采纳。

本案案情并不复杂，但案件背后折射出的问题引人深思。在民事法律与风俗习惯盘根错节的社会关系领域，法律的适用既要考虑法的实效性，同时又不损害民俗习惯的社会作用，这就需要司法者的平衡艺术——在两者之间寻找到一个平衡点。张樊伟等人的同席饮酒行为并未跨越情谊界限，法律不应轻易介入。抗诉理由肯定了民俗习惯但又限制了劝酒行为的恶性扩张，在法律与风俗习惯之间确立了较为适当的结合点。这也是本案抗诉的意义所在。

案例来源：黑龙江省伊春市人民检察院
案例编写：段宝林
案例点评：韩雪冰

20. 于美苓诉宋吉凯离婚纠纷抗诉案

【抗诉机关和受诉法院】

抗诉机关：辽宁省大连市人民检察院

受诉法院：辽宁省大连市中级人民法院

【基本案情】

申诉人（原审被告）：宋吉凯，男，1978 年 10 月 9 日出生，汉族，大连中西眼镜厂职工，住普兰店市夹河镇许家村宋家庄屯 6 号。

被申诉人（原审原告）：于美苓，女，1980 年 3 月 24 日出生，汉族，农民，住普兰店市夹河镇许家村宋家庄屯 6 号。

宋吉凯与于美苓于 2001 年 3 月 27 日登记结婚，婚初双方感情尚可，生一男孩宋宇，现年 7 岁。2004 年 12 月，原告到日本做劳务，三年期满后回国。在此期间，于美苓将劳务费邮给宋吉凯，宋吉凯以自己的名义将钱款存入银行。于美苓回国后，双方因琐事产生矛盾，2008 年 8 月 12 日，于美苓离开宋吉凯处，并带走 3 张定期存单及活期邮政储蓄本，账户名全部为宋吉凯。次日，宋吉凯在存款部门办理了挂失手续，后将共 123000 元的存款全部取出。法院经依法查询，于美苓在中国邮政唐家房储蓄所 2008 年 3 月 5 日开户，存入 55000 元，同年 8 月 14 日销户并同时开户存入 55169.29 元，8 月 17 日销户；在中国银行普兰店支行于 2007 年 12 月 28 日开户，8 月 18 日清户，数额不详。经普兰店市人民检察院依法查询，于美苓在普兰店市农村信用社唐家房分社于 2008 年 3 月 6 日存入定期一年存款 40000 元，2008 年 8 月 14 日提前取出；

2007年12月28日在中国银行普兰店支行开户，2008年6月13日汇入1974美元，8月18日于美苓全部取出销户。2008年9月9日，于美苓起诉宋吉凯，要求离婚。

【原审裁判】

2008年11月7日，辽宁省普兰店市人民法院作出（2008）普民初字第1508号民事判决，认为感情是婚姻的基础，没有感情的婚姻，应当予以解除。原、被告相识时间较短便登记结婚，缺乏建立和谐夫妻关系的感情基础；婚后又不能注重夫妻感情的培养，为些许家务琐事便互不相让，原告出国三年回来后，双方本应摒弃前嫌，抓住机会培养夫妻感情，可是双方不但没有采取这种有效的改善夫妻关系的做法，相反为了家庭经济问题相互猜疑，致使夫妻分居，导致感情破裂。因此，本院对于双方同意离婚之意见予以采纳。原告变更了诉讼请求，要求监护宋宇，被告不同意原告的请求，考虑双方的实际情况，原告出国期间，孩子一直由被告及其父母照料，孩子已经习惯了这种生活环境，突然间改变了孩子的生活环境，不利于孩子的成长，且宋宇也明确表明了其愿意随被告生活的愿望。因此，孩子以由被告直接监护为宜。根据法律规定，原告有探视孩子的权利，当原告行使这一权利时，被告应当提供方便。庭审中，原告称钻石戒指及金项链在被告处，被告称原告自己已经带走，双方均无证据证明，本院不予认定，待一方有证据时，可以另诉。夫妻在婚姻关系存续期间所取得的财产为共同财产。被告提取的存款，应当与原告共同享有，被告无据证明该款的合理花销，应当视为没有花销。原告否认共有存款，但其在邮政的存款应当予以认定。中国银行不能提供原告的存款具体数额，本院不予认定。综上所述，本院对于原告合理部分的诉讼请求予以支持，对于被告的合理辩解意见予以采纳。故依照《中华人民共和国婚姻法》第32条第2款、第36条、第37条、第38条、第39条之规定，判决：一、准予于美苓与宋吉凯离婚；二、婚生男孩宋宇随被告共同生活，原告自2008年10月1日起至宋宇18周岁时止，每月负担孩子抚养费260元，此款于每年12月20日前一次付清；三、原告带走个人财产：电冰箱一台、洗衣机一台、王牌电视机一台、自行车一辆、被褥各两床（上述物品均在被告处）；被告个人财产归个人；四、原告带走共同财产：照相机一部、电炒锅一个、饮水机一台、缝纫机一台、白钢菜刀一把、毛毯一条、毛垫一个；摩托车一辆、太阳能热水器一台等归被告所有（装修无法计算，不予处理）；五、被告返给原告共同存款 34000 元，此款于 2008 年 12 月 20 日前付清。

【抗诉理由】

宋吉凯不服一审判决，向检察机关提出申诉，2009 年 3 月 9 日，大连市人民检察院以大检民抗（2009）第 12 号民事抗诉书向大连市中级人民法院提出抗诉。理由如下：

原审判决认定事实不清，且有新的证据，足以推翻原判决。原审法院认定于美苓在农村信用社唐家房分社无存款，在中国银行普兰店市支行 2007 年 12 月 28 日开户，8 月 18 日清户，数额不详，此两节事实，系认定事实不清，且有新的证据，足以推翻原判决。经普兰店市人民检察院依法查询，于美苓在普兰店市农村信用社唐家房分社于 2008 年 3 月 6 日存入定期一年存款 40000 元，2008 年 8 月 14 日提前取出；2007 年 12 月 28 日在中国银行普兰店支行开户，于 2008 年 6 月 13 日汇入 1974 美元，8 月 18 日于美苓全部取出销户。这两笔款项均发生在宋吉凯与于美苓婚姻关系存续期间，应当认定为夫妻共同财产。

【再审结果】

大连市中级人民法院受理本案后，指令普兰店市人民法院进行再审。2009 年 8 月 10 日，普兰店市人民法院作出（2009）普审民初再字第 14 号民事判决书，认为于美苓在普兰店市农村信用社唐家房分社于 2008 年 3 月 6 日存入定期一年存款 40000 元，2008 年 8 月 14 日提前取出；2007 年 12 月 28 日在中国银行普兰店支行开户，2008 年 6 月 13 日汇入 1974 美元，8 月 18 日于美苓全部取出销户，此两笔存款为夫妻共同财产，庭审中宋吉凯与于美苓就存款分割问题达成协议，由宋吉凯返还给于美苓共同存款 9000 元，法院予以准许。遂判决：一、维持普兰店市人民法院作出的（2008）普民初字第1508号民事判决第一、二、三、四项；二、变更普兰店市人民法院作出的（2008）普民初字第1508号民事判决第五项为：被告返给原告共同存款9000元。

【点评】

本案虽不复杂，但在两方面具有典型意义：

一、关于"新的证据"问题

当事人在原审中已发现相关证据线索，依法申请人民法院调查收集，由于法院的敷衍失职，致使应当提供的证据不能在诉讼中完整地提供出来，申诉人申诉后，检察机关就相同的证据线索依法调查收集到完整的证据，这种证据应如何认定？是否属于"新的证据"？"新的证据"的界定标准，一般来说，依据以下三点：一是形式要件，主要从证据形成时间上进行考量，指原先已经客观存在的新发现的证据；二是实质要件，主要从证据与已审讼争事实的关联性上进行考量，新的证据应当证明力充足，而且与已审诉讼具有不可分性；三是主观要件，要求新的证据是指不可归责于当事人的原因而未发现并提交。最高人民法院《关于民事诉讼证据的若干规定》第41条规定："《民事诉讼法》第125条第1款规定的'新的证据'，是指以下情形：（一）一审程序中的新的证据包括：当事人在一审举证期限届满后新发现的证据；当事人确因客观原因无法在举证期限内提供，经人民法院准许，在延长的期限内仍无法提供的证据。（二）二审程序中的新的证据包括：一审庭审结束后新发现的证据；当事人在一审举证期限届满前申请人民法院调查取证未获准许，二审法院经审查认为应当准许并依当事人申请调取的证据。"第44条规定："《民事诉讼法》第179条第1款第（一）项规定的'新的证据'，是指原审庭审结束后新发现的证据。"综合上述规定，主要是根据举证时限和审理阶段对"新的证据"作出判断，只能说什么属于"新的证据"，并没有对"新的证据"作出一个恰当合理的定义性阐述，即"新的证据"是什么，而且再三强调了用"发现"作为证据的界定修饰语。从"发现"的角度定性"新的证据"，具体到本案中，上述司法解释对"新的证据"的规定是存在缺陷的。本案中，检察机关调查收集的证据，在原审的诉讼过程中，申诉人根据相关法律规定，已经向人民法院提出申请，要求人民法院到相关金融部门查询，人民法院确已查询，只不过搪塞了事，没有提取到应当能提取到的证据，也就是说，当事人在原审中已尽到了自己的举证责任，发现了证据，但却因当事人意志以外的原因不能提供，如果严格依司法解释的规定，用"新发现的证据"来界定为"新的证据"，这种证据恐怕难以确定为"新的证据"。如果不认定为"新的证据"，就不能选择"有新的证据，足以推翻原判决、裁定的"作为检察机关抗诉的法律依据，分析民事诉讼法规定的各项再审事由，本案会形成无的放矢的局面，判决明显存在错误，但却找不到相应的法律规定。而最高人民法院《关于适用〈中华人民共和国民事诉讼法〉审判监督程序若干问题的解释》第 10 条第 1 款第（二）项规定"原审庭审结束前已经发现，但因客观原因无法取得或在规定的期限内不能提供的证据"可以认定为新的证据，否则本案只能从常理范围考量，来确定为"新的证据"。根据上述分析，司法解释用"发现"一词界定"新的证据"，因为"发现"的时间一般早于"提供"的时间，虽然其本意是为防止一方当事人滥用诉讼权利损害对方当事人的合法权益，但证据的发现与否基本是由当事人一方单独自由把握的，司法者难以判断证据的发现时间点，只能从证据的提供与否来推断是不是"新的证据"，因此将司法解释中"新发现的证据"统一更改为"新发现或新提供的证据"，从双方面而不是单纯从发现的角度来界定新证据，在实践中更为容易理解和把握，不必另行通过逻辑转换推断得出相关结论。

二、关于检察机关民事行政检察中的调查权问题

本案由于检察机关调查权的行使，使案情变得简单而清楚，如果检察机关不行使调查权，对申诉人而言，本案基本不可能得到法律层面的救济。

《民事诉讼法》将检察机关启动抗诉程序条件与法院启动再审

程序的条件予以统一，检察机关行使调查权的概率大幅增加。根据《民事诉讼法》第179条规定的情形，涉及认定事实、证据提供与采信、审判人员存在违法情形等，都可能需要检察机关行使调查权才能予以确认。我国现行《民事诉讼法》在涉及证据和检察机关抗诉的相关规定中均未有赋予检察机关民事行政调查权的法律条文，最高人民法院、最高人民检察院、公安部、国家安全部《关于对司法工作人员在诉讼活动中的渎职行为加强法律监督的若干规定（试行）》中规定了检察机关有权调查核实相关违法事实，可以引申出检察机关在民事行政检察方面可以行使调查权。《检察机关执法工作基本规范》（2010年版）第14条规定了人民检察院可以依职权调查的三种情形；第15条规定："当事人在原审中因客观原因不能自行收集的证据，书面申请人民法院调查收集，人民法院应予调查收集证据而未调查收集，可以申请人民检察院调查取证。"此规定将当事人"书面申请人民法院调查收集"作为申请检察机关调查取证的前置条件，适用于本案，但从更为广泛一些的角度来考虑，值得商榷。最高人民法院、最高人民检察院《关于对民事审判活动与行政诉讼实行法律监督的若干意见（试行）》中规定了检察机关可以调查核实的三种情形，标志着最高审判机关对检察机关行使民事行政调查权的明确而正式的认可。这三个文件，是检察机关民事行政检察工作行使调查权的原始依据。但这三个文件的规定简略，大体规定了调查权的启动事由，对调查权的行使程序、行使方式及保障等并无具体可操作的规定可以遵循，不适应日益发展的检察工作局面。

检察机关享有调查权，这是检察机关作为法律监督机关必备的一项基本权力，也是检察机关工作的一项优势。这种调查权只能加强，不能削弱和限制，在此前提下，从调查权的启动、行使程序、行使范围、行使手段等方面科学合理地构建民事行政调查权行使制度，规制完善民事行政检察监督中检察官的调查权，给予适当的法律保障，更为符合现实的需要。

至于有人担心检察官滥用调查权问题，一是检察机关内部一般有相应严格的审批制度，可以调动内部监督制约机制予以防范；二是民事行政检察中的调查权本质上只是一种对案件存疑部分的复核行为，如果过度运用，不但劳而无功，反而对检察官自身造成伤害；三是民事行政检察中的调查权不同于刑事侦查部门的调查取证，基本不具有强制力，对相关的当事人的合法权益不会造成妨害；最后，科学合理的规则中，权力的制衡是必须存在的，在制定规则之初，预防与制约检察官滥用调查权，防止检察官偏离法律监督者的中立角色，减小风险的条款也是应当具备的。

案例来源：辽宁省普兰店市人民检察院
案例编写：杨文利
案例点评：杨文利

21. 谭祖玖、谭晶诉重庆市开县旭恒车辆有限公司、重庆市开县顺通汽车客运有限责任公司等交通事故人身损害赔偿纠纷抗诉案

【抗诉机关和受诉法院】

抗诉机关：重庆市人民检察院

受诉法院：重庆市高级人民法院

【基本案情】

申诉人（一审原告、二审被上诉人）：谭祖玖，男，1956 年 9 月 6 日出生，汉族，工人，住开县临江镇林家坝子 17 号。

申诉人（一审原告、二审被上诉人）：谭晶，女，1983 年 6 月 22 日出生，汉族，待业，住重庆市渝中区人和街 28 号。系谭祖玖之女。

被申诉人（一审被告、二审上诉人）：开县旭恒车辆有限公司（以下称旭恒公司）。住所地：开县汉丰镇新胜街 78 号。法定代表人：杨毅，经理。

被申诉人（一审被告、二审上诉人）：开县顺通汽车客运有限责任顺通（以下称顺通公司）。住所地：开县汉丰镇胜利街 57 号。法定代表人：周圣培，经理。

被申诉人（一审被告、二审被上诉人）：彭昌刚，男，1972 年 1 月 22 日出生，汉族，驾驶员，住开县锦竹乡撕栗村 11 社。

被申诉人（一审被告、二审被上诉人）：彭显文，男，1967 年 1 月 28 日出生，汉族，职工，住开县和谦镇运输社宿舍。

被申诉人（一审被告、二审被上诉人）：潘必忠，男，1963年2月9日出生，汉族，驾驶员，住开县临江镇复员村11社43号。

2004年12月26日19时55分，彭昌刚驾驶旭恒公司渝AN0808号货车，由开县临江往汉丰方向行驶，当车行至渝巫路312km＋800m处，因彭昌刚占道行驶，遇情况猛打方向盘措施不当，致车辆侧翻，并与潘必忠驾驶（相向）的顺通公司渝AN2205号普通客车相碰撞，造成客车上乘客刘良群等4人当场死亡，驾驶员潘必忠和其他乘客不同程度受伤，两车部分损坏的特大交通事故。2005年2月3日开县交警大队认定：当事人彭昌刚负本次事故的主要责任；当事人潘必忠负本次事故的次要责任；当事人（死伤者）刘良群等人不负责任。2005年4月11日，刘良群的家属谭祖玖、谭晶将旭恒公司、彭显文、彭昌刚、顺通公司、潘必忠诉至开县人民法院，要求五被告连带赔偿168100元。

另查明，渝AN0808号中型自卸货车系彭显文通过个人消费贷款在旭恒公司所购，且由该公司提供担保并挂靠（过户）于该公司，投保、各种规费均由彭显文交给公司，公司再交给相关部门，投保受益人是该公司。彭昌刚系彭显文雇请的驾驶员（已逃逸）；渝AN2205号长安小型普通客车系潘必忠挂靠在顺通公司的车辆。

【原审裁判】

2005年7月1日，开县人民法院作出（2005）开民初字第462号民事判决，认为彭显文雇请的驾驶员彭昌刚占道行驶，猛打方向盘，导致事故发生，应负本案主要责任，潘必忠在出现险情后，操作不当，也有一定责任。旭恒公司和顺通公司分别是彭显文和潘必忠的被挂靠人，应当分别对彭显文和潘必忠的行为承担责任。遂判决：一、由被告彭显文赔偿原告谭祖玖、谭晶全部损失169452元的90%即152506.80元，旭恒公司承担垫付责任；二、由被告潘必忠赔偿原告谭祖玖、谭晶全部损失169452元的10%即16945.20元，顺通公司承担垫付责任；三、由被告彭显文返还原告谭祖玖、谭晶为其垫付的修理费4268元。

旭恒公司不服一审判决，向重庆市第二中级人民法院提出上诉。2005年7月1日，重庆市第二中级人民法院作出（2005）渝二中法民终字第657号民事判决，认为本案交通肇事车辆渝AN0808号川江牌货车系被上诉人彭显文以按揭方式，分期付款购买，发生交通事故时，尚在分期付款期限内。按照最高人民法院《关于购买人使用分期付款购买的车辆从事运输因交通事故造成他人财产损失保留车辆所有权的出卖方不应承担民事责任的批复》，应由彭显文承担交通事故赔偿责任，原审法院认定旭恒公司应承担垫付责任是没有法律依据的，应予纠正，旭恒公司的上诉理由成立，应予支持。据此，依照《中华人民共和国民事诉讼法》第153条第1款第（一）项、第（二）项的规定，判决：一、维持开县人民法院（2005）开民初字第462号民事判决第二、三项及诉讼费的分担方式；二、变更开县人民法院（2005）开民初字第462号民事判决第一项为：由被上诉人彭显文赔偿被上诉人谭祖玖、谭晶人民币152506.80元。

【抗诉理由】

谭祖玖、谭晶不服二审判决，向检察机关提出申诉。2006年7月13日，重庆市人民检察院以渝检民行抗（2006）27号民事抗诉书向重庆市高级人民法院提出抗诉。理由如下：

1. 本案是一起共同侵权交通事故人身损害赔偿案，申诉人起诉要求五被告承担连带赔偿责任，原审法院应当根据民事诉讼法相关规定对当事人的请求进行审理，并依照我国《民法通则》第130条"二人以上共同侵权造成他人损害的，应当承担连带责任"的规定，支持当事人的诉讼请求。而一、二审法院判决均未对当事人要求五被告连带赔偿责任的这一诉讼请求进行审理是错误的。

2. 原审已查明，渝AN0808号川江牌货车系彭显文以按揭方式购买的车辆，发生交通事故时，彭显文已付清了旭恒公司的车款，只是欠开县农行的贷款，双方是一种挂靠合同关系，并不是分期付款购买车辆而保留车辆所有权的购车合同关系。最高人民法院《关于购买人使用分期付款购买的车辆从事运输因交通事故造成他人财产损失保留车辆所有权的出卖方不应承担民事责任的批复》不适用于本案。

【再审结果】

重庆市高级人民法院受理本案后，指令重庆市第二中级人民法院另行组成合议庭进行再审。2006 年 10 月 20 日，重庆市第二中级人民法院作出 (2006) 渝二中民再终字第 39 号民事判决书，认为现有证据证明，旭恒公司和彭显文之间系机动车挂靠关系，而非分期付款机动车买卖合同关系，检察机关的抗诉理由成立，遂判决：一、撤销重庆市第二中级人民法院 (2005) 渝二中法民终字第 657 号民事判决和开县人民法院 (2005) 开民初字第 462 号民事判决；二、由彭显文赔偿谭祖玖、谭晶全部损失 169452 元的 90% 即 152506.80 元，开县旭恒车辆有限公司承担连带赔偿责任；三、由潘必忠赔偿谭祖玖、谭晶全部损失 169452 元的 10% 即 16945.20 元，开县顺通汽车客运有限责任公司承担连带赔偿责任；四、对应赔偿谭祖玖、谭晶的全部损失 169452 元，由彭显文和旭恒公司与潘必忠和顺通公司相互承担连带责任；五、由彭显文返还原告谭祖玖、谭晶为其垫付的车辆修理费 4268 元。

【点评】

本案是一起机动车交通事故人身损害赔偿纠纷案件，争议的焦点是开县旭恒车辆有限公司等是否应当承担以及如何承担本案的民事赔偿责任。

一、彭显文与开县旭恒车辆有限公司之间存在何种法律关系问题

一审法院及检察机关均认为，本案交通事故发生时，彭显文与开县旭恒车辆有限公司之间是挂靠关系，而二审法院认为系分期付款买卖合同关系。如果系分期付款买卖合同关系，那么，按照最高人民法院《关于购买人使用分期付款购买的车辆从事运输因交通事故造成他人财产损失保留车辆所有权的出卖方不应承担民事责任的批复》中"采取分期付款方式购车，出卖方在购买方付清全部车款前保留车辆所有权的，购买方以自己名义与他人订立货物运输合

同并使用该车运输时，因交通事故造成他人财产损失的，出卖方不承担民事责任"的规定，出卖方虽然保留车辆所有权，但因其不再是运行支配者及运行利益享有者，即不再应承担民事赔偿责任；如果是挂靠关系，参照本市处理该类案件的指导意见，作为被挂靠人的旭恒公司则要承担连带赔偿责任。可见，弄清彭显文与旭恒公司之间存在的真实法律关系，对本案赔偿义务主体的确定有重要意义。

检察机关经过审查原一、二审卷宗材料，查明彭显文于2003年6月与中国农业银行开县支行人民路分理处签订了《汽车消费借款合同》。合同约定，分理处借给彭显文部分购车款，旭恒公司为该笔借款担保。然后彭显文授权该行分理处，将其在该行开立的账户内的56000元存款和该合同约定的借款，一次性全额划入旭恒公司在该分理处开设的银行账户。可见彭显文已经向旭恒公司支付了全部购车款，取得了渝AN0808号货车的所有权，双方不是分期付款买卖合同关系。检察机关还查明，彭显文一次性付清购车款取得AN0808号货车的所有权后，再将AN0808号货车挂靠到了旭恒公司，这有彭显文提供的个人消费贷款合同及其与旭恒公司签订的"挂靠协议"证明，因此，彭显文与旭恒公司之间存在的法律关系是机动车挂靠关系，二审判决认定双方系分期付款买卖合同关系而没有认定挂靠关系是错误的。

二、被挂靠人旭恒公司和顺通公司的民事责任问题

（一）关于机动车被挂靠人是否承担民事责任的两种观点

首先需要说明的是，由于本案的挂靠人和被挂靠人均系以车辆营运获利为目的的，所以下面所讨论的挂靠关系也囿于这一范围，不包括非营运性的挂靠关系。当然，作这种区分并非因为笔者认为两者在责任形式上有根本性区别，而只是源于分析的方便。

机动车挂靠经营，是指个人出资购买车辆而以客货运输公司为车主登记入户，并以其名义进行客货运输经营，由被挂靠人负责营运线路、营运手续等，并收取相应的管理费或有偿服务费的经营方式。在挂靠经营方式下，当机动车在营运中发生交通事故，对于被

挂靠人是否承担民事责任，以及如何承担责任等问题，法律没有明确规定，导致不仅理论上争议很大，而且司法实务中法院的判决也不尽一致。归纳起来，有以下几种观点：一是挂靠人负民事赔偿责任，被挂靠人在收取管理费范围内负连带赔偿责任；二是挂靠人承担赔偿责任，被挂靠人在收取管理费范围内承担比例责任；三是挂靠人负民事赔偿责任，被挂靠人负垫付责任或负连带赔偿责任；四是挂靠人负赔偿责任，被挂靠人不承担赔偿责任；五是被挂靠人承担赔偿责任，挂靠人不承担赔偿责任。在这几种观点中，根本对立的观点是被挂靠人承担连带责任和被挂靠人不承担（连带）责任。

1. 被挂靠人不应当承担（连带）责任的主要理由

（1）连带责任只有在法律明确规定的情况下才可适用，而现行法律并没有规定被挂靠人对挂靠车辆造成的交通事故损害赔偿承担连带责任。

（2）挂靠车辆虽然登记在被挂靠人名下，但公安交通管理部门对车辆的登记并不是车辆所有权的登记，被挂靠人对被挂靠的车辆不享有占有、使用、收益和处分的权利，挂靠车辆归挂靠人自己支配，因此，挂靠人不是挂靠车辆的法律意义上的车主。实际车主将车辆登记在挂靠人的名下，是因为目前法律法规对个人营运的限制，实际车主将车辆挂靠在被挂靠人处是为了从事客货运营的需要，这种形式并不为法律法规所禁止。既然被挂靠人不是挂靠车辆的车主，当然不应承担作为所有权人的相关责任。

（3）挂靠关系是基于车辆挂靠合同形成，其约束的是挂靠双方当事人，与交通事故不属同一法律关系，不应当依挂靠关系的存在而让挂靠人承担挂靠合同关系以外的侵权关系造成的损害赔偿责任。

（4）应当以运行支配和运行利益来确定机动车损害赔偿责任主体，这才符合民法权利义务性一致原则。第一，被挂靠人没有取得挂靠车辆的经营权、支配权和利益分配权。被挂靠人只是协助挂靠人办理道路运输证、审车、行车道路单，代交各种规费等，并因为提供了这些服务而收取一定的管理费和服务费用而已；第二，从最高人民法院先后作出的《关于被盗机动车辆肇事后由谁承担损害赔偿责任问题的批复》、最高人民法院《关于购买人使用分期付款购买的车辆从事运输因交通事故造成他人财产损失保留车辆所有权的出卖方不应承担民事责任的批复》、《关于连环购车未办理过户手续原车主是否对机动车发生交通事故致人损害承担责任的复函》等批复和复函的精神中可以得出,"运行支配与运行利益"是确定承担损害赔偿责任主体的依据。根据机动车辆运行支配与运行利益归属的原则,被挂靠人对挂靠机动车辆的运行实际上无法支配,也没有从挂靠车辆那里取得额外利益,故被挂靠人对交通事故不应承担赔偿责任。

2. 被挂靠人应当承担连带责任的理由

(1)行为和责任一致性原则。任何行为都不应该给社会和他人带来危险。被挂靠人允许挂靠人以自己名义实施危险作业,当然应当对挂靠人造成他人的损害承担赔偿责任。正如没有任何民事责任负担能力的个人或者组织得到允许,以有民事责任负担能力的组织的名义实施某些行为,而名义出借人如果可以不负责任或者负很小的责任,这实际上就等于允许有民事责任资力的组织帮助无民事责任资力的个人或组织欺骗社会一样,如果挂靠机动车发生交通事故后不承担或在管理费范围内承担责任,显然违背行为和责任一致性原则,不利于交易安全。

(2)根据合同相对性原理,也不能免去被挂靠人对第三人的责任。被挂靠人尽管和挂靠人约定有免责条款,但该约定违反法律规定,自始无效,被挂靠人不得以免责条款来对抗第三人的主张。比如在客运挂靠经营中,无论是该车上的乘客,还是该辆车外的其他事故受害人,作为合同之外的第三人,他们均有理由根据车票和行驶证乃至车上所标明的名称来认定车辆是被挂靠人的。作为旅客,他们基于对被挂靠人的信任与其订立运输合同,作为该车外的其他受害人,出事故后要求他们去核实清楚事实上真正的车主,无疑加大了受害人维权难度。

(3)让被挂靠人承担连带赔偿责任,不违反权利义务一致性原则。机动车挂靠关系系自愿建立，在此基础上，被挂靠人应当与挂靠人一起承担连带责任。虽然被挂靠人对每一辆车收取的管理费相对较少，但就每一挂靠车辆来说，发生事故毕竟是小概率事件，这就像保险公司收取小额保险费而支付大额赔偿金一样，被挂靠人可以通过成本和风险核算收取管理费，从而规避风险，赚取利润，不存在权利义务不对等的问题。

（4）最高人民法院的相关批复、复函毕竟是针对个案而言，并不能当然涵盖挂靠关系这种特殊情况的赔偿主体的判断标准。另外，让疏于管理的被挂靠人承担损害赔偿责任，能督促其加强管理，减少事故发生，符合国家严格规定运输企业必须达到一定的条件的目的。

（二）部分省级法院的观点

针对法律依据不明确，理论上又存在分歧的实际，不少省级法院通过指导意见等方式来明确被挂靠人的责任。江苏省高级人民法院民事审判工作座谈会纪要明确规定：挂靠经营的机动车发生交通事故造成他人损害的，应由挂靠人和被挂靠人连带承担赔偿责任。挂靠人与被挂靠人之间约定被挂靠人对交通事故的后果免责的，仅在双方之间具有约束力，不能对抗第三人。天津市高级人民法院《关于审理交通事故赔偿案件有关问题的经验总结》中明确规定：被挂靠人收取了管理费或得到了经济利益的，由挂靠人承担赔偿责任，被挂靠人在收取的管理费和得到的经济利益总额内承担连带责任，若被挂靠人未收取管理费或未取得其他经济利益，仅仅是基于地方政府管理的要求挂靠或强制挂靠，被挂靠人不承担赔偿责任。山东省高级人民法院规定：机动车挂靠经营情形下发生交通事故的，原则上由挂靠机动车所有权人承担赔偿责任，但被挂靠人向挂靠人收取一定费用的，其应在获取全部费用的范围内承担赔偿责任。上海市高级人民法院规定：挂靠机动车发生交通事故造成他人损害的，由挂靠人与被挂靠人承担连带赔偿责任。广东省高级人民法院规定：交通事故致人损害的由机动车所有人和实际支配人连带承担责任。重庆市高级人民法院规定：挂靠经营的机动车发生道路交通事故致人损害的，由挂靠人与被挂靠人承担连带赔偿责任。挂靠人、承包人或者承租人雇佣他人驾驶机动车，该雇员因驾驶机动车发生道路交通事故受到损害的，由挂靠人、承包人或者承租人承担相应赔偿责任。雇佣关系以外的第三人造成雇员损害的，赔偿权利人可以请求第三人承担赔偿责任，也可以请求挂靠人、承包人或者承租人承担赔偿责任。

从上面的分析中可以看出，对被挂靠人是否承担责任，理论界和实务界均存在分歧。笔者认为，被挂靠人是否承担民事责任问题，牵涉到许多人的利益，必须慎重。国家严格规定从事客运、货运的条件，也是基于该行业风险极大，需要很强的事故赔付能力的因素考量。笔者支持被挂靠人应当承担连带责任的观点。

如果挂靠车辆发生事故后，仅仅以被挂靠人不是机动车的物权意义的所有人，或挂靠协议的约定，或以不能对车辆运行支配、不享有运行利益来免除其责任，显然不符合国家对运输企业经营条件作严格要求的目的和初衷。事实上，被挂靠人绝大多数收取了管理费并赚取一定的利润，对挂靠车辆也并非不能管理、监督，相反，被挂靠人甚至可以采取收回营运线路等方式，让挂靠车辆不能营运。因此，即使以持被挂靠人不承担（连带）责任观点一方看似最充分的"运行支配和运行利益"理论，来论证挂靠关系中的被挂靠人不承担责任时，也显得并不那么充分和理直气壮。笔者赞同重庆市高级人民法院《关于审理道路交通事故损害赔偿案件适用法律若干问题的指导意见》区分不同情况的做法。第一，当受害人是第三人时，应由挂靠人承担赔偿责任，被挂靠人承担连带责任，被挂靠人承担后，根据其挂靠合同可以向挂靠人追偿。第二，当受害人是挂靠人的雇工，包括驾驶员和其他雇员时，则由挂靠人承担赔偿责任，被挂靠人不承担连带责任。雇员可根据《关于审理人身损害赔偿案件适用法律若干问题的解释》第11条"雇员在从事雇佣活动中遭受人身损害，雇主应当承担赔偿责任"的规定，来维护自己的权利。因为雇员清楚地知道车辆所有人，基于对车辆所有人的信任依赖关系选择了雇主并建立了劳动关系，将劳动安全保护义务交由雇主来承担。而被挂靠人并未与雇员形成劳动关系，也不存在侵权事实，让被挂靠人承担本应由雇主承担的责任，显失公平。所以，在受害人是挂靠人的雇员时，应当由挂靠人自行独立承担赔偿责任，被挂靠人不承担连带责任。第三，当受害人是挂靠人本人时，应当由挂靠人自己承担责任，被挂靠人不承担责任（后两种情况，双方有特别约定的按双方约定处理）。总之，在没有统一规定之前，当挂靠机动车发生交通事故时，应当坚持以被挂靠人承担连带责任为原则，充分保障受害人（赔偿权利人）的利益，但又要注意区分不同的情况。如果不区分情况一律判令被挂靠人承担连带责任，无疑会加大被挂靠人的义务，不利于运输行业的健康发展。

针对本案而言，一审法院判决被挂靠人旭恒公司、顺通公司负赔偿责任是正确的，但由于垫付责任源于《道路交通事故处理办法》的规定，而该办法已被废止，因此，应根据《道路交通安全法》的规定和参照重庆市高级法院的指导意见，判决旭恒公司与彭显文之间、顺通公司与潘必忠之间承担连带赔偿责任。再审法院采纳检察机关的意见，对一审、二审判决进行纠正是有依据的。

三、旭恒公司和顺通公司之间的责任形式问题

本案申诉人在诉讼时，诉讼请求是要求被告承担连带赔偿责任，上面的分析中，我们已经明确被挂靠人旭恒公司与挂靠人彭显文之间、被挂靠人顺通公司与挂靠人潘必忠之间应当承担连带赔偿责任。那么旭恒公司和顺通公司之间是否承担连带赔偿责任呢？对于机动车双方过错致他人损害的责任承担，有一个变化过程。最高人民法院《关于审理人身损害赔偿案件适用法律若干问题的解释》实施之前，是按照机动车双方过错大小确定各自责任的，各自承担责任后，无须对对方承担连带赔偿责任。但根据《关于审理人身损害赔偿案件适用法律若干问题的解释》第 3 条"二人以上共同故意或者共同过失致人损害，或者虽无共同故意、共同过失，但其侵害行为直接结合发生同一损害后果的，构成共同侵权，应当依照民法通则第 130 条规定承担连带责任"之规定，机动车双方过错

致他人损害是典型的行为直接结合发生同一损害后果的共同侵权，因此，在该《解释》施行后，机动车双方之间也应当承担连带赔偿责任，也即在本案中，旭恒公司和顺通公司之间应该承担连带赔偿责任，一审、二审判决对此均存在错误，再审法院予以纠正是正确的。《中华人民共和国侵权责任法》的出台，这一问题将再度发生变化。按照该法的规定，二人以上实施危及他人人身、财产安全的行为，其中一人或者数人的行为造成他人损害，能够确定具体侵权人的，由侵权人承担责任；不能确定具体侵权人的，行为人承担连带责任。如果是二人以上分别实施侵权行为造成同一损害，每个人的侵权行为都足以造成全部损害的，行为人承担连带责任。能够确定责任大小的，各自承担相应的责任；难以确定责任大小的，平均承担赔偿责任。

　　　　　　　　　　案例来源：重庆市人民检察院
　　　　　　　　　　案例编写：夏治友
　　　　　　　　　　案例点评：杨友学

民

事

·

其

他

22. 安庆市宜港物资有限公司诉安庆市明峰物资有限公司、邹祖明欠款纠纷抗诉案

【抗诉机关和受诉法院】

抗诉机关：安徽省安庆市人民检察院

受诉法院：安徽省安庆市中级人民法院

【基本案情】

申诉人（原审原告）：安庆市宜港物资有限公司。住所地：安庆市湖心中路1号。法定代表人：金贻吉，经理。

被申诉人（原审被告）：安庆市明峰物资有限公司。住所地：安庆市白云小区7栋2单元603室。法定代表人：邹祖明，经理。

被申诉人（原审被告）：邹祖明，男，1949年9月12日出生，汉族，住安庆市白云小区7栋2单元603室。

安庆市明峰物资有限公司（以下简称明峰公司）成立于2001年12月28日，由邹祖明、邹刚、伍慧玲三位股东出资设立，邹刚、伍慧玲分别为邹祖明的儿子和妻子，邹祖明系明峰公司法人代表。邹祖明还与伍慧玲于2005年3月在武汉出资设立了武汉伍洲商贸有限公司，法定代表人亦是邹祖明。2004年7月1日至2005年5月25日间，安庆市宜港物资有限公司（以下简称宜港公司）与邹祖明发生多次经济往来，至2006年6月1日邹祖明累计欠宜港公司292256.68元，邹祖明出具了欠条。此后，邹祖明给付宜港公司20000元，尚欠272256.68元。宜港公司索款未果，2006年8月诉至迎江区法院，要求明峰公司及邹祖明等立即给付欠款。

【原审裁判】

2006年9月13日，安庆市迎江区人民法院作出（2006）迎民二初字第222号民事判决，认为明峰公司未及时给付欠款构成违约，应承担相应违约责任，宜港公司要求明峰公司给付欠款272256.68元的诉讼请求，予以支持。邹祖明系明峰公司法定代表人，与宜港公司发生经济往来中的行为是代表明峰公司的职务行为，宜港公司要求邹祖明给付欠款的诉讼请求无事实和法律依据，不予支持。遂判决：一、明峰公司给付宜港公司欠款272256.68元；二、驳回宜港公司其他诉讼请求。

【抗诉理由】

宜港公司不服一审判决，向检察机关提出申诉。2008年7月4日，安庆市人民检察院以庆检民行抗（2008）第19号民事抗诉书向安庆市中级人民法院提出抗诉。理由如下：

原判决认定的基本事实缺乏证据证明；本案有新的证据，足以推翻原判决。

1. 本案认定明峰公司欠款的证据是一张欠条及结算清单，该欠条和结算清单只有邹祖明的个人签名，并无公司印章，也无证据证明邹祖明的欠款行为是履行公司职务的行为，原判决仅凭邹祖明是明峰公司的法人代表认定欠款行为是公司行为，依据不足。

2. 明峰公司经多次催报税无法联系，不能正常办理纳税事务，2006年9月26日被安庆市大观区国税局认定为非正常户，并作注销处理。由于未申报2006年度企业年检，安庆市工商行政管理局于2007年12月27日决定吊销明峰公司营业执照。经查，至2003年4月29日，明峰公司在银行账户的余额为零，之后未再通过开户银行对外发生任何经济往来。宜港公司名为与明峰公司发生经济往来，实际都是与邹祖明个人发生经济关系，资金全部打入邹祖明个人账户。以上新的证据表明，明峰公司经营管理混乱，公司法人财产严重不足，公司的盈利与股东的收益之间无区别，存在公司财产与个人财产混合情形，其与武汉伍洲公司亦无严格区别，经营目的完全相同，属于"一套人马，两块牌子"，公司人格混同，邹祖明通过抽逃资金，解散公司，逃避债务。邹祖明的行为属于典型的滥用股东有限责任的行为，根据《中华人民共和国公司法》第20条第3款的规定，公司股东滥用公司法人独立地位和股东有限责任，逃避债务，严重损害公司债权人利益的，应当对公司债务承担连带责任。

【再审结果】

安庆市中级人民法院受理本案后，指令安庆市迎江区人民法院再审。2008年12月10日，安庆市迎江区人民法院作出（2008）迎民二再初字第2号民事判决书，认为宜港公司与明峰公司之间经济往来形成的结算清单和欠条，作为欠款人理应是明峰公司，但结算清单和欠条上均没有明峰公司的印章，只有法人代表个人的签字，形式和内容不相统一。再审中宜港公司提出是邹祖明愿意个人承担债务责任，所以在两份文书中没有明峰公司的印章而只有个人签名之说，虽因邹祖明未到庭无法认定，但从法律层面而言，欠条上签字的人就是当然的债务人。结合本案明峰公司已被吊销营业执照，邹祖明理应组织清算以维护债权人的合法权益，可以认定邹祖明对宜港公司的债务承担连带责任。抗诉机关的第1条抗诉理由有一定道理。宜港公司要求邹祖明对明峰公司的债务承担连带责任的诉求予以支持。明峰公司和邹祖明未到庭抗辩，应承担由此产生的法律后果。依照《中华人民共和国民事诉讼法》第130条、第186条、《中华人民共和国民法通则》第84条的规定，判决：一、撤销本院（2006）迎民二初字第222号民事判决；二、明峰公司在本判决生效后10日内给付宜港公司欠款272256.68元，邹祖明对此给付义务承担连带责任。

【点评】

本案是一起欠款纠纷，争议的焦点是明峰公司的法定代表人邹祖明是否应当对公司欠款承担连带清偿责任，涉及公司法人人格否认制度。再审法院虽没有明确支持检察机关的抗诉意见，尤其是第2条关于公司法人人格否认的抗诉意见，但最终判决明峰公司承担给付欠款责任，邹祖明承担连带责任，实际上是否认了明峰公司的独立法人地位以及邹祖明的股东有限责任，实现了检察机关的抗诉目的。

一、公司法人人格否认制度的概述

（一）定义

所谓公司法人人格的否认，有两层含义：一是指国家对公司人格的彻底剥夺，即对公司法人人格的取缔；二是指在具体的法律关系中，基于特定事由，否认公司的独立法人人格，使股东对公司债务承担无限责任。它不是对公司人格的永久剥夺，因此，其效力仅对人不对事；是基于特定原因，而非普遍适用。公司法中所讲的公司人格否认专指第二种情况，公司独立人格在某方面被否认，但在其他方面仍是一个独立的法人实体。也就是说，公司人格独立是公司法结构的一般规则，公司法人人格否认是例外。

（二）国外规定

公司法人人格否认制度起源于19世纪末的美国，法人人格否认，是在司法实践中总结发展起来并确立的防止滥用法人独立地位和股东有限责任，对法人制度漏洞填补的一项重要制度规则。法人设定之初，在于鼓励投资人投资，保护投资人利益，激发市场主体的投资热情，促进经济发展。但在发展过程中，出现了滥用法人独立特性，牟取非法利益，损害他人权益的情形，严重破坏了交易安全。这种情形实质上是对法人制度的否认，法人成为股东的"护身符"，理应受到法律的否定性评价。法人人格否认制度源于美国法官Sanborn对密尔沃基冷藏运输公司一案的判决，至此美国率先确立了该制度。需要指出的是，该制度在英美法系国家又被称为"揭穿公司的面纱"（lifting the veil of the corporation）。

大陆法系国家的法人人格否认制度是继美国法院之后在判例中陆续得到确立的。德国称其为"直索"制度，即在特定情况下，法院可以令债权人穿越法人的独立人格，向其背后的股东直索，法院赋予债权人直索权。日本学者森木滋在《论人格的否认》一书中所述更是简明扼要，"如果法人之设立出于不法目的，或有违建立法人制度的维护社会公共利益之根本价值，法律自然有权剥夺法人的人格而否认之存在"。

故此，所谓法人人格否认制度就是公司被其背后的股东操纵以至丧失其独立人格而被用以规避法律、逃废债务时，法院基于法人制度的本质和目的，就特定当事人间的某一具体的法律关系否认公司人格的存在，直接对隐藏在公司背后的操纵人进行追索的法律制度，现已被世界大多数国家接受并确立。

（三）价值取向

美国法将维护和实现公平、正义的法理念作为适用法人人格否认的一般法理依据，并把该法理的适用看做一种司法规制或事后的救济，而不是一种立法规制或事先的预设。德、日在继受公司法人人格否定法理的同时却倾向于尽量限制和缩小该法理的适用范围，强调该法理是以成文法上的诚实信用、禁止权利滥用等一般条款为基本法律依据的，并力图将公司法人人格否定法理的适用类型化，充分体现了大陆法系强调其理论体系，具有完备的特点。但是，两大法系国家在适用公司法人人格否定时毕竟都以公平、正义的法理念为最基本的遵循原则。

以利益均衡作为价值判断来调整民事主体的物质利益关系，确定其民事权利和民事责任的要求，谓之公平。正义首先是一种分配方式，无论是利益还是不利益，如果其分配的方式是正当的，能使分配的参与者各得其所，它就是正义的；其次，正义是通过正义的分配达到的一种理想的社会秩序的状态。法律必须以公正地调整各种利益关系，平等地保护和促进一切正当利益为其价值目标。公司人格独立确定了公司行使权利和承担义务的原则，在一定意义上实现了一般正义。然而，对公司独立人格的滥用，却使债权人利益和社会公共利益遭到了侵害，难以实现个别正义，从而也导致了不公平。

一般正义是使多数人或一切人都能各得其所的分配结果。事物具有特殊性的现实要求法官在处理具体案件时对一般规定有所变通，以实现个别正义，个别正义就是使少数人能各得其所的分配结果，通过对少数人之分配的妥当性的追求，它最终导致对一切人的公正分配。一般正义是由事物具有共性决定的法律适用中对特别案件的具体妥当性。

（四）我国规定

1993年颁布的我国《公司法》并没有借鉴英美法系和大陆法系的立法经验，引进法人人格否认制度。但是，随着经济社会的发展，经济交往中滥用法人独立人格和股东有限责任，规避法律，逃废债务行为泛滥，引起了全社会的关注，且在理论界与实务界引起共鸣。2005年修订后的《公司法》第20条第1款规定："公司股东应当遵守法律、行政法规和公司章程，依法行使股东权利，不得滥用股东权利损害公司或者其他股东的利益；不得滥用公司法人独立地位和股东有限责任损害公司债权人的利益。"这是我国第一次以成文法的形式明确规定了"法人人格否认"制度。该制度的确立，是对我国公司法人制度的完善与发展。它对于防止对法人独立地位滥用有着非常重要的意义，也是我国立法上的一大进步。

法人人格否定制度作为一项判例而在实践中发展起来的重要法律规则，无疑在民事主体权益保护和维护交易安全上起着十分重要的作用，但由于该制度在我国起步较晚，理论分歧较大，在立法上不够完善，仅《公司法》作了粗浅规定，规定的法律条文不够细致、没有配套的司法解释、无明确适用的具体标准，这更增加了实践中适用法人人格否认制度的难度。

二、公司法人人格否认的判断标准

根据司法实践，参照各国通行做法，笔者认为，在具体适用法人人格否认制度时，应从以下四个方面的要件进行把握和判定：

（一）主体要件

主张侵权赔偿的主体只能是由于法人人格滥用的受害者，而作为被否定人格的主体在形式上必须是合法有效成立的公司，滥用主体应是积极实施滥用行为的公司股东。

（二）行为要件

股东在客观上存在着滥用公司法人人格和股东有限责任的行为，具体情形应包括以下几种方式：

1. 虚假、抽逃出资，即在设立公司时，出资人未按《公司法》要求实际缴纳出资，或者在注册资本验资、取得公司登记成立后，抽逃出资。

2. 人格混同，又称法人人格形骸化，即公司与出资人在机构和管理人员安排上基本同一，在人事、业务上不分"彼此"。

3. 财产混同，即公司的资产、营业场所与股东的个人资产、居所等混合同一，不分"彼此"。

4. 脱壳经营，即公司将自己有效资产转入关联公司，原公司完全成为一个"空壳"，致使债权人权益无法实现。

5. 恶意利用法人人格从事不法行为、规避义务，恶意破产的行为。

（三）结果要件

滥用公司人格和有限责任的行为给公司债权人造成损害，且不能通过公司自身获得足额赔偿。

（四）主观要件

公司股东积极实施滥用法人独立地位的行为追求不当目的，主观上的归责一般应以一般过错为原则，采用客观判断的标准。

要实行法人制度，必须承认法人人格独立和股东责任有限。然而，实践表明，如果在任何情形下都必须坚持公司人格独立和股东责任有限，在滥用公司人格独立情形下，债权人的债权就难以实现，对债权人就不能说是公正的，这就是公司人格独立与有限责任的价值二重性。公司人格否认表明了法律的这样一种价值取向：法律应充分肯定公司人格独立的价值，将维护公司的独立人格作为一般原则；同时，又不能容忍股东滥用公司法人独立地位和股东有限责任，损害公司债权人的利益。人格否定就是在人格独立实现一般正义的基础上实现个别正义，切实维护少数人的利益。但在司法实践中，应严格公司法人人格否认的适用标准，在立法尚未制定类型化的适用标准时，审慎适用，防止滥用。

三、本案的具体分析

本案中，抗诉机关以宜港公司与明峰公司的经济往来资金都是汇入邹祖明个人账户及邹祖明另成立武汉伍洲公司为切入点，从明峰公司滥用公司法人人格为突破口，进行调查取证，结合欠条中邹祖明的个人签名，证实了邹祖明滥用公司法人人格独立的行为。本案明峰公司与武汉伍洲公司人格混同，公司与出资人在机构和管理人员安排上基本同一，在人事、业务上不分"彼此"。邹祖明与宜港公司的经济往来均通过个人账户，其个人财产与明峰公司的财产混同，不分"彼此"。明峰公司2003年在银行账户的余额已为零，之后未再通过开户银行对外发生任何经济往来，原公司完全成为一个"空壳"，明峰公司已无债务清偿能力，债权人宜港公司的债权无法通过明峰公司得到实现。邹祖明滥用公司法人人格独立和股东有限责任，严重损害了债权人利益。因此，作为明峰公司法定代表人兼股东，邹祖明应对欠款承担连带责任。

案例来源：安徽省安庆市人民检察院
案例编写：梁红
案例点评：梁红

23. 刘和渠、卢兴秀诉忠县忠州镇香山社区居民委员会支付积累款纠纷抗诉案

【抗诉机关和受诉法院】

抗诉机关：重庆市人民检察院

受诉法院：重庆市高级人民法院

【基本案情】

申诉人（一审原告，二审被上诉人）：刘和渠，男，83岁，汉族，居民，住忠县忠州镇州屏中路12号。

申诉人（一审原告，二审被上诉人）：卢兴秀，女，84岁，汉族，居民，住忠县忠州镇州屏中路12号。

被申诉人（一审被告，二审上诉人）：忠县忠州镇香山居民委员会（以下简称香山居委会）。住所地：忠县忠州镇州屏环路93号附3号。法定代表人：吴兴发，主任。

1988年，刘和渠、卢兴秀因年老无子，遂将户口迁移到女儿刘大兰所在的忠县忠州镇北门村二组，跟随女儿、女婿一家人生活。因当时北门村二组的土地已分配完毕，时任队长唐治禄便叫刘大兰从其承包地里划一块给刘和渠、卢兴秀耕种，刘和渠、卢兴秀夫妇便靠这块土地种菜来换取供应粮生活。1992年左右，刘和渠、卢兴秀夫妇修建房屋后从女儿家搬出，户口也从女儿家分离出来单独立户，但仍在北门村二组生产、生活。1996年，北门村二组经政府统征统转，刘和渠、卢兴秀夫妇获得政府的安置补助费共18000元。2002年，北门村二组的村民发放历年剩余的公积金、公

益金、土地补偿款等积累款时（每人809元），以刘和渠、卢兴秀夫妇系北门村二组的"干户口"，未分得土地为由拒不发放。刘和渠、卢兴秀诉至法院，要求香山居委会发放其应享受的积累款。

另查明，原忠县忠州镇北门村二组于2002年经调整，与北门村其余六个组合并到香山居委会。

【原审裁判】

2008年1月7日，重庆市忠县人民法院作出（2007）忠民初字第956号民事判决，认为原告刘和渠、卢兴秀于1988年将户口从忠县复兴乡连二村三组迁移到忠州镇北门村二组，与其女儿刘大兰一起生活，并经时任队长指定，靠种植其女儿的承包地维持生活，原告夫妇在原忠州镇北门村二组生产、生活了近20年，其常住户口也在该组，显然是该组的集体经济组织成员，应当享受该组成员的合法权利，综上，对原告方主张被告对其每人发放积累款809元的请求，本院予以支持。2002年，被告香山居委会将原忠州镇北门村7个组予以合并，则原告2人成为香山居委会的居民，相互行使权利、义务；2006年8月，被告香山居委会在给原忠州镇北门村二组的成员发放积累款每人809元时，以原告夫妇系该组的"干户口"，未分得土地为由拒不发放，其行为无合法依据，本院不予支持。据此，根据《中华人民共和国民法通则》第75条、第134条，《中华人民共和国农村土地承包法》第16条，最高人民法院《关于审理涉及农村土地承包纠纷案件适用法律问题的解释》第1条第（四）项、第24条之规定，判决：由被告忠县忠州镇香山居民委员会于本判决生效后支付原告刘和渠、卢兴秀应得的原忠州镇北门村二组的积累款各809元。

香山居委会不服一审判决，向重庆市第二中级人民法院提出上诉。2008年4月24日，重庆市第二中级人民法院作出（2008）渝二中法民终字第450号民事判决，认为刘和渠、卢兴秀向人民法院要求分配的是集体经济组织的积累款，积累款来源于原北门村二组历年来剩下的公积金、公益金、土地补偿款等，也就是集体多年来积累下来的财产，属于原北门村二组集体经济组织的成员共有。因此，刘和渠、卢兴秀是不是该集体经济组织的成员就成为本案的焦点。虽然，刘和渠、卢兴秀同女儿在原北门村二组生活，但 2 人只举示了迁出原生产队的证明，没有举示迁入原北门村二组的相关户口资料，现在的户口和身份证又不能证明迁入原北门村二组的时间，2 人到组生活后，由于没有分得土地，从来不向集体缴纳农业税、提留款，没有尽到组织成员的义务。虽然 2 人提供了户主为刘和渠的城关菜农粮油供应证，但该证仅能证明刘和渠享受粮油供应，并不能证实因为是原北门村二组村民而享受的供应。另外，2人虽然分得了安置补助费，但该款的性质和集体经济组织的积累款性质不一样，由于积累款的特殊性，只能是集体经济组织中尽义务的成员才能享受到分配余额的权利。由于刘和渠、卢兴秀二被上诉人没有充分证据证实是原北门村二组成员，因此，不应当享受积累款的分配。原审认定事实不当，应予纠正。根据《中华人民共和国民事诉讼法》第 64 条、第 153 条第 1 款第（三）项之规定，判决：一、撤销重庆市忠县人民法院（2007）忠民初字第 956 号民事判决；二、驳回原审原告刘和渠、卢兴秀的诉讼请求。

【抗诉理由】

刘和渠、卢兴秀不服二审判决，向检察机关提出申诉。2009年 1 月 24 日，重庆市人民检察院以渝检民抗（2009）第 96 号民事抗诉书向重庆市高级人民法院提出抗诉。理由如下：

原二审判决认定刘和渠、卢兴秀不是原北门村二组集体经济组织成员，属认定事实错误。

1. 刘和渠、卢兴秀在诉讼中提供的证据能够认定刘、卢夫妇 2人系原北门村二组集体经济组织成员。第一，西流村（原复兴乡连二村）社长黎万发的证言及复兴乡人民政府的证明证实，刘、卢 2 人于 1988 年已将户口从西流村迁出，故当地政府未将刘、卢 2 人计入移民人头数，刘、卢 2 人也未领取移民生产安置费，该证据证实了刘、卢 2 人迁出事实。第二，唐治禄（原北门村二组队长）证实，刘、卢 2 人于 1998 年由原复兴乡连二村迁至原北门村二组，与刘、卢 2 人的女儿刘大兰一起生活，并从刘大兰的承包地调出一部分给刘、卢2人耕种。唐治禄的证言证实了刘、卢2人迁入事实；第三，移民迁建情况表载明刘、卢2人原住复兴乡连二村三组，后迁入忠州镇。该情况表进一步印证了唐治禄、黎万发的证言所要证明的事实。第四，1994年政府部门颁发给刘、卢2人菜农粮油供应证，根据当时的政策，该供应证只能颁发给具有一定资格的特定对象，故该供应证能证明刘、卢2人是原北门村二组的村民（菜农），否则不会享受粮油供应。

2. 香山居委会提供的主要证据及在诉讼中认可的事实，也证明刘、卢2人系原北门村二组集体经济组织成员，并已享受成员权利。第一，从香山居委会提供的忠县国土局回复忠县信访办的复函及答复李占喜、殷相清的信访事项处理意见书看，在复函和信访事项处理意见书中第3条均载明："我局严格按照《四川省土地管理实施办法》和忠府发〔1996〕96号文件规定落实执行，对被安置人员逐一核对并进行张榜公布，接受社会和广大人民群众的监督，在规定的公告时间内，未接到关于挂靠户口和虚报名额的举报。公告期满后才办理了人员农转非手续。为此，挂靠户口和虚报名额的事实不成立。"忠县国土局的回复及处理意见书证明在实施安置时，已将刘、卢2人作为原北门村二组村民对待，纳入了安置范围，拨付了安置费。第二，在庭审质证中，香山居委会认可2006年之前刘和渠、卢兴秀已分得原北门村二组积累款5100元以及统征统转时获得支付发放的安置补助费18000元。该事实说明原北门村二组在诉讼前是认可刘、卢2人的集体成员资格的。虽然香山居委会在诉讼中辩称是顶替别人的名额领取的，但并未提供证据证实。第三，香山居委会在代理意见中陈述，所分积累款主要是原土地补偿款，提留款、公积金系用土地补偿款冲抵。故应认定争议款（积累款）主要为原土地统征时所得的土地补偿款，而公积金、公益金是用土地补偿款冲抵而形成。原审认定刘、卢2人从未履行缴纳公积金、公益金义务，与香山居委会在代理意见书中的陈述不一致。

【再审结果】

重庆市高级人民法院受理本案后，指令重庆市第二中级人民法院进行再审。2010年5月14日，重庆市第二中级人民法院作出（2010）渝二中法民再字第22号民事判决书，认为刘和渠、卢兴秀夫妇因年老无子，按照国家政策可以投亲靠友。1988年，刘、卢2人将其户口从复兴乡连二村三组迁出，到忠州镇原北门村二组其女儿刘大兰家生产生活，且其迁出到现在20余年。因此，刘、卢2人不再具有复兴乡连二村三组集体经济组织成员资格。本案中，根据刘和渠、卢兴秀的诉讼请求以及查明的事实，双方当事人之间实质上争议的是土地补偿费的分配问题。依照最高人民法院《关于审理涉及农村土地承包纠纷案件适用法律问题的解释》第4条"农村集体经济组织或者村民委员会、村民小组，可以依照法律规定的民主议定程序，决定在本集体经济组织内部分配已经收到的土地补偿费。征地补偿方案确定时已经具有集体经济组织成员资格的人请求支付相应份额，应予以支持。但已报全国人大常委会、国务院备案的地方性法规、自治条例和单行条例、地方政府规章对土地补偿费在农村集体经济组织内部分配方法另有规定的除外"的规定，刘和渠、卢兴秀是否应当分配忠州镇原北门村二组的土地补偿费，关键是刘、卢2人是否具有忠州镇原北门村二组集体经济组织成员资格。经审查认为，本案虽然缺少刘和渠、卢兴秀夫妇迁入的直接证据，但从本案收集的刘、卢2人户口迁出证明、移民迁建情况表、城关菜农粮油供应证、现户口登记卡、证人证言以及1996年忠州镇原北门村二组经政府统征统转后，刘、卢2人领取安置补助费共18000元、部分积累款和忠县国土资源局的复函等证据，能够认定刘和渠、卢兴秀具有忠州镇原北门村二组集体经济组织成员资格。且刘、卢2人到忠州镇原北门村二组后，一直在此生产、生活，形成了稳定的生产生活关系。故刘和渠、卢兴秀提出的诉讼主张，本院予以支持。因此，检察机关提出的抗诉理由成立，本院予以采纳。依照《中华人民共和国民事诉讼法》第153条第1款第（三）项、第186条之规定，判决：一、撤销本院（2008）

渝二中法民终字第 450 号民事判决；二、维持忠县人民法院
（2007）忠民初字第 956 号民事判决。

【点评】

　　本案争议的焦点是刘和渠、卢兴秀是否具有忠州镇原北门村二组集体经济组织成员资格以及是否应当享受忠州镇原北门村二组集体经济组织积累款分配的问题。关于农村集体经济组织成员资格的认定标准问题，我国现行法律尚处于空白，这也是法学界长期争论而悬而未决的问题。司法实践中，界定集体经济组织成员资格的方法主要有以下几种：

　　1. 采取单一标准的方法，即以是否具有本集体经济组织所在地常住户口作为判断是否具有农村集体经济组织成员资格的确定依据，也称登记主义或户籍标准。这一标准是传统的认定标准，多在早期采用，具有易操作和好把握的特点，但可能导致富裕及城市周围的集体经济组织人口的畸形膨胀。这一标准现在已很少采用。

　　2. 采取复合标准的方法，即以户口标准为基础，以是否在本集体经济组织所在地长期生产、生活来判断。由于这一标准相对比较公平，能为多数人所接受，目前采用这一标准的比较多，但复合标准过分强调"长期固定"，将导致农业人口向二、三产业转移的积极性降低，从而阻滞城乡差别的缩小。

　　3. 根据权利义务关系是否形成的事实作为判断标准，即必须与本集体组织形成事实上的权利义务关系及管理关系的人，才具有农村集体经济组织成员资格，也就是实行权利义务标准。这也是目前较合理和公正的方法，但对如何判断是否形成事实上的关系不好把握。

　　4. 以成员权理论为基础，以是否形成较为固定的生产、生活条件为基本条件，并结合是否具有依法登记的集体经济组织所在地常住户口，作为判断是否具有集体经济组织成员资格的一般原则。如某自然人在某农村集体经济组织所在地生产、生活并依法登记常住户，则应当认定具有该农村集体经济组织的成员资格。但在实践中不好操作，而且会使得司法处理复杂化。

5. 以户籍为原则并结合土地承包经营权判定。这种观点有一定的合理性，司法实践中也较好操作与把握，但存在逻辑倒置，并排除了在村民小组长期未得到土地的人应享有的合法权益。

从历史和现状综合考虑，笔者认为，农村集体经济组织成员身份的认定，应当从我国农村集体经济组织的自然共同体特征出发，以是否形成较为固定的生产、生活为基本条件，并结合是否具有依法登记为该组织所在地常住农业户口，作为判断是否具有该农村集体经济组织成员资格的依据。对于单个的自然人而言，不能把其是否取得土地承包经营权作为判断其具备该农村集体经济组织成员资格的必备条件，因为：第一，农户土地承包经营是以户为承包主体，而非以集体经济组织成员为承包主体，户内成员只是在订立承包合同时按集体经济组织成员平等地计算承包地的份额；第二，农户土地承包经营并非只为订立承包合同时的户内成员享有，随着户内人口变化后的成员也都享有本户土地承包经营的权利；第三，农村土地承包合同是有期限的，在上轮承包时，有的农户自愿放弃承包或交回承包地的，在下轮承包时仍然享有承包经营权；第四，农户土地承包经营权可以依法转让流转，转让方和受让方不能因此就丧失或取得集体经济组织成员资格。同理，向本集体经济组织以外的人发包经营权的则显然不能认为其取得了发包方的成员资格。

就本案而言，刘和渠、卢兴秀夫妇因年老无子，于1988年将其户口从复兴乡连二村三组迁出，到忠州镇原北门村二组其女儿刘大兰家生产生活符合国家政策，且其迁出到现在20余年，刘、卢2人不再具有复兴乡连二村三组集体经济组织成员资格。由于1996年忠州镇原北门村七个组统征统转，刘、卢2人的户口已经发生变化，诉讼中未能查到其户口迁入忠州镇原北门村二组时的直接依据（上户登记材料），但是从其提供的刘、卢2人户口迁出证明、移民迁建情况表、城关莱农粮油供应证、现户口登记卡、证人证言等证据，足以证明刘、卢2人取得了忠州镇原北门村二组常住农业户口。且在刘、卢2人迁入前其女儿一家已经取得了土地承包经营权，刘、卢2人迁入后作为该家庭共同成员，理所当然应当是忠州镇原北门村二组集体经济组织成员。如果因为刘、卢2人未能提供其户口迁入忠州镇原北门村二组时的直接依据（上户登记材料）和未另外给其划承包土地，而将其排除为忠州镇原北门村二组集体经济组织成员，无异于剥夺了刘、卢2人生存的基本权利。从1996年忠州镇原北门村二组经政府统征统转后，刘、卢2人领取安置补助费共18000元和部分积累款而忠州镇原北门村二组无异议的事实，已经证实刘、卢2人忠州镇原北门村二组集体经济组织成员的身份已经得到承认。至于本案争议的每人809元的积累款，是按该集体经济组织成员平均分配的，并未按照承包土地的多少分配。因此，刘、卢2人应当享受每人809元的积累款是无可争议的。

应当指出的是，本案虽然涉及的金额较小，共计只有1618元，但是有其特殊性。其一，本案涉及农村集体经济组织成员的界定，这在我国现行法律上还是空白点，随着城镇化建设步伐的加快，关于农民土地征用等案件会越来越多，通过办理这类案件，妥善处理其中影响民生的社会矛盾，可以为今后的立法提供重要参考；其二，1618元对于有经济来源的人来说，可能不算什么，可是对于靠务农为生已经80多岁高龄丧失劳动能力的刘和渠、卢兴秀夫妇而言，可能是他们四五个月的生活费，同时，刘和渠、卢兴秀夫妇从原复兴乡连二村3组迁出后，已经不是该集体经济组织成员，如果迁入地北门村二组集体经济组织成员的身份也得不到承认，无异于剥夺了他们生存的基本权利。通过检察机关抗诉，本案依法得到妥善处理，体现了"民生无小事"的执法理念，实现了办案法律效果与社会效果的统一。

案例来源：重庆市人民检察院
案例编写：刘大平
案例点评：刘大平

24. 郑平安诉郭武奎侵权纠纷抗诉案

【抗诉机关和受诉法院】

抗诉机关：山西省人民检察院

受诉法院：山西省高级人民法院

【基本案情】

申诉人（一审原告、二审被告）：郑平安，男，汉族，1950年7月生，临汾开发区滨河路办事处上樊村村民。

被申诉人（一审被告、二审原告）：郭武奎，男，汉族，1947年12月生，临汾开发区滨河路办事处上樊村村民。

1994年8月18日，郑平安向上樊村居委会交款5500元，购得上樊村编号为45号的汾东路临街门店房一间。因郑平安欠时任上樊村书记郭武奎20870元，无钱归还，遂于1996年5月9日出具欠条，并同时签订协议一份："为解决郑平安欠郭武奎现金之事，经两人协商，定为拿平安的产业出售的办法还钱20870元，出售的价格双方协商，武奎收款，还完为止。凡是平安的财产就可以定此协议，任何人不可推反（推翻）。"该门店房交付后，郭武奎以双方协议为由占用45号门店房，双方为此发生争执。2005年10月14日，郑平安诉至临汾市尧都区人民法院，请求郭武奎搬出门店房并赔偿损失。

【原审裁判】

2005年11月28日，临汾市尧都区人民法院作出（2005）临尧民初字第1413号民事判决，认为原、被告双方所争议的45号临街门店所有权系原告郑平安通过合法手段取得，系原告的合法财产。该事实有原告的交款凭证及上樊村居委会的通知佐证，本院予以确认。被告郭武奎在未得到原告同意的情况下占用该门店，侵犯了原告的财产权。虽然双方就原告欠款一事订有还款协议，但该协议并不能证明原告明确表示将 45 号门店抵顶债务及抵顶债务的数额，因此被告应将该门店归还原告。关于被告主张的原告欠款一节，与本案不是同一法律关系，被告可另行起诉。原告要求被告赔偿损失一节，因其未提供相关证据，本院无法认定。因双方之间的纠纷一直经上樊村居委会解决，所以原告的起诉未超过诉讼时效。根据《中华人民共和国民法通则》第 75 条、第 117 条规定，判决：被告郭武奎在判决生效后 10 日内将汾东路编号为 45 号门店归还原告郑平安。

郭武奎不服一审判决，向临汾市中级人民法院提出上诉。2006年 5 月 9 日，临汾市中级人民法院作出（2006）临民终字第 142 号民事判决，认为郭武奎与郑平安之间存在债权债务关系，经双方协商，郭武奎占用郑平安的房屋。且双方已约定出售房产偿还郑平安所欠的债务。郑平安应按还款协议的约定，将该房屋出售，房款由郭武奎收取，以偿还债务。现郑平安主张返还该门店，有悖于双方之间关于协商出售房屋偿还债务的约定。其该项诉讼请求本院不予支持。关于原告起诉时是否超过诉讼时效一节，因郑平安要求郭武奎搬出该门店实质是行使排除妨害请求权，因而不受诉讼时效的限制，上诉人所称原告起诉时效超过诉讼时效的理由本院不予支持。综上所述，一审判决认定事实不清，应予改判。遂判决：一、撤销山西省临汾市尧都区人民法院（2005）临尧民初字第 1413 号民事判决；二、驳回郑平安的诉讼请求。

【抗诉理由】

郑平安不服二审判决，向检察机关提出申诉。2009 年 7 月 16 日，山西省人民检察院以晋检民抗（2009）第 37 号民事抗诉书向山西省高级人民法院提出抗诉。理由如下：

本案中，双方争议的汾东路临街 45 号门店房，所有权系郑平安通过合法手段取得，为其个人财产。该事实有其交款凭证及上樊村居委会的通知予以证明。其间，双方就郑平安欠款一事订有还款协议，其内容为："为解决郑平安欠郭武奎现金之事，经两人协商，定为拿平安的产业出售的办法还钱 20870 元，出售的价格双方协商，武奎收款，还完为止。凡是平安的财产就可以定此协议，任何人不可推反（推翻）"，该协议内容明确约定"武奎收款"，即用出售该门店房的方式偿还欠款，并未明确表示将 45 号门店房抵顶债务及抵顶债务的具体数额。也就是说，郭武奎与郑平安之间的民事法律关系是债权债务关系，而债权人郭武奎在未得到债务人郑平安同意的情况下占用 45 号门店房，侵犯了郑平安对该门店房的所有权。根据《中华人民共和国民法通则》第 75 条第 2 款"公民的合法财产受法律保护，禁止任何组织或者个人侵占、哄抢、破坏或者非法查封、扣押、冻结、没收"的规定，郑平安主张归还门店房的请求符合法律规定。临汾市中级人民法院混淆了两个不同的法律关系，以郑平安要求返还门店房的主张有悖于双方所签协议为由，驳回其诉讼请求，认定事实缺乏证据证明。

【再审结果】

山西省高级人民法院受理本案后，指令临汾市中级人民法院进行再审。2010 年 4 月 13 日，临汾市中级人民法院作出（2010）临民再终字第 2 号民事判决书，认为双方所争议的 45 号临街门店系郑平安最初向村委会交款购买取得，原审原告郑平安对该门店拥有合法产权，原审被告郭武奎与郑平安之间存在债权债务关系，有郑平安出具的欠据为证，并且双方就该笔欠款如何偿还当时已签订协议，约定"拿平安的产业出售的办法还钱 20870 元，出售的价格双方协商，武奎收款，还完为止。凡是平安的财产就可以定此协议，任何人不可推翻"，上述协议可证明，双方当时议定采取出售房屋，房款由郭武奎收取的方式来偿还债务，该协议无法证明郑平安将该门店抵顶了债务，以及该门店房的具体价值数额。该房屋由郑平安原始取得，所有权理应归郑平安。郑平安一直未能将该房屋出售，使得郭武奎与郑平安之间的债权债务关系未能了结，郭武奎完全可以通过另行诉讼的方式维权。综上所述，原一审判决认定事实清楚，法律关系分析明确，处理结果适当。抗诉机关的抗诉理由成立。遂判决：一、撤销本院（2006）临民终字第 142 号民事判决；二、维持临汾市尧都区人民法院（2005）临尧民初字第 1413 号民事判决。

【点评】

本案是一起以物权抵顶债权的典型案例，争议焦点为物权与债权能否发生抵顶的法律后果。虽然案情并不复杂，但一些人民法院在审判实践中以一种权利的牺牲为代价，来保障另一种权利的实现，意图达到案结事了的目的，却引发了新的矛盾和纠纷。本文以办理民事案件的思路架构为脉络，从民事法律关系的认定、物权与债权的关系、民事责任的承担及审判权与当事人处分权的关系的角度，着重厘清物权和债权的性质和特点，以及如何适用法律等问题，对今后类似纠纷的解决提供参考。

一、关于民事法律关系的认定

民事法律关系是由民事法律规范调整所形成的以民事权利和民事义务为核心内容的社会关系，属于私法关系，是民法所调整的平等主体之间的财产关系和人身关系在法律上的表现。民事法律关系包括主体、内容和客体三个基本要素。民事法律关系的主体，是指参加民事法律关系的人。民事法律关系的内容包括民事权利和民事义务，也是民事法律关系的核心要素。民事法律关系的客体是指民事权利和民事义务所指向的对象。司法实践中，根据民事法律关系的性质和特点，准确认定民事法律关系，对于把握具体民事纠纷案件中当事人的相互关系和正确适用法律都具有重要意义。

本案是由郭武奎占用郑平安所有的 45 号门店房而引发的侵权纠纷。首先应厘清和确定本案中存在的几种民事法律关系。一是1994 年 8 月 18 日郑平安向上樊村居委会交款5500 元，购得上樊村编号为 45 号的汾东路临街门店房一间。郑平安对该门店拥有合法产权，即房屋所有权。从民事法律关系的要素分析，郑平安具有完全民事行为能力，是合法的民事主体。其实施了向村委会交款购买45 号临街门店的民事法律行为，45 号临街门店即为本案的民事法律关系的客体，其享有了对 45 号临街门店进行占有、使用、收益、处分等全面的支配，即形成了物权法律关系。二是郑平安欠郭武奎 20870 元。郑平安与郭武奎均为合法民事主体，双方实施了借款的民事法律行为，郭武奎作为债权人其享有要求郑平安偿还债务的权利，郑平安负有及时还款的义务，即形成了债权法律关系。综上，本案应存在物权和债权两种民事法律关系。

二、关于债权与物权的关系

在财产权体系中，物权与债权的关系最为密切。物权规范财产的归属和利用关系，债权则规范财产的流转关系。而在财产关系的运作过程中，物权是债权的起点和最终归属，债权则是人们获得和实现物权的桥梁与手段。明确二者的关系，有利于把握民法中财产权体系的构造。

1. 从权利的作用上看，物权为支配权，债权为请求权。物权的作用是保障权利人能够对标的物直接为全面支配或限定支配，并进而享受物的利益。物权可分为完全物权和定限物权，不同物权有不同的支配力。完全物权即所有权，保障物的所有人能够依法按照自己的意志，对自有物进行占有、使用、收益、处分等全面的支配。除法律的限制外，其他因素都不能限制所有人对自有物的自由支配。定限物权即他物权，他物权人在法律或合同限定的范围内享有支配力，可自主地对他人所有物行使占有、使用、收益、处分等权能中的某些权能。而债是特定人之间的法律关系，债权的实现都需要债务人的协助，只有通过债务人的给付，债权人的债权方可实现。所以，物权与债权的最根本区别在于，债权并未赋予权利人以对物的直接支配权，仅仅配备权利人以针对特定人的请求权。债务人对债权人负有给付的义务，但债务人并非债权人的支配客体。债权也没有给债权人以对财产的支配权。本案郑平安作为 45 号临街门店的所有权人，其享有对物的直接支配权。郑平安与郭武奎之间的债权法律关系决定了郭武奎作为债权人其只能对特定的债务人郑平安主张权利，即债权请求权，也就是说郭武奎可以向郑平安主张或通过诉讼途径等方式来保障和实现自己的债权。其对郑平安的财产并无支配、处分的权利。二审判决"以房抵债"，实际上是剥夺了物权人郑平安根据自己的意志独立支配物的权利。

2. 从权利效力的范围上看，物权为对世权，债权为对人权。物权对世上任何人都有拘束力，物权可直接排除不法之妨碍，任何人都负有不得非法妨碍其行使物权的义务，其义务人是不特定的。而债是特定人之间的法律关系，债权只对某个或某些义务人有拘束力，债权人得向其请求给付，其他人则不受债权的约束，即债权的义务人是特定的。如果因第三人的行为使债权不能实现，债权人也不得依据债权的效力向该第三人提出请求。本案中，郭武奎占用郑平安所有的 45 号门店房，郑平安要求郭武奎搬出该门店，实质是行使了物权中的排除妨害请求权，排斥他人非法妨碍自己的权利。就债权债务而言，郭武奎只能要求郑平安给付，而不能向其他第三人主张。

3. 从权利的发生上看，物权法采取物权法定原则，即物权的种类、内容、取得等都需由法律设定，不允许当事人任意创设新的物权种类或变更物权的内容。而在债权的发生上，既有法定之债（如侵权行为之债、不当得利之债、无因管理之债等），也有约定之债（如契约之债），且多为约定之债。法律对于约定之债的发生采取契约自由原则，只要当事人不违反法律的强制性规定和公序良俗，可通过合意自由创设债权。本案中，郑平安购买 45 号门店，并办理相关产权手续后，依照我国法律即享有该门店的所有权，属不动产物权。而郑平安与郭武奎形成的债权法律关系，是双方作为特定人进行自由创设债权的法律表现。

三、关于民事责任的承担

民事责任，是指民事主体因违反合同或者不履行其他民事义务所应承担的民事法律后果。我国《民法通则》第 106 条规定："公民、法人违反合同或者不履行其他义务的，应当承担民事责任。公民、法人由于过错侵害国家的、集体的财产，侵害他人财产、人身的，应当承担民事责任。没有过错，但法律规定应当承担民事责任的，应当承担民事责任。"本条的规定是我国民事责任制度的总纲。侵权责任，是指因侵权行为发生的民事责任。侵权责任的构成要件包括侵害行为、损害事实、侵害行为与损害事实之间有因果关系和行为人过错四个方面。本案郭武奎实施的占用45号门店房的行为侵害了郑平安依法享有的房屋所有权，直接造成郑平安不能对自有房屋行使占有、使用、收益、处分等全面的支配权，无法发挥门店房经济收益的效能。因此，郭武奎实施的侵权行为和郑平安的财产损失之间存在法律上的因果联系。而时任上樊村书记的郭武奎明知45号门店房是郑平安的合法财产，应当预见到自己实施侵占行为的损害后果，仍然积极地追求该后果的发生，在过错程度上，其具有主观故意。综上，本案符合侵权责任的四个构成要件，郭武奎应当承担相应的民事责任。另根据《民法通则》第134条以及《侵权责任法》第15条第1款的规定，承担民事责任的方式包括有停止侵害，排除妨碍，消除危险，返还财产，恢复原状，修理、重作、更换，赔偿损失，支付违约金，消除影响、恢复名誉，赔礼道歉等10种。以上承担民事责任的方式可以单独适用，也可以合并适用。本案郭武奎应承担返还财产和赔偿损失两种民事责任，鉴于郑平安未对赔偿损失一节提出异议，再审判决维持了原一审判决，即判决郭武奎将汾东路编号为45号门店归还郑平安，对承担民事责任的认定合理恰当。

四、关于审判权与当事人处分权的关系

权利就是服务于民事主体特定利益的实现或维持，由法律上之力保证实现的自由。"权利的设定意味着法律划分了国家权力不得随意进入的空间。"这表明设定了当事人处分权就意味着国家（法院）对当事人权利的干预应是法定的、有范围的，而非随意任为的，法院的审判权对当事人行使处分权的限制仅仅是例外的情况，而非原则性的。《宪法》第126条规定："人民法院依照法律规定独立行使审判权，不受行政机关、社会团体和个人的干涉。"与之相对应的，还有法官的地位应更加消极、中立、被动，使得当事人切实地进行意思自治，自主能动地进行诉讼，有效地解决纠纷。法不禁止为自由。在私法领域，任何人在不违反法律强制性规定的前提下，可以根据自己的意志自主地形成民事上的权利义务关系，通过实施法律行为，追求当事人间所要达到的法律后果（法律效果）。人民法院作为国家审判机关，应当忠实履行审判职能，保障国家法律正确统一实施，维护司法公信力和司法权威，在司法实践中对不违反法律、法规和社会公共利益的私法自治的法律行为，应当充分尊重当事人对自身权利的自由处分，最大限度地保障当事人的合法权益。本案中，欠款协议内容均是双方的真实意思表示，也是双方处分自己权利在法律上的表现。双方当时签订的协议证明，采取出售房屋，房款由郭武奎收取的方式来偿还债务，而并非以门店房抵顶债务，人民法院应当在不违反法律法规的情况下充分尊重双方当事人的自由处分权，这亦是私法自治（意思自治）原则的应有之义。郭武奎以实现自身债权为目的，直接占用了郑平安所有的门店房，郑平安向人民法院起诉要求其返还房屋。因此，本案的案由性质应为侵权纠纷，郭武奎主张的郑平安欠款一节，与本案并不是同一法律关系，其可另行起诉以维护自身合法权益。而人民法院却以审判权对当事人的私权进行了干预，作出了"以房抵债"的"权衡"处置。原二审判决表面上看似乎解决了矛盾纠纷，即"债权债务抵消"。但从另一角度上看，法院是保障一种权利（债权），却是以侵犯另一权利（物权）为代价，导致了在司法实践中变向允许了当事人之间"你欠我的钱，我占你的房"的错误思维逻辑，而如以这种混乱逻辑的驱动下，何谈交易安全，权利保障更是无从谈起。

综上，就本案物权与债权之间发生抵顶的法律后果的前提是必须有双方的合意，且不违反法律法规的禁止性规定。另外，也并不是所有种类的物权都能发生与债权进行抵顶的法律后果。因此，了解和掌握物权和债权的性质和特点，对办理类似案件具有重要意义。

案例来源：山西省人民检察院

案例编写：郭建军

案例点评：郭建军

25. 李圣宝诉李胜广、李兴道土地承包经营权纠纷抗诉案

【抗诉机关和受诉法院】

抗诉机关：黑龙江省牡丹江市人民检察院

受诉法院：黑龙江省牡丹江市中级人民法院

【基本案情】

申诉人（一审原告）：李圣宝，男，1939 年 5 月 28 日出生，汉族，农民，现住址：宁安市沙兰镇鸡蛋石村。

被申诉人（一审被告）：李胜广，男，1959 年 9 月 20 日出生，汉族，农民，现住址：宁安市沙兰镇鸡蛋石村。

被申诉人（一审第三人）：李兴道，男，1957 年 4 月 25 日出生，汉族，农民，现住址：宁安市沙兰镇鸡蛋石村。

1983 年第一轮土地承包时沙兰镇鸡蛋石村村委会分给李圣宝位于沟西的 1.3 垧土地。李圣宝于 1987 年将该土地交给李兴道管理经营。1999 年第二轮土地承包时村委会重新丈量核实土地面积为 7.5 亩，并给李圣宝颁发了土地承包经营权证书。李兴道在代管期间将李圣宝的一部分土地同李胜广承包的园田地进行置换。李兴道、李胜广一直耕种李圣宝承包的 7.5 亩土地至今。2005 年 6 月 2 日，李圣宝起诉李胜广、李兴道至黑龙江省宁安市人民法院，要求返还侵占该地的经营权，承担诉讼费用。

【原审裁判】

2005 年 11 月 15 日，宁安市人民法院作出（2005）宁西民初

字第 217 号民事判决。李圣宝不服，向牡丹江市中级人民法院提出上诉。牡丹江市中级人民法院于 2006 年 3 月 6 日作出（2006）牡民终字第 92 号民事判决，已发生法律效力。李圣宝仍不服，向牡丹江市中级人民法院申诉，牡丹江市中级人民法院于 2006 年 8 月 18 日作出（2006）牡申民复字第 76 号民事裁定，决定对本案进行再审，并于 2006 年 10 月 10 日作出（2006）牡监民再终字第 40 号民事判决，撤销一、二审判决，发回宁安市人民法院重审。宁安市人民法院于 2007 年 4 月 12 日作出（2007）宁民再字第 1 号民事裁定，李圣宝提起上诉。牡丹江市中级人民法院根据李圣宝申请作出（2007）牡告民终字第 57 号民事裁定，准许李圣宝撤回上诉。宁安市人民法院 2007 年 8 月 21 日作出（2007）宁民监字第 16 号民事裁定，2007 年 11 月 16 日宁安市人民法院进行再审，2007 年 10 月 10 日，宁安市人民法院作出（2007）宁民再字第 15 号民事判决，认为农村集体经济组织成员的土地承包经营权应予保护，原审被告李胜广及第三人李兴道侵占原审原告李圣宝的土地应当返还。

关于沟西李圣宝 7.5 亩土地的地块顺序问题。原审原告原审出示的土地承包经营权证、2007 年 1 月 20 日村委会证明及第一轮、第二轮土地承包时和现在的村委会会计魏文县都证明：李圣宝承包的沟西 7.5 亩土地的顺序是：自南向北第一块地为 2.9 亩，第二块地为 3.13 亩，第三块地为 1.47 亩，而原审原告反复强调第二块与第三块地的亩数颠倒了，但没有证据证实，应以土地经营证、村委会及村领导证明的内容为准。

关于原审被告与第三人是否侵占了原审原告的土地经营权的问题。1987 年，原审原告将其承包的 7.5 亩土地交由第三人代管，后来变更为现在将第一块地 2.9 亩、第二块地 3.13 亩共计 6.03 亩土地转包给第三人，第三人按约定向原审原告交付承包费，双方就 6.03 亩土地已经形成了事实上的转包合同关系，作为原审原告可随时向第三人主张权利终止合同，因此，这 6.03 亩土地，原审被告及第三人不存在侵权及是否返还土地经营权的问题。

在代管中，第三人李兴道未经原审原告李圣宝同意，擅自将原审原告北面一块 1.47 亩土地的东侧部分，第三人称是用 1.6 亩或 1.7 亩，被告称是 0.68 亩地与原审被告李胜广 0.68 亩园田地进行互换。因与 0.68 亩地互换的具体亩数两人说法不一，但可以认定，当时，第三人至少用 0.68 亩土地与原审被告进行互换。因没有经原审原告允许，互换无效。原审被告在互换后耕种原审原告 0.68 亩土地至今，侵犯了原审原告 0.68 亩的土地经营权。第三人与原审被告将原审原告第三块地为 1.47 亩中的 0.68 亩互换后，尚有 0.79 亩地还在第三人手中耕种。

综上，原审原告李圣宝依据承包法取得的村沟西 7.5 亩土地承包经营权应予保护。任何人不得剥夺农村集体经济组织成员承包土地的权利。因此，原审被告应将 0.68 亩土地返还原审原告，第三人李兴道应当将 0.79 亩土地返还原审原告李圣宝。依照《中华人民共和国农村土地承包法》第 5 条、《中华人民共和国民法通则》第 117 条的规定，判决：一、原审被告李胜广与第三人李兴道于本判决生效之日起，立即将共同侵占李圣宝沟西从南向北数第三块地 1.47 亩返还给李圣宝即原审被告李胜广返还给原审原告李圣宝 1.47 亩地块中东边的（即原审被告李胜广所耕种的村沟西地西边）0.68 亩土地；第三人李兴道返还原审原告李圣宝 1.47 亩地块西边（即现在第三人李兴道所耕种的村沟西地东边）的 0.79 亩土地。二、驳回原审原告李圣宝的其他诉讼请求。

【抗诉理由】

李圣宝不服一审判决，向检察机关申诉。2009 年 9 月 21 日，牡丹江市人民检察院以牡检民抗（2009）第 29 号民事抗诉书向牡丹江市中级人民法院提出抗诉。理由如下：

1. 判决认定"第三人按约定向原审原告交付承包费，双方就 6.03 亩土地已经形成了事实上的转包合同关系"的事实缺乏证据证明。李圣宝于 1983 年至今依法取得了争议土地的承包经营权，因回山东无暇耕种土地而将承包地临时交给李兴道代为耕种，当时双方并没有约定由李兴道向李圣宝交纳土地承包费，这一点李兴道在开庭笔录中自认至 2005 年没有向李圣宝交纳过土地承包费（见

（2007）宁民再字第 15 号民事卷宗 28—29 页），双方并没有形成事实上的转包合同关系。2005 年 12 月 22 日宁安市沙兰镇鸡蛋石村村委会出具的证明也能证明 1983 年第一轮土地承包开始以后将沟西土地全部承包给李圣宝经营至今，从没有将土地承包给他人。根据《中华人民共和国农村土地承包法》第 34 条规定："土地承包经营权流转的主体是承包方。承包方有权依法自主决定土地承包经营权是否流转和流转的方式。"本案中李圣宝与李兴道之间土地承包经营权的流转属于临时代耕性质，而非转包合同关系。李兴道只是代管经营，虽因此取得了该块土地的耕种、收益的权利，但这种权利只是临时的，李圣宝是土地的合法承包经营者。原审法院却认定李兴道按约定向李圣宝交付承包费，双方已经形成了事实上的转包合同关系，属认定事实缺乏证据证明。

2. 判决认定"6.03 亩土地李胜广、李兴道不存在侵权及是否返还土地经营权的问题"的事实缺乏证据证明。根据《中华人民共和国农村土地承包法》第 9 条规定："国家保护集体土地所有者的合法权益，保护承包方的土地承包经营权，任何组织和个人不得侵犯。"第 53 条规定："任何组织和个人侵害承包方的土地承包经营权的，应当承担民事责任。"李圣宝的土地承包经营权证书可以证明李圣宝对沟西 6.03 亩土地有承包经营权，李兴道代管其承包土地，拒不返还，侵犯了李圣宝 6.03 亩土地的经营权，已存在侵权的事实，而原审法院却对有证据证明的事实不予认定是错误的。

【再审结果】

牡丹江市中级人民法院受理本案后，于 2009 年 11 月 9 日作出（2009）牡民抗字第 36 号民事裁定，指令宁安市人民法院进行再审。2010 年 6 月 8 日，宁安市人民法院作出（2010）宁民再字第 2 号民事判决书，认为国家保护集体土地所有者的合法权益，保护承包方的土地承包经营权，任何组织和个人不得侵犯。任何组织和个人侵犯承包方的土地承包经营权的应当承担民事责任。无权占有不动产或者动产的，权利人可以请求返还原物。申诉人李圣宝与村委会签订了土地承包合同，人民政府为其颁发了土地承包经营权证，其对村委会发包给他的 7.5 亩土地拥有合法的承包经营权。申诉人李圣宝在回山东时曾委托第三人李兴道经营其承包村委会的沟西沿的 7.5 亩土地，但在双方解除委托合同后，第三人李兴道只返还了 2.9 亩土地，其余 4.6 亩土地并没有返还。被申诉人李兴道承认侵占了申诉人李圣宝的土地，也曾经同意返还。根据法院调查和当事人自认情况，可以认定第三人李兴道侵占了申诉人李圣宝的土地 6.82 亩，其行为构成侵权，现第三人已经返还给了申诉人第一块土地 2.9 亩，但第二块土地 3.13 亩和第三块地的 0.79 亩部分仍没有返还，应当予以返还。剩余 0.68 亩土地在被申诉人手里，即被申诉人李胜广所称的开荒地，其中有一部分是与第三人置换的申诉人的承包田，根据被申诉人的自认可以认定互换面积是 0.68 亩。第三人擅自将申诉人享有承包经营权的 0.68 亩土地互换给被申诉人，属无权处分，应认定为无效。被申诉人在互换后，经营耕种至今，侵犯了申诉人的土地承包经营权。被申诉人辩称其不构成侵权，显然是不符合事实的。因此，被申诉人和第三人的行为均构成侵权，被申诉人与第三人互换土地后侵占申诉人的 0.68 亩土地应当予以返还。根据我国物权法的规定，农村农民承包集体的土地具有物权的性质，属于用益物权，在该物权受到侵害和妨害时，承包者具有物上追及的权利，有依法排除对物的侵占和妨害返还原物的请求权。被申诉人与第三人客观上存在侵占申诉人土地承包经营权的事实，申诉人要求被申诉人、第三人返还申诉人承包范围内的土地使用权具有正当性，符合法律的规定。被申诉人、第三人理所应当返还其侵占申诉人的土地承包经营权，对被申诉人的不构成侵权的辩解不予采纳。至于被申诉人李胜广的开荒地问题，不在本案调整范围之内，本院不予受理。综上所述，申诉人的诉讼请求有理，应予支持。本案经本院审判委员会讨论决定，依照《中华人民共和国民事诉讼法》第 186 条第 1 款、《中华人民共和国农村土地承包法》第 16 条、《中华人民共和国物权法》第 34 条的规定，判决如下：一、撤销本院原再审作出的（2007）宁民再字第 15 号民事判决。二、被申诉人李胜广、第三人李兴道于本判决发生法律效力后立即将争议的本村沟西沿 4.6 亩土地的承包经营权归还给申诉人李圣宝，其中第三人李兴道返还申诉人李圣宝第二块土地 3.13 亩和第三块 1.47 亩土地的西侧部分 0.79 亩；被申诉人李胜广返还申诉人李圣宝第三块 1.47 亩土地的东侧部分 0.68 亩。

【点评】

土地承包经营权是广大农民赖以生存的基础和条件，是广大农民最基本的财产权利。《农村土地承包法》、《物权法》等相关法律法规的颁布实施，使农民的土地承包经营权得到有效法律保障。农业税费改革以后，农民负担大幅减轻，再加上国家一系列惠农政策的出台，种田效益显著提高，农村土地变得越来越紧俏，农村土地承包经营权流转也日渐增多，在流转过程中也产生了诸多问题：一是流转程序不规范；二是流转方式界定不明；三是土地流转登记制度流于形式。这些问题引发的纠纷大量进入司法领域，本案即是因农村土地承包经营权流转而引发的诉讼，案件中有两个法律问题值得探讨：一是土地承包经营权流转方式；二是土地承包经营权流转的法律限制。

一、关于土地承包经营权流转方式的法理分析

经过 30 年农业家庭承包制的改革实践与不断完善，家庭承包经营制度由《物权法》上升为适用于所有农用地的土地承包经营物权制度。土地承包经营权物权地位的确立不仅为全面实施农村家庭承包经营制度奠定了稳定而完备的产权基础，而且为土地承包经营权流转提供了物权法依据，有利于土地资源优化配置与规模经营。《物权法》将土地承包经营权列在用益物权编之首，依法理，用益物权的法律处分包括移转权利和设定负担，前者为用益物权的转移，后者并不转移用益物权，而是在用益物权上设定租赁、抵押等权利。由此，可以将土地承包经营权流转界定为：在不改变农村土地所有权权属性质和农村土地农业用途的基础上，原承包方依法将该用益物权性质的土地承包经营权或者该用益物权的部分权能转移给他人的行为。根据现行法律的规定，土地承包经营权流转方式分为两类：第一类是移转土地承包经营权，典型形式为互换、转

让。其共同的法律特征是由土地承包经营权主体在承包期内将土地承包经营权转移给他人，不再享有同宗地的土地承包经营权。两者的区别仅在于互换的对象是同一集体经济组织的农用地，互换后原承包人仍然享有同一集体经济组织的土地承包经营权，而转让是对土地承包经营权的一种根本性的让渡，转让后原土地承包关系自行终止，原承包方承包期内的土地承包经营权部分或全部丧失。第二类是在土地承包经营权上设定负担，包括转包、出租、代耕、入股、抵押及其他方式。其共同的法律特征是原土地承包关系不变，在此基础上，土地承包经营主体将承包期内的土地承包经营权转给同一集体经济组织的他人经营（转包）、租赁给他人经营（出租）、委托给第三人（即代耕方）暂时代为经营、抵押给抵押权人作为债权的担保（抵押）、作为股权自愿联合从事农业合作生产经营（入股）。

本案中，李圣宝于 1983 年依法取得了争议土地承包经营权，因回山东无暇耕种土地而将承包地临时委托给李兴道耕种，李圣宝与李兴道之间土地承包经营权的流转方式属于临时代耕性质，李兴道只是接受委托代管经营，虽因此取得了该块土地的耕种、收益的权利，但这种权利只是临时的，李圣宝仍然享有争议土地的承包经营权。原审法院没有厘清土地承包经营权流转方式中转包与代耕的界限，认定李兴道与李圣宝形成了事实上的土地承包经营权转包关系，系对二者土地承包经营权流转方式的定性错误。李兴道在接受李圣宝委托代耕 7.5 亩土地期间，将代耕地中的 0.68 亩土地与被申诉人李胜广的开荒地置换，二者形成土地承包经营权互换关系。但因李兴道与李胜广互换土地承包经营权时，未经李圣宝同意，事后也未得到李圣宝追认，属无权处分行为，土地承包经营权互换合同为无效合同。李胜广在互换后，一直经营耕种，侵犯了李圣宝的土地承包经营权，侵占的 0.68 亩土地应当予以返还。

二、关于土地承包经营权流转的法律限制

我国现有法律将农村土地承包经营权分为两种：一种是以承包合同为基础形成家庭承包经营权，另一种是通过招标、拍卖、公开协商等方式对不宜采取家庭承包方式的荒山、荒沟、荒丘、荒滩等农村土地取得的承包经营权。目前，后种承包经营权是以自由流转为原则，实践中其流转方式基本不存在法律障碍。因而，笔者主要探讨家庭承包经营权流转的法律限制。我国《农村土地承包法》第37条规定："土地承包经营权采取转包、出租、互换、转让或者其他方式流转，当事人双方应当签订书面合同。采取转让方式流转的，应当经发包方同意；采取转包、出租、互换或者其他方式流转的，应当报发包方备案。"《物权法》第128条规定："土地承包经营权人依照农村土地承包法的规定，有权将土地承包经营权采取转包、互换、转让等方式流转。流转的期限不得超过承包期的剩余期限。未经依法批准，不得将承包地用于非农建设。"对于家庭土地承包经营权流转的法律限制主要集中在这两个条文，两个条文中使用了"应当"、"不得"等文字，依据法理学一般原理，属于强制性规范。而强制性规范进一步区别为效力性规范和管理性规范（或取缔性规范），通说一般认为，效力性强制性规定是指法律及行政法规明确规定违反该类规定将导致合同无效的规范，或者虽未明确规定违反之后将导致合同无效，但若使合同继续有效将损害国家利益和社会公共利益的规范。管理性规范是指法律及行政法规未明确规定违反此类规范将导致合同无效的规范。依据我国最高人民法院《关于适用〈中华人民共和国合同法〉若干问题的解释（二）》第14条的规定，只有违反效力性强制性规定的合同才为无效合同。上述条文中，"采取转让方式流转的，应当经发包方同意"，作此规定主要考虑到目前我国农村社会保障体系尚未完全建立，土地仍然是农民基本的生活保障，转让应当经发包方同意是为了防止农民失去土地。因此，该规定应理解为效力性强制性规定，承包方未经发包方同意，将土地承包经营权转让给他人的，该转让合同无效。关于"流转的期限不得超过承包期的剩余期限"，因土地承包经营权是有期物权，《物权法》对各类土地承包经营权的期限作了明确规定，具有强制性，当事人不能进行另外的约定。这有利于稳定土地承包经营关系，使承包经营权确实成为长期稳定的权

利。流转的期限超过承包期的剩余期限的，超过部分无效。"未经
衣法批准，不得将承包地用于非农建设"立法目的是为了保障我
国的粮食稳定和安全，也应认定为效力性强制性规定。至于流转
"当事人双方应当签订书面合同"及"采取转包、出租、互换或者
其他方式流转的，应当报发包方备案"旨在便于对土地承包经营
权流转进行管理，应认定为管理性强制规范，违反该规定并不导致
合同无效。此外，关于流转方式中抵押的法律限制，虽然许多地方
已在探索土地承包经营权抵押融资的办法，但依据《物权法》第
180条"以招标、拍卖、公开协商等方式取得的荒地等土地承包经
营权可以抵押"和第184条"耕地、宅基地、自留地、自留山等
集体所有的土地使用权不得抵押"的规定，农用地中的耕地承包
经营权不得抵押，作此规定的目的也是为了保障国家粮食安全，应
认定为效力性强制性规定，违反该规定签订的耕地承包经营权抵押
合同为无效合同。因此，目前集体林权制度改革中推行的以林地承
包经营权抵押融资是有法律依据的，但耕地承包经营权抵押仍有非
法的法律风险。

　　本案中，李圣宝将依法取得的争议土地承包经营权以代耕方式
流转给李兴道，双方当事人虽然没有签订书面合同，也没报发包方
村委会备案，但是代耕协议并未违反法律或行政法规的效力性强制
性规定，应认定为有效合同。只是在委托代耕合同终止后，李兴道
应将代耕土地全部返还给李圣宝，李兴道只返还了2.9亩土地，其
余4.6亩土地并没有返还，其行为已构成侵权。

　　农村土地承包经营权流转案件因涉及面广、社会影响大、政策
性强，审理起来难度较大，本案经过了二级法院五次审理，足见农
村土地承包经营权流转纠纷案件的复杂性。审查此类案件时应当注
意以下两点：一是应在法律规定的框架内处理。在审查土地承包经
营权流转纠纷案件时，应当充分了解我国所有调整土地流转的法
律、法规以及相关司法解释。包括《宪法》对农村土地的相关规
定、《物权法》、《合同法》、《土地管理法》、《农村土地承包法》
及最高人民法院的相关司法解释。在适用法律时，既要考虑调整某

一法律关系的普遍原理,又要思考特别法的规定;既要运用文义解释,又要运用体系解释、目的解释、历史解释等方法,以保证适用法律的正确性。二是应加大司法调解力度,最大限度地化解矛盾纠纷。目前,土地依然是农民生老病死的基本保障,它不是单纯的生产资料,事实上成了生活资料。土地承包经营权流转纠纷如果处理不当,可能带来严重的社会问题,影响社会稳定。因此,作为检察机关,在审查此类案件时应坚持和解优先原则,多做当事人工作,平衡各方利益。如果原承包人强烈要求耕种土地,应多做现承包人的工作,把土地返还给原承包人。对一些已对流转取得的承包地投入较大的承包人,则要考虑到他们投入和产出的周期,在自愿的基础上,以提高流转费用为条件适当延长流转期限。

案例来源:黑龙江省牡丹江市人民检察院
案例编写:曹云娟
案例点评:王功杰　曹云娟

行

政

26. 熊康珍诉忠县劳动和社会保障局工伤认定行政纠纷抗诉案

【抗诉机关和受诉法院】

抗诉机关：重庆市人民检察院

受诉法院：重庆市高级人民法院

【基本案情】

申诉人（一审原告、二审上诉人）：熊康珍，女，汉族，1954年3月10日出生，原重庆市忠州乐竹水泥有限责任公司工人，住重庆市忠县黄金镇大山村6组。

被申诉人（一审被告、二审被上诉人）：忠县劳动和社会保障局。住所地：重庆市忠县忠州镇州屏环路57号。法定代表人：陈仪得，局长。

原审第三人：重庆市忠州乐竹水泥有限责任公司。住所地：重庆市忠县黄金场。法定代表人：陈克祥，经理。

2007年9月6日8时左右，重庆市忠州乐竹水泥有限责任公司（以下简称乐竹公司）成品车间职工熊康珍，上班期间到公司办公室喝水返回成品车间途中，突然晕倒，摔至4米高的公路堡坎下受伤，经西南医院诊断：1. 胸12腰1锥体压缩性骨折；2. 骨质疏松症。2008年2月25日，熊康珍向忠县劳动和社会保障局申请企业职工工伤认定，忠县劳动和社会保障局于2008年4月25日以忠劳工伤不认字〔2008〕2号《工伤认定结论通知书》认定熊康珍受伤不属于工伤。熊康珍申请复议，忠县人民政府于2008年7

月 1 日以忠复决字（2008）第 2 号行政复议决定书，维持忠县劳动和社会保障局忠劳工伤不认字［2008］2 号《工伤认定结论通知书》。2008 年 7 月 7 日，熊康珍向法院起诉。

【原审裁判】

2008 年 9 月 23 日，重庆市忠县人民法院作出（2008）忠行初字第 007 号行政判决，认为熊康珍在工作时间内到公司办公室喝水，属于广义的工作范畴。但熊康珍喝水后返回工作岗位途中，听他人闲聊，晕倒受伤不属于因工作原因受伤，不属于《工伤保险条例》第 14 条第（一）项应当认定工伤的情形。熊康珍受伤的情形，也不属于《工伤保险条例》第 15 条规定的视同工伤的情形。熊康珍认为其受伤系因工作原因造成的理由，没有证据证明，其理由不成立，其要求撤销被告忠县劳动和社会保障局忠劳工伤不认字［2008］2 号《工伤认定结论通知书》的主张不成立，法院不予支持。忠县劳动和社会保障局 2008 年 4 月 25 日作出的忠劳工伤不认字［2008］2 号《工伤认定结论通知书》，事实清楚，证据充分，程序合法，其行为合法。据此，判决：维持忠县劳动和社会保障局 2008 年 4 月 25 日作出的忠劳工伤不认字［2008］2 号《工伤认定结论通知书》。

熊康珍不服一审判决，向重庆市第二中级人民法院提出上诉。2009 年 1 月 8 日，重庆市第二中级人民法院作出（2009）渝二中法行终字第 11 号行政判决，认为忠县劳动和社会保障局在接到熊康珍的工伤认定申请后进行立案受理，向第三人送达举证通知书后根据调查材料作出决定，其程序合法。熊康珍是在工作间隙因病自行晕倒摔下路边堡坎致伤。其受伤情形不符合《工伤保险条例》第 14 条、第 15 条规定的应当认定为工伤和视同工伤的情形，忠县劳动和社会保障局不予认定其受伤为工伤并无不当。熊康珍的上诉理由不能成立，一审判决正确。遂判决：驳回上诉，维持原判。

【抗诉理由】

熊康珍不服二审判决，向检察机关提出申诉。2009 年 12 月 17 日，重庆市人民检察院以渝检行抗（2009）第 6 号行政抗诉书向重庆市高级人民法院提出抗诉。理由如下：

1. 熊康珍符合《工伤保险条例》第 14 条第（一）项规定的工伤构成要件。根据《工伤保险条例》第 14 条第（一）项规定："职工有下列情形之一的，应当认定为工伤：（一）在工作时间和工作场所内，因工作原因受到事故伤害的。"该规定未将发生工伤的地点规定为"工作岗位"，而是"工作场所"。本案中，熊康珍从凌晨零时上班直至上午 8 时许，到所在办公室喝水是其必要、合理的生理需求，与其正常工作密不可分，因此熊康珍喝水后在返回工作岗位的途中摔伤，符合工伤认定中"在工作时间、工作场所内，因工作原因受到事故伤害"的要件。

2. 从本案的相关事实看，熊康珍晕倒致伤与其从事的工作有一定因果关系。根据熊康珍本人的陈述，中心安全生产监督管理局对乐竹公司车间主任周家枢、立窑主任周召清的调查笔录，县劳动和社会保障局对熊康珍的对班人丁华英的调查笔录，以及乐竹水泥公司工人周召安等人的证言，熊康珍从 2005 年下半年起一直在乐竹水泥公司做场地工，工作时间每天长达 12 个小时。我国《劳动法》第 41 条规定："用人单位由于生产经营需要，经与工会和劳动者协商后可以延长工作时间，一般每日不得超过 1 小时；因特殊原因需要延长工作时间的，在保障劳动者身体健康的条件下延长工作时间每日不得超过 3 小时，但是每月不得超过 36 小时。"而本案中熊康珍每天超时工作长达 4 小时，身体健康长期得不到有效保障，其晕倒与其工作有一定因果关系。

3. 二审判决认定"熊康珍是在工作间隙因病自行晕倒摔下路边堡坎致伤"缺乏证据证明，本案的举证责任应由劳动和社会保障局及乐竹水泥公司承担。根据《工伤保险条例》第 19 条第 2 款规定："职工或者其直系亲属认为是工伤，用人单位不认为是工伤的，由用人单位承担举证责任。"本案中，各方当事人对熊康珍是否属工伤有争议，但相关证据已证明熊康珍是在工作时间、工作场所受伤，且与其从事的工作有一定因果关系的情况下，忠县劳动和社会保障局及用人单位乐竹公司既然主张熊康珍是因病摔伤，就有义务证明熊康珍确实患有某种与工作无关的疾病而致其晕倒摔伤，但本案没有任何证据能够证明这一点。因此，二审判决认定"熊康珍是在工作间隙因病自行晕倒摔下路边堡坎致伤"缺乏证据证明。

【再审结果】

重庆市高级人民法院受理本案后，指令重庆市第二中级人民法院再审。2010 年 8 月 5 日，重庆市第二中级人民法院作出 (2010) 渝二中法行再终字第 3 号行政判决书，认为针对熊康珍受伤这一客观事实是否认定为工伤，根据《工伤保险条例》第 14 条第 (一) 项"职工有下列情形之一的，应当认定为工伤：在工作时间和工作场所内，因工作原因受到事故伤害的"规定，熊康珍受伤发生在其工作时间和工作场所范围内，二要素在本案中并无实质争议，关键是工作原因的认定问题。在劳动法律关系中，工伤保护的法律原则和精神是保障无恶意的劳动者。从本案查证的事实看，熊康珍受伤并不属于上述条例不得认定为工伤的情形。同时，根据上述条例第 19 条第 2 款"职工或者其直系亲属认为是工伤，用人单位不认为是工伤的，由用人单位承担举证责任"及《中华人民共和国行政诉讼法》第 32 条"被告对作出的具体行政行为负有举证责任，应当提供作出该具体行政行为的证据和所依据的规范性文件"的规定，熊康珍主张有相关证据能够证明其晕倒摔伤与其工作有一定因果关系，且受伤发生在工作时间和工作场所范围内。而被申诉人忠县劳动和社会保障局及乐竹公司主张熊康珍是因病摔倒，从举证责任的分配上讲，应由忠县劳动和社会保障局及乐竹公司承担举证责任，由于其未提供有效证据证明申诉人熊康珍确实患有某种与工作无关的疾病而致其摔倒受伤，故应当承担举证不能的法律后果。因此，原二审判决认定"熊康珍是在工作间隙因病自行晕倒摔下路边堡坎致伤"缺乏证据证明。综上，熊康珍受伤符合《工伤保险条例》第 14 条第 (一) 项规定的情形，抗诉机关的抗诉理由成立，本院应予采纳。依照《中华人民共和国行政诉讼法》第 54 条第 (二) 项、第 61 条第 (三) 项，最高人民法院《关于执行〈中华人民共和国行政诉讼法〉若干问题的解释》第 76 条的规定，判决：一、撤销本院（2009）渝二中法行终字第 11 号和忠县人民法院（2008）忠行初字第 007 号行政判决；二、撤销忠县劳动和社会保障局忠劳工伤不认字［2008］2 号《工伤认定结论通知书》及忠县人民政府忠府复决［2008］4 号《行政复议决定书》；三、由被申诉人忠县劳动和社会保障局对申诉人熊康珍重新作出工伤认定。

【点评】

劳动是人类的谋生手段，而在劳动过程中人们往往会面临遭遇危险和伤害的可能性，尤其是进入机器大工业后，劳动者受到职业危害的概率更是大大增加。因此，为了保障职工在工作中遭受事故伤害和患职业病后获得医疗救治、经济补偿和职业康复的权利，国家建立了工伤保险制度。然而，鉴于法律条文的抽象性、模糊性和不周延性，《工伤保险条例》适用中往往会发生争议与疑惑。本案即为其中一个比较典型的例子，其争议的焦点是工伤认定标准以及工伤认定纠纷案件中举证责任的分配问题。

一、工伤认定的标准

所谓工伤认定，是指劳动行政保障部门根据相关法律法规作出的，对劳动者在工作过程中受到伤害的事实和性质进行确认的具体行政行为。[①] 工伤认定是有权机关对职工受到的伤害是否属于工伤作出判断，它是职工享受工伤待遇的前提条件，直接关系到职工及其亲属的权益。根据我国《工伤保险条例》的规定，符合第 14 条、第 15 条和第 16 条规定的情形，应当认定为工伤。认定为工伤的情形涉及四个基本的要素：劳动关系、工作场所、工作时间和工作原因。其中最核心的是"工作原因"，即劳动者所受伤害和工作之间存在因果关系。以下就工伤认定标准的四个基本要素分别予以说明。

---

① 郑尚元：《工伤保险法律制度研究》，北京大学出版社 2004 年版，第 56 页。

1. 职工与企业或雇主之间存在劳动关系

工伤的认定是以存在劳动关系为依托的，受伤害人员与用人单位之间存在劳动关系是工伤成立的前提条件。虽然我国《工伤保险条例》第 2 条、第 62 条规定了工伤认定的对象，即中华人民共和国境内的各类企业和个体工商户的雇工，以及国家机关和依照或者参照国家公务员制度进行人事管理的事业单位、社会团体的工作人员。但是对于其他未参保企业来说，只有确认职工与企业存在劳动关系，才属于工伤认定的范围。至于劳动关系的认定，2005 年劳动和社会保障部《关于确定劳动关系有关事项的通知》中对此作了明确的规定，包括三个方面：一是用人单位和劳动者符合法律、法规规定的主体资格；二是用人单位依法制定的各项劳动规章制度适用于劳动者，劳动者受用人单位的劳动管理；三是劳动者提供的劳动是用人单位业务的一部分。只要符合这三个条件的，可以成立劳动关系。

2. 职工的损害是在工作时间中发生

职工人身损害的客观事实是在工作时间发生的。此伤害应当与工作时间相关，而工作时间应结合工作利益作宽泛理解，其应包括法定的或者单位规定的工作时间、工作的前期准备时间或后期收尾时间、在工作过程中基于人体生理需要而暂时不处于工作状态的时间（如临时休息、上卫生间发生的伤害）。

3. 职工的损害是在工作场所中发生

职工人身损害的客观事实是在工作场所发生的。工作场所，一般是指用人单位能够对其日常生产经营活动进行有效管理的区域和职工为完成其特定工作所涉及的相关区域以及自然延伸的合理区域。在理解工作场所时应该采用灵活认定方式，既包括固定工作所在的固定场所、非固定工作在履行工作过程中发生伤害的场所，也包括工作外出期间为了工作在非工作地点受到伤害的场所、为了工作而在上下班途中因交通事故发生伤害的场所、在工作过程中由于人体生理需要而暂时不在工作状态发生伤害的场所（如临时休息、上卫生间发生的伤害等）。

4. 职工的损害是因工作原因而发生

由于我国立法层面上对"工作原因"界定不明确，列举的情形于社会现实而言过于狭窄，而概括的情形又不明确，因此导致劳动行政部门在实践操作中只是狭义地按照行政法规或者行政规章的规定范围加以认定工伤，致使工伤认定纠纷案件争议不断。笔者认为，从立法目的来看，《工伤保险条例》的出发点就是督促用人单位为职工购买工伤保险，告诫用人单位体恤民力，保护劳动者的安全和健康，不得随意加班加点，防止劳动者因过度劳累而诱发身体潜藏疾病的急速恶化，故该法应适当向劳动者倾斜，在具体理解"工作原因"的时候也应从保护职工利益出发予以宽泛的理解。对于职工在工作时间、工作地点以内发生的伤害，只要与工作的内容相关联，且所受伤害情形不属于《工伤保险条例》第 16 条规定的排除范围，就应当认定为工伤。至于职工在工作时间、工作地点以外发生的伤害则需要考察是否与工作有因果关系。认定该因果关系的成立，应当坚持主客观相一致的标准，① 即职工的主观方面是为了履行职务或者是为了用人单位的利益，客观方面是劳动者受到人身伤害并且劳动者受到伤害时的行为是为了实现其主观目的——履行职务或者为了单位利益。

就本案而言，熊康珍作为乐竹公司的职工，其在上班期间受伤满足工伤认定中劳动关系和工作时间的要素；熊康珍基于基本的生理需求到办公室喝水，该路线本身属于用人单位有效管理的区域，应当认定为其在工作场所。并且，根据法律的规定，劳动者享有"获得劳动安全卫生保护"的权利。"喝水"是劳动者人身不可分离的必要的、合理的生理需要，是其人身权的重要内容，应当受到法律保护。故其在工作时间、工作场所发生伤亡，并非与正常工作无关。因此，本案中的熊康珍受伤情形应当属于工伤认定的范围。

---

① 陈默、吕成：《主客观相一致——工伤认定的标准》，载《人民司法（应用）》2009 年第 11 期。

二、工伤认定纠纷中举证责任的分配

举证责任是指负有举证义务的一方，如果没有证据或者证据不足以证明其主张的事实，将要承担不利后果的一项制度。在劳动关系中，单位处于管理者的地位，职工对单位具有依附性和从属性。且随着现代科技的发展，危险事故的原因变得更加复杂、技术性越来越强，在损害发生过程中受害人往往处于无证据状态，而用人单位却处于持有或垄断案件主要证据的地位。在此情况下，如果按照传统的侵权法的过错责任原则和"谁主张，谁举证"的举证责任规则，将使工伤职工在法律维权之路上经常遇到举证的困难，因此，作为一种以保护劳动者为价值追求的制度，工伤保险采取了举证责任倒置的原则，实行无过失补偿原则。即雇员只需证明损害事实是在职业劳动中发生的，就可确定雇主的赔偿责任。这个原则是对传统侵权法理论的矫正，也是从社会公平正义出发确定的，其目的在于保护弱者利益。这一点在世界各国的工伤保险理论上都得到确认，我国也不例外。如我国《工伤保险条例》直接规定："职工或者其直系亲属认为是工伤，用人单位不认为是工伤的，由用人单位承担举证责任。"本案中，对于熊康珍是因病摔倒之主张，从举证责任的分配上看，应由忠县劳动和社会保障局及乐竹公司承担，其不能举出证据证明，就不能得到人民法院的支持。再审法院按照举证责任的分配原则，在熊康珍证明了受伤发生在工作时间和工作场所范围内，而忠县劳动和社会保障局及乐竹公司无法证明熊康珍是基于其他原因受伤的情况下，认定熊康珍所受之伤害属因工所致、符合工伤认定范围，完全正确，依法保障了职工因工作遭受事故伤害获得相应待遇的权利。

三、结语

工伤是当代社会必须面临的重大社会问题，它关系到劳动者与用人单位的切身利益，小到一个家庭的和睦，大到整个社会的稳定与安宁都与之息息相关。审理工伤认定行政纠纷案件存在的各种问题，很大程度上源于有关工伤认定法律法规规定得不明确、不具体，尤其是关于工作时间、工作场所、工作原因的概念规定得比较简单、抽象，没有明确统一的概念或认识，使得实践中在对工伤事故进行认定时，不论是劳动保障行政部门，还是法院均产生对法律理解适用的分歧与混乱。因此，建议在适当时候，由国务院及相关行政管理部门通过制定相关补充规定、实施细则或司法解释的方式，对工伤认定的争议问题作出明确的阐述。统一对工伤认定标准问题的认识，从而有效地指导行政执法与审判实践。这样才能从根本上解决处理工伤认定案件遇到的各种问题。

案例来源：重庆市人民检察院
案例编写：赵美容
案例点评：赵美容

27. 重庆市第二市政工程公司诉巫溪县国土资源和房屋管理局、巫溪县光华地质灾害防治有限责任公司行政诉讼纠纷抗诉案

【抗诉机关和受诉法院】

抗诉机关：重庆市人民检察院

受诉法院：重庆市高级人民法院

【基本案情】

申诉人（一审原告、二审上诉人）：重庆市第二市政工程公司。住所地：重庆市渝中区大坪下肖家湾 107 号。法定代表人：陈锡勤，经理。

被申诉人（一审被告人、二审被上诉人）：巫溪县国土资源和房屋管理局。住所地：巫溪县城厢镇解放街 74 号。法定代表人：余海中，局长。

被申诉人（原审第三人）：巫溪县光华地质灾害防治有限责任公司。住所地：巫溪县城厢镇解放街 74 号。法定代表人：廖籽林，经理。

2006 年 4 月 22 日，重庆市第二市政工程公司（以下简称市政二公司）中标承建巫溪县三峡库区三期地质灾害防治应急抢险项目巫溪县王家河库岸塌岸 139、140 段和祝家河滑坡 141 段防治工程，并与发包方巫溪县光华地质灾害防治有限责任公司（以下简称光华公司）签订了《建设工程施工合同》。2006 年 4 月 28 日，巫溪县国土资源和房屋管理局依据光华公司的申请，作出了《重

庆市巫溪县三峡库区三期地质灾害防治应急抢险项目开工通知书》，内容为"巫溪县光华地质灾害防治有限责任公司：你单位关于巫溪县三峡库区三期地质灾害防治应急抢险项目巫溪县王家河库岸塌岸 139、140 段防治工程和祝家河滑坡 141 段防治工程开工申请，根据重庆市人民政府办公厅《关于印发重庆市三峡库区三期地质灾害工程治理项目管理实施办法的通知》[渝办（2005）75号]文件第五章第 23 条规定，经审查，该工程符合施工条件，准予开工"。后市政二公司在与光华公司另外的诉讼中得知有此开工通知，遂于 2006 年 9 月 7 日以该工程并不具备开工条件为由向巫溪县人民法院提出行政诉讼，请求确认该开工通知自始无效。

【原审裁判】

2006 年 9 月 12 日，巫溪县人民法院作出（2006）巫行初字第 6 号行政裁定，认为《开工通知书》涉及行、民交叉问题，重庆市第二市政工程公司本应在民事诉讼一审终结前主张行政诉讼。现《开工通知书》的效力已在本院 2006 年 8 月 22 日作出的（2006）巫民初字第 424 号民事判决书中作出认定。民事诉讼现正在二审诉讼过程中，本院现暂不宜以行政诉讼方式对其合法性进行审查。据此裁定：对重庆市第二市政工程公司的起诉，不予受理。

市政二公司不服一审裁定，向重庆市第二中级人民法院提出上诉。2006 年 11 月 9 日，重庆市第二中级人民法院作出（2006）渝二中法行终字第 84 号行政裁定，认为巫溪县国土资源和房屋管理局下达的开工通知，是根据巫溪县光华地质灾害防治有限责任公司的申请而作出的行为，与重庆市第二市政工程公司没有产生权利义务关系。此后，重庆市第二市政工程公司已进场施工，在施工中发生其他争议。所以，一审法院对重庆市第二市政工程公司起诉请求确认开工通知无效裁定不予受理正确。重庆市第二市政工程公司上诉理由不能成立。依照《中华人民共和国行政诉讼法》第 61 条第（一）项之规定，裁定：驳回上诉，维持原裁定。

【抗诉理由】

市政二公司不服二审裁定，向检察机关提出申诉。2007 年 11

月 1 日，重庆市人民检察院以渝检行抗（2007）第 6 号行政抗诉书向重庆市高级人民法院提出抗诉。理由如下：

重庆市第二中级人民法院（2006）渝二中法行终字第 84 号行政裁定认定"巫溪县国土资源和房屋管理局下达的开工通知，是根据巫溪县光华地质灾害防治有限责任公司的申请而作出的行为，与重庆市第二市政工程公司没有产生权利义务关系"。并据此驳回要求受理的上诉请求错误。市政二公司与光华公司签订《建设工程施工合同》，市政二公司是约定工程的承建方。巫溪县国土资源和房屋管理局的开工通知确认该工程已具备施工条件，若市政二公司有条件开工而不按照合同约定开工，就要按照合同承担相应的违约责任。并且实际情况也是在另一民事诉讼中光华公司以巫溪县国土资源和房屋管理局的《开工通知书》作为确定市政二公司具备开工条件的依据，认为市政二公司在该开工时间后未按照合同约定派遣相应人员入场，进而要求为市政二公司提供担保的招商银行重庆市分行承担担保责任，给付违约保证金，因此《开工通知书》与市政二公司有法律上的利害关系。根据《中华人民共和国行政诉讼法》第 11 条"人民法院受理公民、法人和其他组织对下列具体行政行为不服提起的诉讼：……（八）认为行政机关侵犯其他人身权、财产权的"及最高人民法院《关于执行〈中华人民共和国行政诉讼法〉若干问题的解释》第 12 条"与具体行政行为有法律上利害关系的公民、法人或者其他组织对该行为不服的，可以依法提起行政诉讼"之规定，法院应当受理市政二公司不服巫溪县国土资源和房屋管理局作出开工通知的行政诉讼。

【再审结果】

重庆市高级人民法院受理本案后，指令重庆市第二中级人民法院再审本案。2008 年 6 月 12 日，重庆市第二中级人民法院作出（2008）渝二中行再终字第 1 号行政裁定书，认为市政二公司中标承建巫溪县三峡库区三期地质灾害防治应急抢险巫溪县王家河库岸塌岸 139、140 段和祝家河滑坡 141 段防治工程项目，并与光华公司签订了《建设工程施工合同》，巫溪县国土资源和房屋管理局根据光华公司的申请下达的《开工通知书》，其性质是行政许可行为。该《开工通知书》对市政二公司有法律上的利害关系。因此，市政二公司有诉权。根据《中华人民共和国行政诉讼法》第11条第1款第（八）项及最高人民法院《关于执行〈中华人民共和国行政诉讼法〉若干问题的解释》第12条"与具体行政行为有法律上利害关系的公民、法人或者其他组织对该行为不服的，可以依法提起行政诉讼"。据此，根据最高人民法院《关于执行〈中华人民共和国行政诉讼法〉若干问题的解释》第68条"第二审人民法院经审理认为原审人民法院不予受理或者驳回起诉的裁定确有错误，且起诉符合法定条件的，应当裁定撤销原审人民法院的裁定，指令原审人民法院依法立案受理或者继续审理"的规定，裁定如下：一、撤销本院（2006）渝二中法行终字第84号行政裁定和巫溪县人民法院（2006）巫行初字第6号行政裁定；二、指令巫溪县人民法院依法立案受理。

【点评】

本案是一起行政诉讼纠纷，从本案的实际情况和庭审过程来看，有以下两个问题值得探讨：

一、行政诉讼的受案范围

《行政诉讼法》第2条规定："公民、法人或者其他组织认为行政机关和行政机关工作人员的具体行政行为侵犯其合法权益，有权依照本法向人民法院提起诉讼。"第11条和第12条分别从肯定列举和否定列举两个方面对人民法院受理行政诉讼的范围进行了明确规定，上述规定表明我国行政诉讼的对象就是具体行政行为。

具体行政行为是指国家行政机关和行政机关工作人员、法律法规授权的组织、行政机关委托的组织或者个人在行政管理活动中行使行政职权，针对特定的公民、法人或者其他组织，就特定的具体事项，作出的有关该公民、法人或者其他组织权利义务的单方行为。具体行政行为须具备四个构成要素：1. 具体行政行为是行政机关实施的行为，这是主体要素。不是行政机关实施的行为，一般不是行政行为。但是，由法律、法规授权的组织或者行政机关委托的组织实施的行为，也可以是行政行为。2. 具体行政行为是行使行政权力所为的单方行为，这是成立要素。即该行为无须对方同意，仅行政机关单方即可决定，且决定后即发生法律效力，对方负有服从的义务，如果不服从，该行为可以强制执行或者申请人民法院强制执行。3. 具体行政行为是对特定的公民、法人或者其他组织作出的，这是对象要素。"特定"是指具体的某一或某些公民、法人或者其他组织。4. 具体行政行为是作出有关特定公民、法人或者其他组织的权利义务的行为，这是内容要素。

结合本案，判断巫溪县国土资源和房屋管理局根据光华公司的申请下达《开工通知书》的行为是否属于具体行政行为，就应从具体行政行为的构成要素入手进行分析：1. 根据《地质灾害防治条例》第7条"国务院国土资源主管部门负责全国地质灾害防治的组织、协调、指导和监督工作。国务院其他有关部门按照各自的职责负责有关的地质灾害防治工作。县级以上地方人民政府国土资源主管部门负责本行政区域内地质灾害防治的组织、协调、指导和监督工作"的规定，巫溪县国土资源和房屋管理局作为本行政区域内地质灾害防治的主管部门，符合具体行政行为的主体要素。2. 巫溪县国土资源和房屋管理局下达《开工通知书》是根据光华公司的申请，但《开工通知书》是巫溪县国土资源和房屋管理局自行决定的行为，一经作出即具有法律效力，光华公司有义务服从，符合具体行政行为的成立要素。3. 巫溪县国土资源和房屋管理局下达《开工通知书》的对象是光华公司，属于特定的对象，符合具体行政行为的对象要素。4. 巫溪县国土资源和房屋管理局根据光华公司的申请下达《开工通知书》的行为其实质上是一种行政许可，即批准该地质灾害防治工程可以正式开工，是对当事人权利义务的一种确认，符合具体行政行为的内容要素。综上所述，巫溪县国土资源和房屋管理局根据光华公司的申请下达《开工通知书》的行为应当属于具体行政行为，符合《行政诉讼法》规定的人民法院受理行政诉讼的范围，该行为具有可诉性。

二、行政诉讼中原告的主体资格

《行政诉讼法》第 41 条第（一）项规定："提起诉讼应当符合下列条件：（一）原告是认为具体行政行为侵犯其合法权益的公民、法人或者其他组织……"从这一规定可以看出在原告主体资格方面，《行政诉讼法》并未将原告限定为行政行为所直接指向的对象，即行政相对人。但是以往的司法实践中，法院往往把"法定权利受到损害"的主体理解为行政行为所直接指向的对象，即行政行为的相对人。究其原因，是由于相对人的标准更容易为法官掌握，所以对相对人之外的公民、法人或者其他组织提起的诉讼，一概以"不是行政管理相对人"为由予以拒绝，或不予受理，或者虽然受理，却又裁定"驳回起诉"。这样实际上使我国的行政诉讼原告资格标准变成了"法定权利受到损害的行政相对人"，不利于保护行政相对人以外的其他人的合法权益。为了解决这一问题，最高人民法院《关于执行〈中华人民共和国行政诉讼法〉若干问题的解释》第 12 条规定："与具体行政行为有法律上利害关系的公民、法人或者其他组织对该行为不服的，可以依法提起行政诉讼"，这一规定实现了原告资格从"相对人资格论"到"法律上利害关系人资格论"的转变，明确赋予了利害关系人提起行政诉讼的原告资格，从法律上彻底否定了"作为原告必须是行政机关行政管理对象"的错误观点。

从理论上讲，"法律上利害关系"的概念源于《行政诉讼法》第 27 条有关第三人的规定，"同提起诉讼的具体行政行为有利害关系的其他公民、法人或者其他组织，可以作为第三人申请参加诉讼，或者由人民法院通知参加诉讼"，其立法本意就在于保护具体行政行为的直接对象之外的人的合法权益。只是第三人制度是基于本诉的一种制度，当具体行政行为的直接相对人不提起行政诉讼，与具体行政行为有利害关系的当事人就无法作为第三人参加诉讼。此时，第三人就无法依据第三人制度获得司法救济。这也是最高人民法院以司法解释的方式规定"与具体行政行为有法律上利害关系的公民、法人或者其他组织有权提起行政诉讼"的原因之一。

目前，我国《行政诉讼法》和相关司法解释并没有明确规定"法律上利害关系"的认定标准，在实践中也存在着一定的争议。最高人民法院《关于执行〈中华人民共和国行政诉讼法〉若干问题的解释》第1条第2款第（六）项规定："公民、法人或者其他组织对下列行为不服提起诉讼的，不属于人民法院行政诉讼的受案范围：……（六）对公民、法人或者其他组织权利义务不产生实际影响的行为。"这一规定实际上从反面确定了"法律上利害关系"的标准，即"法律上利害关系"是指当事人的合法权益受到被诉行政行为的直接侵犯或者被诉行政行为已经影响或者必然影响当事人的合法权益。

本案中，巫溪县国土资源和房屋管理局下达《开工通知书》的行为与市政二公司之间存在法律上的利害关系。本案争议的工程是由市政二公司所承建，巫溪县国土资源和房屋管理局的《开工通知书》确认该工程已具备施工条件，若市政二公司有条件开工而没有按照合同约定开工，就要按照合同承担相应的违约责任。实际情况也是在另一民事诉讼中光华公司以巫溪县国土资源和房屋管理局的《开工通知书》作为确定市政二公司具备开工条件的依据，认为市政二公司在该开工时间后未按照合同约定派遣相应人员入场，进而要求为市政二公司提供担保的招商银行重庆市分行承担担保责任，给付违约保证金。因此，巫溪县国土资源和房屋管理局下达《开工通知书》的行为与市政二公司在民事诉讼中的败诉，具有直接的因果关系，对市政二公司的权利义务产生了必然影响，因而该行为与市政二公司具有法律上的利害关系。二审终审裁定关于"巫溪县国土资源和房屋管理局下达的开工通知，是根据巫溪县光华地质灾害防治有限责任公司的申请而作出的行为，与重庆市第二市政工程公司没有产生权利义务关系"的认定，不符合客观实际，剥夺了市政二公司的合法诉权。检察机关依法提出抗诉，再审判决予以纠正，保护了当事人的合法权益。

综上所述，巫溪县国土资源和房屋管理局下达开工通知的行为是具体行政行为，属于行政诉讼的受案范围；该行为与市政二公司的损害结果之间存在法律上的因果关系，市政二公司具备行政诉讼的原告资格，因此人民法院应当受理市政二公司的起诉。同时，行政诉讼的受案范围与原告的主体资格问题一直是行政诉讼法中争议的焦点问题之一，理论上一直争论不休，各级、各地法院的判法也不尽相同，本案的再审改判可以为人民法院审理类似案件提供借鉴。

案例来源：重庆市人民检察院第二分院
案例编写：张恒新　王长江
案例点评：张恒新　王长江

检
察
建
议

28. 江久军诉邹忠明、陈华明雇员受害赔偿纠纷再审检察建议案

【检察建议机关和受理法院】

检察建议机关：浙江省衢州市人民检察院

受理法院：浙江省衢州市中级人民法院

【基本案情】

申诉人（一审被告、二审上诉人）：陈华明，男，1962年4月24日生，汉族，农民，住开化县城关镇咆滩新村。

被申诉人（一审原告、二审被上诉人）：江久军，男，1975年9月8日生，汉族，农民，住开化县林山乡下江村。

被申诉人（一审被告、二审被上诉人）：邹忠明，男，1964年7月1日生，汉族，农民，住开化县音坑乡什城村。

2008年1月，申诉人陈华明将农村住房承包给被申诉人邹忠明施工，双方约定按照房屋建筑面积来计算建房款。邹忠明雇请被申诉人江久军从事泥工工作，雇请江成楚做粗工。2008年5月13日上午9时左右，江久军正在为陈华明房屋浇斜屋顶时，因江成楚推水泥翻斗车不慎，车辆往房顶下翻转，碰撞到正在作业的江久军，致使江久军从房顶上坠落地面。江久军被送到开化县人民医院救治，后转至浙江省人民医院治疗。治疗期间，邹忠明支付医疗费用20000余元，江成楚支付医疗费用300元。2008年6月4日，仍在治疗期间的江久军向开化县人民法院起诉，要求邹忠明、陈华明支付已发生的医疗费用64854.68元。

【原审裁判】

2008 年 7 月 18 日，开化县人民法院经审理认为，被告邹忠明在承建被告陈华明房屋过程中未取得相应建房资质，在安全、防护设施上未加落实，致使雇员原告江久军损伤的发生，应承担本案的赔偿责任。雇员江成楚在施工中未能确保安全，致使水泥翻斗车翻车碰撞江久军致事故发生，属重大过失行为，应与雇主邹忠明承担连带赔偿责任。被告陈华明将房屋发包给未取得相应建房资质的邹忠明施工，也应与雇主邹忠明承担连带赔偿责任。遂依照《中华人民共和国民法通则》第 119 条，最高人民法院《关于审理人身损害赔偿案件适用法律若干问题的解释》（以下简称《解释》）第 9 条、第 11 条、第 19 条的规定，判决：邹忠明、陈华明、江成楚连带赔偿江久军医疗费用 64854.68 元（含已付 20386.8 元）。

陈华明不服一审判决，向衢州市中级人民法院提出上诉。2008 年 10 月 28 日，衢州市中级人民法院经审理认为，本案为雇员受害赔偿纠纷。被上诉人江久军受被上诉人邹忠明的雇佣为上诉人陈华明建造房屋，在施工过程中，被上诉人江久军从房顶坠落至地面造成身体损害，其损伤是在从事雇佣活动中所致。根据《解释》第 11 条第 1 款的规定，雇员在从事雇佣活动中遭受人身损害，雇主应当承担赔偿责任。原审法院判令被上诉人邹忠明承担雇主赔偿责任，适用法律正确。上诉人陈华明将房屋承包给被上诉人邹忠明施工，应对邹忠明是否具有相应的承建资质进行审查；同时，邹忠明在施工现场未作安全防护工作，上诉人陈华明对此明知而未作必要监督。根据《解释》第 11 条第 2 款的规定，雇员在从事雇佣活动中因安全生产事故遭受人身损害，发包人、分包人知道或者应当知道接受发包或者分包业务的雇主没有相应资质或者安全生产条件的，应当与雇主承担连带赔偿责任。因此，上诉人陈华明应对被上诉人江久军的损害承担连带责任。被上诉人江久军在原审诉讼中，其诉讼请求是要求邹忠明、陈华明承担赔偿责任，并未要求江成楚对其损失承担责任，原审法院判令江成楚承担民事赔偿责任，超出江久军的诉讼请求，属判非所诉，应予纠正。依照《中华人民共和国民事诉讼法》第 153 条第 1 款第（三）项之规定，判决：一、撤销开化县人民法院（2008）开民初字第 283 号民事判决；二、被上诉人邹忠明于判决生效后 10 日内赔偿被上诉人江久军医疗费 64854.68 元（含已付 20386.8 元），上诉人陈华明对该款项承担连带责任。

【检察建议理由】

陈华明不服二审判决，向检察机关提出申诉。2010 年 5 月 10 日，衢州市人民检察院以衢市检民行建（2010）第 3 号再审检察建议书向衢州市中级人民法院发出再审检察建议。理由如下：

本案关键的争点是能否适用《解释》第 11 条第 2 款之规定，认定申诉人陈华明因自己的过错将建房工程发包给没有资质的承包人并因此而承担连带赔偿责任。该款司法解释规定，"雇员在从事雇佣活动中因安全生产事故遭受人身损害，发包人、分包人知道或者应当知道接受发包或者分包业务的雇主没有相应资质或者安全生产条件的，应当与雇主承担连带赔偿责任。"依此规定，申诉人承担连带责任应具备五个条件：一是法律、法规或行业规定要求承包业务的雇主必须具有相应资质和安全生产条件；二是发包方即申诉人具有将工程发包给具有相应资质和安全生产条件的承包方的法定义务；三是承包建房的雇主邹忠明没有相应资质或安全生产条件；四是申诉人有过错，即知道或应该知道该雇主没有相应资质或安全生产条件但仍然将房屋建设工程发包给该雇主；五是雇员在从事雇佣活动中因安全生产事故遭受人身损害。同时具备上述五个条件，申诉人就和造成实际损害后果的雇主具有共同的过错，在一定意义上构成共同侵权，就应与雇主承担连带赔偿责任。上述五个条件是申诉人承担连带责任的必要条件，缺一不可。但（2008）衢中民一终字第 488 号民事判决对上述条件是否全部成就的相关事实认定有误，也就是以申诉人"将房屋承包给邹忠明施工，应对邹忠明是否具有相应的承建资质进行审查；同时，邹忠明在施工现场未作安全防护工作，陈华明对此明知而未作必要监督"为由，认定申诉人存在过错是错误的。

1. 本案中的建设工程是申诉人的自有农村住房建设工程，承包该工程的被申诉人邹忠明属于村镇建筑工匠。所谓村镇建筑工匠，就是以经营为目的，具备相应的技能，独立或合伙承包规定范围内的村镇建筑工程的个人。其承包范围是村镇农（居）民住宅的建筑工程。对于村镇建筑工匠，在 2004 年以前，有关法规是要求其取得相应资质即县级建设行政管理部门核发的资格证书方可执业的。但相关的《村镇建筑工匠从业资格管理办法》（建设部颁发）于 2004 年 2 月 7 日被废止，《浙江省村镇规划建设管理条例》亦于 2004 年 7 月 30 日经浙江省第十届人民代表大会常务委员会第十二次会议作出相应修改。该条例第 31 条由原来的"村镇建筑工匠，必须取得县级村镇建设行政管理部门核发的村镇建筑工匠资格证书，方可承担规定业务范围的村（居）民住宅建设施工任务"修改为"村镇建筑工匠应当具备相应的建筑施工技能，按照规定承担村（居）民住宅建设施工任务"。这就意味着浙江省范围内的村镇建筑工匠的从业资格已从要求有政府部门核发的专业资格证书放宽为具备相应的建筑施工技能。《浙江省村镇规划建设管理条例》是现行有效的我省地方性法规，依照该条例，村镇建筑工匠具备相应的建筑施工技能，是可以承建农村村民住房的，我省的建设行政管理部门也因此取消了村镇建筑工匠的资质等级审批工作，不再颁发村镇建筑工匠资格证书。本案被申诉人邹忠明以承包农村住房建设工程为业，已有 20 余年，承建了大量的农村村民住宅，当然可以认定为具备相应的建筑施工技能，也可以说，其符合法规规定的承担村镇村（居）民住宅建设施工任务的资格条件。二审判决认定被申诉人邹忠明没有相应资质，不能承建申诉人的农村住房，属认定事实错误。

2. （2008）衢中民一终字第 488 号民事判决认定申诉人在房屋建设工程发包中存在过错，是错误的。建筑工程施工一般都要求承包方具有相应资质，发包方对承包方的资质也具有审查注意的责任，一般不得将工程发包给没有资质的单位或个人承包。这是我国现行法律对建筑工程发包、承包双方设定的法定义务。《解释》第

11 条第 2 款之规定正是基于发包方违反该法定义务并且主观上有过错而对其科以连带责任。如果法律法规没有为发包方设定该义务或者发包方没有违反该法定义务，就不能适用《解释》第 11 条第 2 款之规定。本案中，被申诉人邹忠明作为村镇建筑工匠，符合现有法规规定的承担村镇村（居）民住宅建设施工任务的资格条件，则作为发包方的申诉人陈华明在了解了邹忠明从事农村建房工作 20 多年的情况后，完全有理由相信邹忠明具备熟练的建筑技能和丰富的从业经验，为此将房屋建造施工发包给邹忠明就没有过错。再者，法律、行政法规都没有要求承建农村住房的建筑工匠要有资质，本案判决认定申诉人将建房工程发包给没有资质的人施工就具有过错显然缺乏法律依据。

3. 二审判决以被申诉人邹忠明在施工现场未作安全防护工作，申诉人陈华明对此明知而未作必要监督为由认定申诉人应承担连带责任，事实不清，于法无据。首先，原一、二审对于申诉人是否明知施工现场未作安全防护这一事实以及根据申诉人的文化水平、专业知识水平以及社会阅历，其能否认识到施工现场哪些部位应作安全防护、防护措施做到什么程度才能保证安全这些事实情况均未查清，缺乏相应证据证明；对于申诉人是否进行过监督亦未查清，也没有相关证据证明。其次，《解释》第 11 条第 2 款规定发包人承担连带责任的要件是其知道或应该知道接受发包业务的雇主没有安全生产条件。安全生产条件是法定概念，具有特定内涵，相关法律法规规定，建筑施工企业实行安全生产许可证制度，具备法定的安全生产条件，才能取得安全生产许可证，没有许可证，不得从事生产活动。但是案涉建设工程是农民住房的建设工程，施工主体是村镇建筑工匠，并没有相关法律、行政法规、国家或行业标准规定农民建造住房应符合什么样的安全生产条件，也没有相关法律、行政法规规定农民建造住房必须取得安全生产许可证，国务院《建设工程安全生产管理条例》第 69 条也明确规定"抢险救灾和农民自建低层住宅的安全生产管理，不适用本条例"。据此，要求申诉人发包时审查注意并确定承包人具备安全生产条件，显然于理不符、于法无据。申诉人了解到邹忠明从业 20 余年，具备熟练的建筑施工技能和丰富的经验，而且在自己的村里还承接了其他村民的住房建设工程等情况后，也完全有理由相信邹忠明具备安全施工的能力和条件，申诉人在主观上并无过错。最后，具备安全生产条件并不等同于安全生产，具备安全生产条件的承包人在施工中仍可能因未采取安全保障措施而发生安全事故，在这种情况下，法律并未规定发包方没有尽到监督之责就要承担连带责任。反之，不具备安全生产条件的承包人在施工中发生安全事故，发包人即使尽到监督责任了，法律也没有规定其不再承担连带责任。二审判决的上述认定混淆了这两个概念。

【再审结果】

衢州市中级人民法院受理本案后，裁定对本案进行再审。并于 2011 年 5 月 19 日作出 (2011) 浙衢民再字第 5 号再审判决书，认为陈华明以包清工的形式将其自住房屋建造工程发包给具备建筑施工技能的邹忠明施工，双方依农村习惯按照建后面积结算工程款，并约定每平方米价款，可认定承包关系成立。雇员在从事雇佣活动中遭受人身损害，雇主应当承担赔偿责任。江久军受邹忠明雇请为陈华明建房，其在具体工作中听从邹忠明的指挥，且由邹忠明支付劳动报酬，应认定邹忠明与江久军之间雇佣关系成立。邹忠明作为从事多年村镇居民房屋建筑的工匠，应具有相应的从业经验和建筑技能，但其忽视安全生产，致雇员江成楚和江久军在没有安全保障条件的情况下施工，对于江久军在从事雇佣活动中遭受的人身损害，雇主邹忠明应当承担责任。《浙江省村镇规划建设管理条例》第 31 条已对村镇建筑工匠按照规定承担村（居）民住宅建设施工任务的资质条件由"必须取得县级村镇建设行政管理部门核发的村镇建筑工匠资格证书"修改为"应当具备相应的建筑施工技能"。该条款是对村镇建筑工匠资质条件作出的特别解释。根据该条款，陈华明将工程发包给具备相应的建筑施工技能和从业经验的邹忠明，且在房屋建造过程中已尽相应的注意义务，故对于江久军损伤的安全事故不负赔偿责任。因江久军并未诉请江成楚承担责任，且庭审中明确表示不同意追加江成楚为被告，在原审庭审中明确不要求江成楚承担责任，故不应判令江成楚承担责任。原审判决不当。据此，依照《中华人民共和国民事诉讼法》第 153 条第 1 款第（二）项之规定，判决：一、撤销浙江省开化县人民法院（2008）开民初字第 283 号民事判决和本院（2008）衢中民一终字第 488 号民事判决；二、邹忠明于判决生效后 10 日内赔偿江久军医疗费 64854.68 元（含已付 20386.80 元）；三、驳回江久军的其他诉讼请求。

【点评】

本案陈华明将其住宅建造工程以包清工形式发包给邹忠明施工及邹忠军为完成施工又雇佣江成楚、江久军为其工作，而江久军又在从事雇佣工作中被同样从事雇佣工作的江成楚致伤，这些基本事实是清楚的，不像许多农村建房安全事故纠纷往往在构成承揽关系还是雇佣关系以及谁是雇主等问题上发生争议，就此点而言，本案在因农村建房安全事故引起的人身损害赔偿纠纷的诸多案件中具有一定的典型性。要准确确定本案当事人民事责任，应厘清两个法律问题：

一、陈华明与邹忠明之间是承包合同关系还是承揽合同关系

《合同法》第 251 条规定："承揽合同是承揽人按照定作人的要求完成工作，交付工作成果，定作人给付报酬的合同。"第 269 条规定："建设工程合同是承包人进行工程建设，发包人支付价款的合同。"建设工程合同，实际上是承揽合同的一种特殊类型。因此，《合同法》第 287 条规定：法律对建设工程合同没有特别规定的，适用法律对承揽合同的有关规定。建设工程施工合同与承揽合同都具有以下相同的法律属性：1. 均以完成一定的工作并交付工作成果为标的。2. 合同的标的物具有特定性。3. 承揽人或施工人的工作均具有独立性。4. 均具有一定的人身性质。承揽人或承包人一般必须以自己的设备、技术、劳力完成工作或工程，并承担风险，不得擅自将承揽的工作或工程交给第三人完成，且对完成工作、工程过程中遭受的意外风险负责。5. 均是双务、有偿合同。

既然两者的法律关系内容如此类同，似乎没有加以区分的必要。然而《解释》第 10 条规定，承揽人在完成工作过程中对第三人造成损害或者造成自身损害的，定作人不承担赔偿责任。但定作人对定作、指示或者选任有过失的，应当承担相应的赔偿责任。《解释》第 11 条第 2 款规定，雇员在从事雇佣活动中因安全生产事故遭受人身损害，发包人、分包人知道或者应当知道接受发包或者分包业务的雇主没有相应资质或者安全生产条件的，应当与雇主承担连带赔偿责任。根据上述规定，在人身损害赔偿纠纷中，定作人和发包人承担的民事责任是不一样的，因此，必须加以区分。一般而言，可从两方面对建设工程施工合同关系和承揽关系进行甄别。一是合同标的物的区别，建设工程施工合同的标的物为不动产，承揽合同的标的物一般为动产；二是合同主体的区别，建设工程施工合同的承包人为特殊主体，法律对承包人有特殊要求，即承包人必须是经国家认可的具有一定建设资质的法人。而一般承揽合同在法律没有明确规定的情况下，合同双方为一般主体。具体到本案，从合同标的物看，应当属于建筑工程施工合同关系，但从合同主体看，现有对工程承包人的资质要求源于《建筑法》的相关规定，而该法明确规定不适用于农民自建低层住宅的建筑活动，因此本案合同的主体是一般主体，符合承揽合同的特征。至此，仍无法对本案的合同关系性质作准确的界定，必须以更宽的视野对本案的有关法律关系进行审视。换言之，本案要解决的是陈华明是发包人还是承揽人的问题，而发包人并不仅限于建设工程施工合同中的发包人，建设工程承发包关系只是承发包关系中的一种。本案中，陈华明自建住宅工程并非严格意义上建筑法律、法规所指的建设工程，但法律并不禁止民事主体就自建住宅工程设立承发包关系。到底是何种法律关系，要看民事主体的合意和合同的具体约定。本案陈华明与邹忠明签订合同约定陈华明将房屋以包清工形式承包给邹忠明施工，价格按工程量结算，双方的合意是一种发包与承包的关系。因此，原一、二审判决、检察建议及再审判决，认定陈华明为发包人是妥当的，当事人对此也无异议。就本案而言，从抗诉或再审检察建议的角度，对这一问题实无予以关注的必要，但通过本案对这一问题进行提示对司法实践无疑是有借鉴意义的，故笔者进行了评述。

二、建筑工匠承建村民住宅究竟有无资质要求，这也是本案争议的焦点

综观有关建筑工匠承建住宅方面的法律、法规、规章，1993年11月1日起施行的由国务院制定颁布的《村庄和集镇规划建设管理条例》第23条第2款规定，在村庄、集镇规划区内从事建筑施工的个体工匠，除承担房屋修缮外，须按有关规定办理施工资质审批手续。之后，建设部于1996年6月19日制订发布了《村镇建筑工匠从业资格管理办法》，该办法规定，未取得《村镇建筑工匠资格证书》，不得承揽村镇建筑工程。1997年11月1日第八届全国人民代表大会常务委员会第二十八次会议通过《建筑法》，该法第26条第1款规定，承包建筑工程的单位应当持有依法取得的资质证书，并在其资质等级许可的业务范围内承揽工程。第2款规定，禁止建筑施工企业超越本企业资质等级许可的业务范围或者以任何形式用其他建筑施工企业的名义承揽工程。禁止建筑施工企业以任何形式允许其他单位或者个人使用本企业的资质证书、营业执照，以本企业的名义承揽工程。但该法第83条第2款规定，抢险救灾及其他临时性房屋建筑和农民自建低层住宅的建筑活动，不适用本法。2004年7月2日，《村镇建筑工匠从业资格管理办法》被废止。1997年11月12日浙江省第八届人民代表大会常务委员会第四十次会议通过了《浙江省村镇规划建设管理条例》，其中第31条第1款规定，村镇建筑工匠，必须取得县级村镇建设行政管理部门核发的村镇建筑工匠资格证书，方可承担规定业务范围的村（居）民住宅建设施工任务。但从实际情况看，该条规定的实施效果并不理想，一方面，农村村民建房零星，规模小，对于施工单位来说利润小，有资质的施工单位谁都不愿意到乡下去干小活。农村村民由于资金有限，请无资质的施工队建房无疑要少花不少钱。这些矛盾不解决，所谓的"选任过错"就无法避免，违法将成为常态。另一方面，建筑工匠资格证书取得的条件是比较宽松的，取得

资格证书的建筑工匠承建住宅工程发生安全事故并不见得比无资格证书的少，这种情况造成了没有相应资质或者安全生产条件的雇主在责任承担上反而比有资质的雇主为轻，这无异于从法律上降低了无资质雇主的违法成本，鼓励了无资质建筑商的存在。基于这些实践中出现的问题，2004 年 7 月 30 日浙江省第十届人民代表大会常务委员会第十二次会议通过了《关于修改〈浙江省村镇规划建设管理条例〉的决定》，决定将《条例》第 31 条重订为：村镇建筑工匠应当具备相应建筑施工技能，按照规定承担村（居）民住宅建设施工任务。从上述法律、法规、规章的制定、实施情况看，至少在浙江省范围内，对个体建筑工匠承建村民住宅目前在资质方面是没有硬性规定的，只是要求建筑工匠具备相应建筑施工技能。本案中邹忠明有多年从事村镇居民房屋建筑的经历，应认定具备相应的建筑技能，陈华明将自住房屋发包给邹忠明建造并无选任过失；同时也没有证据证明陈华明违反了其他注意义务。因此，本案不应适用《解释》第 11 条第 2 款规定，要求陈华明对江久军损害承担连带赔偿责任。

另外，需要注意的是，《侵权责任法》已于 2010 年 7 月 1 日正式施行，在侵权责任法中没有使用雇佣关系的概念，而是称为个人之间形成的劳务关系。同时规定，提供劳务一方因劳务自己受到损害的，根据双方各自的过错承担相应的责任。也就是说，今后此类纠纷不再实行无过错的雇主责任，而采用了过错责任。

案例来源：浙江省衢州市人民检察院
案例编写：舒国勇
案例点评：舒国勇

29. 王维吉诉大连金贤商贸有限公司取暖费纠纷再审检察建议案

【检察建议机关和受理法院】

检察建议机关：辽宁省大连经济技术开发区人民检察院

受理法院：辽宁省大连经济技术开发区人民法院

【基本案情】

申诉人（原审原告）：王维吉，男，1942年6月5日出生，汉族，大连市金贤商贸有限公司退休工人，住大连市经济技术开发区得胜镇江家村172号。

被申诉人（原审被告）：大连金贤商贸有限公司。住所地：大连经济技术开发区得胜镇。法定代表人：张波，经理。

王维吉等50人原是大连市金州区得胜供销合作社职工，2003年大连市金州区得胜供销合作社改制为大连金贤商贸有限公司。根据大连市金州区得胜供销合作社体制创新方案的规定，该50名退休职工由大连金贤商贸有限公司接收安置，应由大连金贤商贸有限公司保障该50名退休职工应享有的工资和福利待遇。但大连金贤商贸有限公司并未支付王维吉取暖费，王维吉向大连经济技术开发区劳动仲裁委员会申请劳动仲裁不被受理后，向大连经济技术开发区人民法院起诉。

另查明，王维吉等50人在2003年大连市金州区得胜供销合作社改制为大连金贤商贸有限公司时，与企业签订了得胜供销社职工代表大会决议，约定改制后企业保障职工享有的工资和福利待遇。

金贤商贸有限公司改制文件大金供字（2003）第14号文件、大金体制创新组办发〔2003〕13号文件《大连市金州区得胜供销合作社体制创新方案》对此也作了规定。但大连金贤商贸有限公司一直未支付王维吉等取暖费。王维吉向法院起诉请求金贤商贸有限公司给付采暖费1530元，采暖费计时区间和计算依据未附相关证据。

再查明，金贤商贸有限公司现在公司形式为有限责任公司，三位股东分别是张波、姜广远、徐万年，张波是法定代表人，公司房产等财产状态因动迁等原因无法查清。

【原审裁判】

2008年12月5日，大连经济技术开发区人民法院作出（2008）开民初字第1199号民事裁定，认为取暖费是福利待遇的一种，但劳动合同法中没有通过法定条款予以确定，仅属于约定的项目，所以该项诉讼请求不属于劳动争议受理范畴，故原告要求被告给付采暖费的诉讼请求不属于人民法院受理民事诉讼案件的范围。故裁定：驳回原告王维吉的诉讼请求。

【检察建议理由】

2009年5月27日，大连经济技术开发区人民检察院向大连经济技术开发区人民法院发出再审检察建议，认为一审裁定认定的基本事实缺乏证据证明，有新的证据，足以推翻原裁定。理由如下：

1. 原裁定认定王维吉要求大连金贤商贸有限公司支付取暖费的诉讼请求不属于劳动争议受理范围缺乏证据证明。《劳动合同法》第17条规定"用人单位与劳动者可以约定试用期、培训、保守秘密、补充保险和福利待遇等其他事项"，据此可知，包括采暖费在内的福利待遇可以作为合同内容，关于采暖费的争议属于劳动争议。本案中，据大连市金州区得胜供销合作社体制创新方案和得胜供销社职工代表大会决议两份证据可以证明，用人单位和劳动者双方已经对包括采暖费在内的福利待遇作出约定，王维吉要求大连金贤商贸有限公司支付采暖费的诉讼请求属于劳动争议受理范围。

2. 有新的证据，足以推翻原裁定。据申诉人徐永龙提供的大金供字（2003）第14号文件、大金体制创新组办发〔2003〕13号文件《大连市金州区得胜供销合作社体制创新方案》和得胜供销社职工代表大会决议等证据可以证明，包括王维吉在内的职工在职工代表大会上以决议的形式规定改制后企业保障职工享有的工资和福利待遇。取暖费属于福利待遇的一种，在决议的范围之内。且据大开管发［2006］32 号文件规定，离退休人员的采暖费补贴由所在单位负责发放。因此，申诉人王维吉起诉要求大连金贤商贸有限公司支付取暖费符合合同约定和政府规定，法院裁定驳回起诉没有依据。

【再审结果】

大连经济技术开发区人民法院受理本案后，于 2009 年 7 月 27 日作出（2009）开审民初再第 46 号民事裁定，裁定对该案另行组成合议庭再审。2009 年 7 月 29 日，大连经济技术开发区人民法院主持原审原告和被告自愿达成民事调解协议，协议内容为：原审被告大连金贤商贸有限公司给付原审被告王维吉取暖费人民币 900 元，原审原告放弃其他诉讼请求。

【点评】

本案看似是一起简单的取暖费纠纷案件，但是具有一定的复杂性和特殊性。首先，本案属于群体性上访、申诉案件，影响范围广，持续时间长，司法机关针对此类案件的处置能力尤为重要，倘若处置不当，负面效应将被急剧放大，严重损害司法公信力。其次，本案所涉及的法律问题因立法规定不明确，导致适用法律存在一定困难，这就要求司法人员综合运用法律原则和民法解释学知识作出法律推理论证，符合立法原意，真正做到以理服人。

一、如何合理选用监督方式，取得最佳监督效果

本案中原审法院以"取暖费案件不属于法院受理范围"为由裁定驳回起诉。检察机关审查认为，尽管法律法规没有逐一列明劳动者"福利待遇"的外延，但通过目的解释应当认定取暖费属于"福利待遇"之一种，申诉人提供的新证据能够证明对方当事人有义务向其给付取暖费，申诉人申诉理由于法有据，法院驳回起诉的依据与立法原意相违背。据此，检察机关认为有新的证据足以推翻

原裁定，决定通过再审纠正上述错误。然而考虑到本案涉及申诉人多达 50 人，倘若检察机关对所有案件都提请抗诉，原审法院很可能考虑案件人数众多容易引发新的矛盾而坚持引用原依据进行裁判，拒不改判。由此一来，申诉人维权的诉求无法实现，受不公平感的驱使会坚持上访、缠访，甚至于采取过激行为表达诉求。权衡利弊之下，办案人员先选择其中两个案件提请抗诉，在抗诉意见被采纳，案件发回重审后又就其余 48 个案件与法院沟通，发出再审检察建议，成功促使全部 50 个案件再审。可见，合理地选择监督方式，对于促进法律监督实效、解决社会矛盾纠纷具有积极意义。

二、如何依据客观实际，合理确定取暖费计算标准和数额

尽管本案申诉人要求原审被告给付取暖费的主张于法有据，应当予以支持，但由于其无法提供足够证据，法院认定计算取暖费标准有一定困难。原审过程中各原告主张数额一致，均为 1530 元，但是考虑到原告居住于农村，取暖多依靠烧煤或烧柴火，因此不能简单套用城市取暖费的计算标准——按照居住面积进行换算。由于农村取暖费的计算无统一标准，倘若对 50 名申诉人的取暖费逐个进行核算成本过高且核算结果不一，很可能导致申诉人内部发生攀比甚至争执，届时将严重阻碍案件的审理。从法院的角度，面对如此众多的当事人，再审过程中审判人员必将承受很大压力。办案人员综合考虑以上因素，决定加大检察和解工作力度，一方面与申诉方代表多次沟通，阐明利弊，细心引导其与原审被告协商确定取暖费金额；另一方面办案人员耐心对企业做工作，引导其综合考虑本案的社会影响、对企业声誉造成的破坏，以及申诉人上访、缠访压力，促使其参与对话。经过多方努力，双方最终共同确定取暖费计算标准和数额，为法院顺利再审打下良好基础。由于该案引起较大的社会关注，在审判机关和检察机关的共同努力下，双方最终达成和解协议，案件在较短时间内成功解决，取得了良好的法律效果和社会效果。

本案留给我们的启示是，面对民行申诉案件的特殊性和复杂性，检察机关在行使审判监督权时必须坚持敢于监督、善于监督，

做到原则性与灵活性并用，最大程度彰显民行检察的内在价值。一方面要敢于监督，切实提高办案人员法律素养，增强法律运用能力，对原审裁判的审查要全面准确到位，对确有错误的裁判要促使法院启动审判监督程序，保障司法公平正义；另一方面要善于监督，积极构建以抗诉为中心的多元化监督格局，建立和完善检调对接机制，主动融入"大调解"的工作体系，不以"监督者"自居，与法院协调解决好工作中存在的问题，形成化解社会矛盾纠纷的合力，取得良好的法律监督效果。

案例来源：辽宁省大连经济技术开发区人民检察院
案例编写：赵风林　　刘世红
案例点评：赵风林

30. 重庆市潼南第三丝绸厂 350 名下岗职工申请立案监督检察建议案

【检察建议机关和受理法院】

检察建议机关：重庆市潼南县人民检察院

受理法院：重庆市潼南县人民法院

【基本案情】

申诉人：李素辉等 350 名重庆市潼南第三丝绸厂下岗职工，住重庆市潼南第三丝绸厂职工宿舍。

1994 年，重庆市潼南第三丝绸厂（以下简称潼南丝三厂）未征得职工同意以职工养老保险单向中国人寿保险公司潼南营业部（以下简称中国人寿潼南营业部）质押借款 45 万元。因未能履行到期还款义务，中国人寿潼南营业部向法院起诉要求潼南丝三厂履行还款义务并对职工养老保险单现金价值享有优先受偿权。潼南县法院审理后，作出判决支持了中国人寿潼南营业部所提出的两项诉讼请求。判决生效后，中国人寿潼南营业部单方终止了与潼南丝三厂 695 名职工的养老保险合同。2009 年年初，部分职工因到了退休年龄，到潼南丝三厂办理领取养老金手续时方得知上述判决。同年 12 月，潼南丝三厂 350 名下岗职工向潼南县法院提起诉讼，请求判令中国人寿潼南营业部履行养老保险合同，支付保险金。但是，至 2010 年 6 月，潼南县法院未作出是否受理该 350 件案件的决定。该厂 350 名下岗职工遂向潼南县检察院申诉，请求监督潼南县法院及时立案。

【检察建议理由】

潼南县检察院受理 350 名职工的申诉后，经调查得知，潼南县法院认为该 350 件案件系企业改制中的遗留问题，依司法解释的规定应不予受理，但一直未正式作出是否受理的书面决定。潼南县检察院经审查认为，本系列案件是普通的商业保险纠纷与企业改制无关，并非企业改制中的遗留问题，潼南县法院应该受理。且本案已超过了法定的决定受理期限（7 日），系程序违法，遂于 2010 年 6 月 10 日向潼南县法院发出检察建议，要求其及时作出是否受理该 350 件案件的决定。

【案件结果】

潼南县法院收到潼南县检察院的检察建议后十分重视，就该 350 件案件是否应该受理专门召开了审委会研究，并向重庆市第一中级法院请示，在收到重庆市第一中级法院应予受理的书面批复后，对 350 件案件均予以立案，并于 2010 年 9 月 6 日回函接受了潼南检察院的检察建议。

【点评】

本案涉及一个重要的民事诉讼理论问题即民事起诉权的有效保护问题。

民事起诉权是指当自然人、法人之间或他们相互之间的民事权益发生争执或出现不稳定状态，一方向法院起诉，请求法院依法裁决的权利。民事起诉权的义务主体是法院，当公民行使民事起诉权，以法律规定的形式向法院起诉后，法院就有义务受理民事起诉。从这个意义上讲，民事起诉权是司法救济请求权，属于公法（宪法）上的权利。

我国《民事诉讼法》第 112 条规定："人民法院收到起诉状或者口头起诉，经审查，认为符合起诉条件的，应当在七日内立案，并通知当事人；认为不符合起诉条件的，应当在七日内裁定不予受理；原告对裁定不服的，可以提起上诉。"即法院决定立案的法定期限是 7 日。但是我国民事诉讼的实践中，当事人起诉权的正常行使存在不少困难，许多原告将民事诉讼状递交到法院后，法院或长期不作决定，或决定不予受理，或不予立案，或者在受理后，在庭审时发现不应受理，而决定驳回起诉的，只用口头裁定，不发给原告裁定书，这意味着如果当事人对于一审法院的"不予立案"而向二审法院提出上诉，二审法院会因为上诉没有法定依据（即一审法院不予受理的裁定书）而驳回上诉。这就造成两个后果，一是从程序法上讲，一审法院实行对不予立案或驳回起诉的口头裁定，实质上形成了一审终审；二是从实体法上讲，这种"一审终审"在无形中剥夺了当事人请求司法救济的权利。这就是广被当事人和学者们所诟病的"起诉难"、"立案难"问题。本案就是一起"立案难"的典型案例。"一个人如果被法律错误地处置是可悲的，然而如果连法律之门都未曾敲开过或者未能进入，那么可悲的不再仅仅是这个人本身，而是一切渴望法律救济的人甚至法律本身的价值也值得怀疑。""无救济即无权利"，假如"无法走向和接近救济"，被法律拒之门外时，权利从何而来？救济从何实现？法治从何谈起？

"起诉难"的问题会产生一系列危害后果，应该引起我们的高度重视。它会导致民事主体的合法权益不能得到及时的司法维护，使公民在权利的司法维护方面成为虚假的表述，犹如海市蜃楼；会导致当事人选择不当的甚至违法的私力救济，甚至演变成为刑事案件，从而导致严重的社会安全隐患；会使当事人对诉讼救济手段实际功效的空前失望，进而使社会公众对法官、法院乃至整个审判制度的原有信任发生动摇，同时也使法律的权威性和严肃性受到了极大的贬损；会导致"司法为民"、"和谐社会"以及"建设社会主义法治国家"的政策很难落到实处。

那么，之所以存在"起诉难"与"立案难"的种种现象，其主要原因是什么呢？分析起来主要有立法和司法两方面的原因：

第一，立法缺陷。首先是民事起诉权缺乏宪法保护。在现代法治社会，一切公民权利受到侵害都应该有权请求司法救济，这是当事人一项最基本的权利，也是现代法治社会至上的人权之一。因此，许多法治国家都通过宪法予以保护，国际条约和公约也对此项权利作了规定。然而在我国的宪法中，对此权利的规定都是空白。从而导致司法实践中起诉权却并不像"申诉权"和"控告权"一样被认可。既然缺乏宪法的明确保护，公民在主张民事起诉权的时候难免有种无源之水、无本之木的感觉，其权利得不到救济也是在所难免的了。其次是民事起诉权缺乏法律之实体法和程序法的保护。我国《民事诉讼法》第108条规定了受理民事诉讼行为的条件，即"原告是与本案有直接利害关系的公民、法人和其他组织；有明确的被告；有具体的诉讼请求和事实、理由；属于人民法院受理民事诉讼的范围和受诉人民法院管辖"。该条规定了人民法院接到当事人起诉后，立案之前作程序上的形式要件审查，而不能作实体上的审查。然而这条对于"形式要件"审查的规定存在一定的问题。其中"属于人民法院受理民事诉讼的范围"这一项规定得过于含糊，使得人民法院常常以"不属于人民法院受理民事诉讼的范围"将当事人拒之门外。该规定没有涵盖诉讼法适用的所有诉讼对象，比如选民资格案件、企业破产等；对哪些是财产关系，哪些属于人身关系，从该法的规定看，没有统一规定。比如单位内部的纠纷（降薪、降职、职称评审、工作调动等）既涉及人身关系，也涉及财产关系，能否由法院受理这些纠纷？从司法实践看，正是在这一点上弹性最大，致使当事人无所适从，法院也可为其不受理民事案件找到"充分"理由。

第二，司法不作为。这类问题主要表现在应当受理的起诉，法院却未予受理。究其原因，其中既有审判人员在理解和适用起诉条件上的偏差和失当，更多的却是由于实际情况复杂、多变，故而不易精确把握所致。司法不作为是一种典型的司法渎职现象，是司法主体未做依法应做之事。主要表现在人民法院及其工作人员违反法律规定对于当事人提起的符合立案的诉讼不予受理以及应当裁定不予裁定的行为。我国司空见惯的"起诉难"、"立案难"现象与法院的不作为无不有着密切关系，这使得公民对国家司法机关就解决纠纷、维护公正的职能产生质疑的同时更使得公民的民事起诉权面临被架空的境地。法院为什么不作为呢？主要存在三种原因：一是不敢作为。首先是我国司法机关的产生、人事任免、经费等都是受其他机关控制，司法不独立，使得司法机关在面对一个法律问题时首先考虑的不是法律而是其他一些不应纳入考虑之中的问题，"畏首畏尾"的习惯就渐渐形成了。其次在法院内部也存在司法行政化的现象，由于法院之间，法院和法官之间，上下级法官之间，都渗透着法律之外却扎根于实践之中的"潜规则"，导致下级法院和法官在面对压力时只能把天平倾向妥协。因此，当司法机关和法官自身难保时，不作为或许是他们唯一的办法。二是法院不愿作为。主要是面对有些不好处理的案件时，法院害怕承担有关后果而不愿审理有些案件，因而对有些案件不予受理。三是法院不屑作为。在某些基层法院还存在接到当事人的起诉状后，并不给当事人书面的证明，而是将起诉状放起来，等想办这个案件时，才走立案程序。这种现象明显反映了有些法院没有摆正自己的位置，没有明确自己的职责是救济是服务，根据诉讼标的大小对当事人的"十万火急"却视为"琐事"，自然导致人民群众对法院的信任缺失。

如何破解"起诉难"？学者们提出了改目前的立案审查为立案登记的制度。但是否可以因此说根本解决了呢？笔者认为那倒未必。因为，即便改为立案登记制度，但对法院立案的监督毕竟只存在法院内部的监督。"自己监督自己"不仅从理论上来说是种悖论，而且从我国多年来的司法实践看，也很难行得通。

孟德斯鸠说过，"一条万古不易的政治经验是，握有权力的人容易滥用权力，直到遇到某种外在限制为止。"因此，要想防止掌权者滥用权力，必须以权力制约权力。从传统的民事诉讼运行模式来看，当事人和法院的结合是诉讼发生的必要条件，而在诉讼的过程中，法院总是处于事实上的主导地位，当事人的诉讼权利（诉权的具体表现形式）相对于法院的审判权不能不时刻处于受到不当干预和侵犯的"风险"之中。面对这种情形，"当事人主义"诉讼理论认为诉讼程序应当按照当事人的意愿运行，希望能够以此遏制司法的武断和法官的专横；然而，这种美好的愿望在当事人滥用诉权的现实可能性面前却受到了阻碍。事实上，在现代民事诉讼制度中，纯粹的当事人主义或者完全的职权主义都是不存在的。各国的立法都强调对当事人诉讼权利的保障，同时，各国立法也都不乏对法官积极行使审判权力的要求。如何协调诉权与审判权之间的这种矛盾关系，使诉权与审判权都能够得到合理的体现？检察机关的介入成为一种必需的选择。只有作为外部力量的检察机关等第三方权力的介入，才有可能最终解决法院系统内部"自己监督自己"效果不佳的问题，司法的公平正义才有可能真正实现。

检察机关作为法律监督机关介入民事诉讼不仅是一种权力，而且也是一种义务。"监督"的含义既有权力的一面也有义务的一面，检察机关有责任保证法律的切实施行，在民事诉讼活动中也不例外。我国《民事诉讼法》第 14 条规定："人民检察院有权对民事审判活动实行法律监督。"这项规定虽然没有从义务的角度界定检察院对民事审判活动的监督行为，但是，从一项公权力的特性来看，作为司法机关的检察机关在这项权力上是没有选择性的；也就是说，法律的这项规定意味着检察机关必然负有对民事审判活动的监督义务。进而言之，如果检察机关在应当行使监督权而没有及时行使的情况下导致民事审判活动出现违法情形，那么，其作为法律监督机关是难辞其咎的。

本案中，法院收到当事人的民事诉状后，在长达 9 个月的时间内未作出是否立案的决定，远远超过了民事诉讼法规定的 7 日的法定期限。但通过检察机关的监督，使法院本拟不受理的 350 件民事案件予以立案审理，从而使该群体性纠纷进入到了司法程序之中，避免了由此可能引发的新的社会矛盾，维护了社会稳定。更为重要的是，本系列案件的成功监督开创了检察机关民行检察的先河，是鲜见的监督法院民事立案阶段违法的成功案例，具有一定的开创性。

案例来源：重庆市潼南县人民检察院
案例编写：颜利华
案例点评：颜利华

31. 浙江豪士达包装有限公司诉上海光乾塑胶有限公司买卖合同纠纷再审检察建议案

【检察建议机关和受理法院】

检察建议机关：浙江省海宁市人民检察院

受理法院：浙江省海宁市人民法院

【基本案情】

申诉人（一审原告）：浙江豪士达包装有限公司，住所地：浙江省海宁市长安镇工业园区 2 号。法定代表人：沈大年，董事长。

被申请人（一审被告）：上海光乾塑胶有限公司，住所地：上海浦东新区周浦镇沪南路 4390 弄 10 号。法定代表人：陈益民，总经理。

2007 年 4 月 13 日，浙江豪士达包装有限公司（以下简称豪士达公司）将一份订货单传真给上海光乾塑胶有限公司（以下简称光乾公司），载明了货物名称为珠光膜，并明确规格型号和数量。2007 年 4 月 16 日，光乾公司以传真方式发给豪士达公司一份已在供方栏中盖有光乾公司合同专用章的《工矿产品购销合同》，确定由光乾公司供给豪士达公司灯塔牌珠光膜；规格型号分 4 种，分别为 25×920、25×900、25×870、25×820；数量为 42 吨，单价为每公斤 16.1 元，总金额 676200 元；交（提）货地点为海宁；运输方式和费用负担为需方负担；结算方式及期限为款到发货；交货期为 5 月 25 日左右。豪士达公司收到传真件后对其中的结算方式及期限一栏作了改动，将"款到发货"改为"货到付款"；在交

（提）货时间及数量一栏中添加了"规格数量详见订单"的文字。2007年4月17日，豪士达公司将这份修改好的《工矿产品购销合同》，在需方栏盖上了豪士达公司的合同专用章后传真给光乾公司。光乾公司收到传真后未再回传。2007年5月29日，光乾公司向豪士达公司供应了一批规格为25u、数量为5391.2kg、单价为13.76元、总金额（价税合计）为86798.32元的珠光膜，由光乾公司开具增值税专用发票，豪士达公司支付了货款。2007年6月13日和7月6日，豪士达公司向光乾公司发出了催货函，要求光乾公司交付剩余货物，但光乾公司未作答复。豪士达公司遂于2007年6月6日起向其他供货商进货。双方成讼。

【原审裁判】

浙江省海宁市人民法院（2007）海民二初字第1390号民事判决认为，本案中被告是首先发出要约的一方，原告收到要约后，对被告要约中的结算方式、付款期限、交（提）货时间及数量作出了实质性变更，这种变更实际已成为原告向被告发出的新要约。对此新要约，被告收到后并未传真回复以作出承诺。且原告也未提供证据证明原、被告有交易习惯或者在新要约中表明可以通过行为作出承诺，而无须书面通知。因此本案中的《工矿产品购销合同》未成立。审理中，原告提出被告收到原告的回复传真后未提出反对意见，并于2007年5月29日与原告发生了购销业务，说明合同已成立。但本院认为被告未提出反对意见并不表示作出承诺，承诺应为明示；其次2007年5月29日的这次交易为即时清结的交易，该交易的发生时间以及所涉及的标的规格与《工矿产品购销合同》中载明的交货期、产品规格不同，是一次独立的交易。因此原告认为合同成立的主张不予采纳。合同未成立，对当事人不产生合同义务的约束。原告不能就未成立的合同内容要求被告承担义务。综上，原告认为被告未履行合同给原告造成损失，并要求被告赔偿的诉讼请求，无事实与法律依据，不予支持。据此判决：驳回原告豪士达公司的诉讼请求。

【检察建议理由】

豪士达公司不服一审判决,向检察机关提出申诉。海宁市人民检察院以(2009)海检建字第 1 号再审检察建议书向海宁市人民法院发出再审检察建议。理由如下:

1. 原审认为"2007 年 5 月 29 日的这次交易为即时清结的交易,该交易的发生时间以及所涉及的标的规格与《工矿产品购销合同》中载明的交货期、产品规格不同,是一次独立的交易"与事实不符。首先,原审认定二者产品规格不同明显证据不足。据原审证据证实,2007 年 5 月 29 日,光乾公司与豪士达公司发生的这笔价值 86798.32 元的购销业务,从光乾公司开给豪士达公司的增值税专用发票中反映产品的规格为"25u",这里的"25u"指的是膜的厚度,是一个该行业珠光膜主要的产品指标,而双方之前的《工矿产品购销合同》所约定产品的规格型号分四种,分别为 25 × 920、25 × 900、25 × 870、25 × 820,其中"25"同样指的是产品的厚度,后面的数字则是指产品的宽度,这些都是此行业常识性问题。可见,2007 年 5 月 29 日这笔业务发票上只不过没有详细写明至产品宽度数据,但标的同为珠光膜,且产品厚度这一主要标准也完全相同,原审却无视二者的相同点,在缺乏证据情况下得出规格不同的错误结论。其次,交易日期是在双方约定的合理交货期内。《工矿产品购销合同》中的交货期限是 5 月 25 日左右,汉语"左右"一词的意思即上下,表示一个概数,非确定值。既然约定是"5 月 25 日左右",说明此交货期存在一定的宽限度,并非是一个明确的、严格的日期,前后相差几天时间依约都应当认为是合理、正常和允许的。本案中,2007 年 5 月 29 日所发生的这笔购销业务与合同约定的 5 月 25 日只相差了短短的四天时间,按常理来讲应当是在合理的约定交货期内,原审怎么能主观认定交易时间与合同交货期不同呢?最后,从本案的事实、双方交易习惯等方面分析,2007 年 5 月 29 日的交易并非是独立的交易,应当是事实履约行为。第一,本案的发生最初是由于光乾公司主动向豪士达公司发出供货要约,并把详细写明了货物品种、数量、规格、价格及交货地点、运输方式、结算方式、交货期等主要条款，且已盖好光乾公司合同专用章的合同传真给豪士达公司，豪士达公司修改了一些条款内容，并盖上自己的合同专用章后再传真回光乾公司，光乾公司收到后虽然没有明确予以答复，但仅间隔短短的四天时间即发售部分货物给豪士达公司，如果说这次交易是与之前合同毫不相关，双方怎么可能在尚处于谈判中的合同还无定论的情况下，又匆忙进行了下一笔同类业务呢？这明显不符合逻辑，且有悖常理。第二，本案事实已经清楚反映，光乾公司与豪士达公司购销业务的交易习惯是通过书面的要约和承诺，达成书面的较为规范和正式的合同作为业务开展的前提，本案双方既然有此交易习惯，如果5月29日这次交易是次独立的业务，双方必然也会有书面的协议或合同存在，而不会采用简单的却容易产生纠纷的口头协议，然而综观本案，却不见有关此笔业务的独立书面协议等证据。第三，虽然5月29日这次交易是即时进行了结算，但这也不能成为此次交易与合同无关的理由，因为根据《工矿产品购销合同》约定的结算方式，光乾公司一开始提出要约时是"款到发货"，豪士达公司修改为"货到付款"，因此到5月29日光乾公司发货5391.2kg给豪士达公司，并开具增值税发票后，豪士达公司当然也就支付了货款，这一点顺理成章，也完全符合合同约定双方应履行的相应义务。第四，从豪士达公司向光乾公司发出催货函也可以证明，5月29日这次交易就是合同履行的一部分，如果按原审所谓5月29日的交易与合同不相关的观点，豪士达公司根本就不可能在收到货后的6月14日和7月6日二次去函光乾公司，要求对方继续履行合同的交货义务，而光乾公司也根本不可能在收到对方催货函（光乾公司已收到2007年6月14日的催货函这一事实为原审所认定）后无动于衷、置若罔闻。

2. 原审认定本案中的《工矿产品购销合同》未成立系事实认定有误、法律适用不当。原审认定本案中的《工矿产品购销合同》未成立的主要依据是豪士达公司对光乾公司的要约已作了实质性的修改，构成新的要约，而光乾公司对该新的要约未回复，也无表态，光乾公司未提出反对意见并不表示作出承诺，承诺应为明示，且也无证据证明原、被告有交易习惯或者在新要约中表示可以通过行为作出承诺，而无须书面通知，故合同未成立。本院认为，根据本案的事实和相关法律规定，应当认定《工矿产品购销合同》成立和生效，首先，承诺是指受约人同意接受要约的全部条件以缔结合同的意思表示。对一项要约作出承诺可使合同成立，因此承诺以何种方式作出是很重要的事情。但现有法律并未对承诺必须采取的方式作出明确规定，即从未规定过承诺必须且只有明示方式一种，默示承诺的方式也可以构成承诺。其次，事实履行的积极行为可推定光乾公司对合同的承诺。本案中，光乾公司收到豪士达公司的新要约后虽未再作回复，但其后即按此新要约履行了供货义务（非即时清结的独立交易，理由此前已作详述），因此，从其履约这一特定行为可以推定光乾公司对新要约已作承诺，故合同已成立。最后，原审对有关法律条文的理解与解读有所偏差。一是混淆了默示与缄默的概念，缄默是不作任何表示，即不行为，与默示不同。二是混淆了默示承诺与意思实现的区别，原审以《中华人民共和国合同法》第 22 条后段和第 26 条第 1 款后段为据，认为原告未提供证据证明原、被告有交易习惯或者在新要约中表明可以通过行为作出承诺，而无需书面通知，因此合同不成立。实际上，以上法条规定的是"意思实现"的情况，而非"默示承诺"，二者是有本质区别的，《中华人民共和国合同法》第 22 条后段及第 26 条第 1 款后段关于"意思实现"的有关规定并不适用于本案事实。本案中，光乾公司对于豪士达公司的新要约不仅以履约行为表明承诺的成立，而且该履约事实作为通知的方式已到达合同相对方，光乾公司将合同约定的部分货物送到豪士达公司，并开具了发票，这就将自己受领新要约的意思明白无误地通知了豪士达公司，豪士达公司收下货物，并依发票金额支付了相应的货款，此时合同不仅成立也已生效。

3. 光乾公司的履行迟延行为已构成违约，依法应承担违约责任。合同一旦成立对双方当事人都具有约束力，当事人应当按照合同约定全面、正确履行自己的义务，如果违反合同义务则应该承担相应的违约责任。迟延履行是违约行为的一种，是指合同履行期已经届满，义务人能够履行而不履行合同义务。如果当事人没有约定确定的履行期限，经权利人催告或在权利人指定的期限到来后，义务人仍不履行的，就构成履行迟延。本案系买卖合同关系，光乾公司作为出卖人负有依照合同约定的时间、地点、期限、方式等将约定数量、规格、质量的珠光膜货物交付给豪士达公司的义务，豪士达公司作为买受人则负有接受货物并支付货款的义务。本案中，光乾公司和豪士达公司所约定的交货期为"5月25日左右"，因该合同履行期限并不十分明确，应根据《中华人民共和国合同法》第61条、第62条第4款及第139条的规定确定履约或违约期限。具体到本案而言，光乾公司应供给豪士达公司珠光膜共42吨，然而光乾公司却仅于2007年5月29日向豪士达公司供应珠光膜5391.2kg，之后就一直停止发货。豪士达公司曾先后两次去函催货，要求对方继续履行合同供货义务，但光乾公司却一直置之不理，至今都未能履行约定的合同义务，使得豪士达公司为满足生产所需原材料而被迫以较高价格向其他单位购买，从而造成了一定的经济损失，光乾公司迟延履行合同义务的行为明显违反了诚实信用的原则，其违约行为与豪士达公司遭受的经济损失之间存在法律上的因果关系，理应承担违约责任。反观本案中的豪士达公司已按合同约定履行了付款、收货等义务，不存在任何违约行为。

【再审结果】

海宁市人民法院受理本案后，于2010年3月15日作出（2009）嘉海商再字第1号民事判决书，认为光乾公司收到新要约后未传真回复以表示作出承诺，但在2007年5月29日向光乾公司供货5391.2kg，故光乾公司是在以自己的行为表示对豪士达公司的新要约进行承诺。因此，双方合同成立。光乾公司未按合同约定履行义务，已属违约。判决：一、撤销本院（2007）海民二初字第1390号民事判决；二、上海光乾塑胶有限公司于判决生效之日起10日内赔偿浙江豪士达包装有限公司损失41354.95元。

【点评】

《中华人民共和国合同法》第 30 条规定："承诺的内容应当与要约的内容一致。受要约人对要约的内容作出实质性变更的，为新要约。有关合同标的、数量、质量、价款或者报酬、履行期限、履行地点和方式、违约责任和解决争议方法等的变更，是对要约内容的实质性变更。"依此法律规定，对于本案中光乾公司先行发出要约，豪士达公司对要约作实质性变更，已构成新要约的观点均无异议。关键在于对行为性质的判定、承诺方式的构成和相关法律条文的理解等方面的差异。

承诺是指受约人同意接受要约的全部条件以缔结合同的意思表示。承诺作为双方当事人订立合同的重要步骤，也是判断合同是否成立的标准。承诺的方式是要约人通过何种形式将承诺的意思送达要约人。对一项要约一旦作出承诺可使合同成立，因此承诺以何种方式作出是很重要的事情，而现有法律却并未对承诺必须采取的方式作出明确规定。笔者认为，承诺的方式不仅指明示的方式，也应包括默示的方式，即默示承诺的方式也可以构成承诺，因为默示承诺的产生同样是基于订立合同这一特定法律行为产生的。合同是特定当事人之间达成的能够产生法律后果的合意，即合同以意思表示为要素。众所周知，意思表示是可以采取明示的方式或默示的方式作出。而承诺是受要约人同意要约的意思表示，自然也就会有"明示的承诺"与"默示的承诺"的区分，且可以认定为依默示的意思表示进行承诺的场合，并不少见，比如按照要约的内容实际送货，或者对与要约同时送来的物品付款等，属对要约人的因承诺而成立之合同的履行行为，作出此等行为即属默示的承诺。可见，承诺可依默示的方式而成就，合同也可依默示的承诺而成立。

默示承诺，在法学理论界有广义与狭义之分。广义上，凡从特定的作为中间接地推知行为人有承诺的意思表示，均属默示的承诺，至于此意思表示是否需要通知要约人则不论。狭义上，默示承诺仅限于需要将默示作出的承诺意思表示通知要约人的情形，承诺无须通知的情形称为意思实现，排除在外。但是，两种定义方法存在共同点，即承诺的意思可以通过行为来表示，凡从特定的行为（有时甚至不作为）中间接推知行为人有承诺的意思表示均属默示的承诺。实践中，事实履行行为是默示承诺最通常的表现方式。实际上，法律直接规定的默示推断行为，散见于各类民商事法律之中，当事人的行为一旦符合默示行为的法律规定，就应当产生民事法律行为的后果。最高人民法院《关于贯彻执行〈中华人民共和国民法通则〉若干问题的意见（试行）》第 66 条规定："一方当事人向对方当事人提出民事权利的要求，对方未用语言或者文字明确表示意见，但其行为表明已接受的，可以认定为默示。"

由于默示承诺毕竟不同于明示方式，并非通过语言、文字等方式将自己的意思直截了当地告知对方，而属一种行为的推定方式，因此，实践中，应注意将默示承诺与缄默等概念相区分：

1. 默示承诺不同于缄默。缄默是受要约人没有作出任何意思表示，即不行为，不能从受要约人的缄默中确定其是否具有承诺的意思。以明确的方式作出承诺是承诺的成立要件，因此，缄默不能作为承诺的方式，以缄默回应要约的，视为承诺不成立，而不是承诺无效。默示则不同，默示不是明示，但仍然是表示的一种方法，尽管没有通过口头或者书面向要约人明确其承诺的意思，但是可以从其有关的行为中，确定其承诺的意思表示，因此，默示也是一种明确的行为方式，是承诺的其中一种方式，为法律所允许。原审正是混淆了明示与缄默的概念和界限，才导致得出承诺必须为明示的错误结论。

2. 默示承诺不同于意思实现。原审以《中华人民共和国合同法》第 22 条后段和第 26 条第 1 款后段为据，认为原告未提供证据证明原、被告有交易习惯或者在新要约中表明可以通过行为作出承诺，而无需书面通知，因此合同不成立。实际上，以上法条规定的是"意思实现"的情况，而非"默示承诺"，二者是有本质区别的。意思实现属于无须受领的意思表示，承诺无须通知，因合同成立的具体时点并不为要约人确切掌握，对之不利，故严格限定其适用条件，须根据交易习惯或者要约的要求。而默示的承诺仍属于须经受领的意思表示，作出"承诺的行为"只是默示的承诺的成立，如欲发生承诺的效力，还须关于该"承诺的行为"的通知到达要约人。本案中，光乾公司对于豪士达公司的新要约不仅以履约行为表明承诺的成立，而且该履约事实作为通知的方式已到达合同相对方，光乾公司将合同约定的部分货物送到豪士达公司，并开具了发票，这就将自己受领新要约的意思明白无误地通知了豪士达公司，豪士达公司收下货物，并依发票金额支付了相应的货款，此时合同就已成立。

当然，默示承诺也并非适用于所有合同之中。我国仅在《合同法》第22条、第26条做了概括性的规定，在这方面是比较欠缺的。而在一些发达国家就传统合同中发生默示承诺效力做了严格的界定，一般仅明确商事事务处理中的默示承诺条件，而在非商事事务处理方面，沉默或不行为除规范场合外仍只作为一种事实行为处理。因此，对默示承诺的适用范围、成立条件等仍有待于法律进一步明确规定。

案例来源：浙江省海宁市人民检察院
案例编写：严忠伟
案例点评：严忠伟

32. 任佰臣诉李静民农业承包合同纠纷再审检察建议案

【检察建议机关和受理法院】

检察建议机关：黑龙江省铁力市人民检察院

受理法院：黑龙江省铁力市人民法院

【基本案情】

申诉人（原审被告）：李静民，男，1965 年出生，汉族，无职业，住铁力镇西城社区。

被申诉人（原审原告）：任佰臣，男，1963 年出生，汉族，无职业，住铁力镇西城社区。

原审第三人：佟利，男，1963 年出生，汉族，农民，住工农乡胜利村。

2007 年 12 月，任佰臣与李静民签订土地转包协议，任佰臣将其承包的 50 垧土地转包给李静民，期限 2 年，转包费用共 20 万元，先付 12 万元，2008 年 7 月 8 日再付 8 万元，如到期不付完款则付逾期利息 1 万元。李静民付了 17 万元转包费。2009 年 1 月，李静民将该土地再次转包给佟利，土地面积为 47 垧，转包费用为 13 万元，期限为 1 年。任佰臣以李静民未缴纳剩余承包费及未经其同意将该土地转包给他人为由诉至法院，要求解除双方转包协议。

【原审裁判】

铁力市人民法院于 2009 年 5 月 18 日对该案进行了调解，双方达成如下协议：一、李静民在 2009 年 5 月 19 日先行给付任佰臣 30000

元，余款 39000 元（李静民转包土地的收益）在 2009 年 10 月 31 日给付，双方土地承包纠纷结清。二、任佰臣同意将承包给李静民的土地由第三人佟利在 2009 年耕种至秋收结束。三、担保人李静梅对李静民给付任佰臣承包款承担连带给付责任。四、2010 年土地使用权归还任佰臣。法院制作的调解笔录最后一句内容为："上述协议符合有关法律规定本院予以确认，双方当事人在调解协议上签字或按印后即具有法律效力。"后双方当事人在该调解协议上签字确认。

2009 年 5 月 27 日，铁力市人民法院在向李静民送达调解书时，李静民拒绝签收，铁力市人民法院要求李静民履行调解书。

【检察建议理由】

李静民不服，向检察机关提出申诉。2010 年 3 月 15 日，铁力市人民检察院以铁检民建字（2010）第 1 号再审检察建议书向铁力市人民法院发出再审检察建议。理由如下：

2009 年 5 月 18 日铁力市人民法院所做的调解笔录中并没有当事人各方均同意在调解协议上签名或者盖章后生效的记载，虽然调解笔录最后一句为"上述协议符合有关法律规定本院予以确认，双方当事人在调解协议上签字或按印后即具有法律效力"。但这只能体现是人民法院的意志，不应认定为是当事人的意思表示，因此人民法院对本案所做出的调解并未发生法律效力，当事人拒绝签收调解书，说明当事人已经反悔，人民法院应及时判决。

【再审结果】

铁力市人民法院受理本案后，于 2010 年 12 月 10 日作出（2010）铁民再字第 12 号民事判决书，认为原审调解程序违法应予以撤销，任佰臣与李静民签订的土地承包协议已履行完毕，应认定为有效。任佰臣主张李静民给付擅自转包的差价款理由不成立，不予支持。李静民未按协议约定支付剩余承包款，应按协议约定支付逾期利息 1 万元。判决如下：一、撤销（2009）铁力初字第 341 号民事调解书；二、李静民给付任佰臣利息款 1 万元。

【点评】

本案涉及对民事诉讼调解反悔制度的理解和运用问题。

一、调解反悔制度概述

1. 调解反悔制度的定义

我国《民事诉讼法》第 89 条第 3 款规定："调解书经双方当事人签收后，即具有法律效力。"第 91 条规定："调解未达成协议或者调解书送达前一方反悔的，人民法院应当及时判决。"最高人民法院《关于适用〈中华人民共和国民事诉讼法〉若干问题的意见》（以下简称《民诉意见》）第 95 条规定："当事人一方拒绝签收调解书的，调解书不发生法律效力，人民法院要及时通知对方当事人。"根据上述规定，一般情况下，调解书的签收是调解书生效的标志；当事人在法官的主持下即使达成了调解协议，在调解书送达前任何一方都可以在没有任何理由的情况下任意反悔而不受到任何制约。这就在法律上赋予了当事人在调解中的反悔权。具体而言，当事人只能在达成调解协议之后至调解书送达之前的这段期间内行使反悔权，因为在达成调解协议之前，当事人双方权利义务尚未确定，无所谓反悔问题；在调解书送达之后，调解协议内容已经发生法律上的约束力，不允许当事人反悔。

为保障当事人的反悔权，《民诉意见》第 84 条规定："调解书应当直接送达当事人本人，不适用留置送达。当事人本人因故不能签收的，可由其指定的代收人签收。"据此，调解书的送达应当以直接送达为原则，排除适用留置送达，以保障当事人的反悔权。当事人拒绝签收调解书，正是其行使反悔权的表现。

2. 调解反悔权制度的价值取向

设置调解反悔权制度的立法原意在于通过给予当事人更多的时间和机会进行理性思考，对自己的利益进行正确权衡，充分考虑如何处置自己的权利，从而更好地维护当事人的合法权益。反悔权制度的设立，体现了调解所必须遵循的自愿原则。诉讼调解必须始终遵循自愿合法原则，其中自愿原则是反悔权制度存在的直接法理基础。自愿原则是指调解过程中当事人达成的调解协议，必须是当事人的真实意思表示，不得采取欺骗、强迫、威胁、引诱等违背当事人本意的方式使当事人做出放弃权利或承担义务的意思表示。如果当事人在违背本意的情况下达成调解协议，就可以违背自愿原则为由，行使反悔权。反悔制度是民事诉讼法为保障当事人合法权益设置的一道屏障，是一种司法救济手段。

3. 调解反悔权制度的弊端及完善建议

反悔制度是民事诉讼法为保障当事人合法权益设置的一道屏障，是一种司法救济手段。但鉴于我国民事诉讼法对反悔的提出仅有一个条件限制，即在民事调解书送达之前提出，由于反悔的理由、其他条件未予明确规定，司法实践中发现其存在以下弊端：

一是不符合双方当事人的合意。当事人达成调解协议是在有审判权介入的情况下形成的，一般是双方互谅互让的结果，应视为其对自己民事权利的处分，是双方合意的结果，可称之为合同，并且是经法院确认后的合同，理应对当事人具有约束力。一方反悔导致调解协议不发生法律效力必然是对另一方的不公。

二是影响了办案效率，增加了诉讼成本。公正与效率是当代诉讼模式的价值取向，允许当事人随意反悔，自然会增加审案期限，从而降低办案效率。法院根据双方当事人达成的调解协议制作民事调解书，在送达前一方当事人表示反悔，法院应及时通知另一方当事人，又需要继续审理，必然会增加诉讼成本。

三是有损法院的审判权威。诉讼调解是一项严肃的司法行为，是在法官的主持下，双方当事人本着自愿、合法的原则达成的调解协议，因此，如对反悔无任何条件限制，允许当事人任意反悔，使调解协议最终归于无效，则使法律程序的终结与否完全取决于当事人的反悔与否，导致某些当事人与对方恶意磋商，借调解试探对方虚实，将严重损害审判权威和法律的严肃性，不利于定分止争与社会稳定。

因此，笔者认为，法律应明确规定当事人行使反悔权的条件，防止当事人滥用反悔权、任意反悔，以利于维护司法权威及提高诉讼效率。建议规定在以下条件下当事人可以行使反悔权：

一是调解违反自愿原则。达成调解协议须自愿，调解协议必须是当事人在互相谅解、自愿协商的前提下达成的，是双方的真实意思表示，不存在强迫、威逼、乘人之危等左右当事人意志的因素，否则的话，调解就违反了自愿原则，当事人有权在达成调解协议后反悔。

二是调解违反合法原则。在调解时违反合法原则主要体现在两个方面：一方面，调解协议的内容违反法律、法规的相关规定。存在上述情况，法院一般不予确认，当然也无反悔可言。但一旦法院对该协议进行了确认，应赋予当事人反悔权。另一方面，调解程序违法。法院主持调解应依法定程序进行，若有违反程序而促使当事人达成调解协议的情形，则该协议是在不当审判权介入的情况下达成，当事人可以行使反悔权。

三是调解协议是因重大误解达成的。重大误解的协议，是指行为人对于协议的重要内容产生错误的认识，且基于这种错误认识而订立的协议。其主要特征为：一是协议的达成与误解有因果关系；二是误解必须重大；三是因为误解造成了较大的损失。我国《民法通则》和《合同法》均规定，行为人在重大误解情况下所为的合同，该行为人在知道或者应当知道撤销事由之日起一年内有权请求人民法院或者仲裁机关予以变更或撤销。最高人民法院《关于审理涉及人民调解协议的民事案件的若干规定》（法释［2002］29号）第6条、第7条也规定因重大误解订立的调解协议，当事人可在知道或应当知道撤销事由之日起一年内行使变更或撤销权。对于在调解协议中一方当事人存在重大误解的，也应允许当事人反悔。

二、司法实践中各地做法

针对上述情况，各地司法机关对调解制度积极尝试各种改革。2001年，贵阳市司法局与贵阳市中级人民法院开展了尝试基层调解与诉讼程序的"接轨"改革，主要内容是民间纠纷经过调解委员会调解达成协议后，由街道（乡、镇）调解中心出具人民调解协议书，如当事人反悔或拒不履行协议，其中一方当事人向人民法院起诉的，法院应当对当事人在街道（乡、镇）调解中心达成的协议书进行审核。如协议内容合法，无重大误解或显失公平，法院可以直接在判决书中支持协议条款。贵阳市的这种做法实际上是否定了当事人对诉前调解协议的反悔权，而且是通过法院的裁判否定了当事人的反悔权。另外，《江西省高级人民法院关于人身损害赔偿范围和标准若干问题的意见》第 17 条规定，当事人经公安机关调解或自行和解达成协议并实际履行完毕的，一方或双方以赔偿金额过低或过高为由，向人民法院起诉要求重新确认赔偿金额的，人民法院不予支持。该意见第 19 条规定，当事人双方经公安机关调解达成赔偿协议，受害人及其家属起诉仅要求责任人履行调解协议的，按一般债务纠纷处理。从以上规定也可看到，对当事人反悔进行了一系列限制。

最高人民法院制定的《关于审理涉及人民调解协议的民事案件的若干规定》、《关于人民法院民事调解工作若干问题的规定》，均对当事人反悔权进行了严格限制，在一定程度上取消了当事人反悔权。如《关于审理涉及人民调解协议的民事案件的若干规定》第 1 条规定："经人民调解委员会达成的、有民事权利义务内容，并由双方当事人签字或者盖章的调解协议，具有民事合同性质。当事人应当按照约定履行自己的义务，不得擅自变更或者解除调解协议。"可见，只要符合该规定条件的人民调解协议就具有民事合同性质，当事人必须按照约定的内容履行义务。又如《关于人民法院民事调解工作若干问题的规定》第 13 条规定："根据民事诉讼法第 90 条第 1 款第（四）项规定，当事人各方同意在调解协议上签名或者盖章后生效，经人民法院审查确认后，应当记入笔录或者将协议附卷，并由当事人、审判人员、书记员签名或者盖章后即具有法律效力。当事人请求制作调解书的，人民法院应当制作调解书送交当事人。当事人拒收调解书的，不影响调解协议的效力。一方不履行协议的，另一方可以持调解书向人民法院申请执行。"据此规定，当事人拒不接收调解书的，调解协议仍然有效。

三、本案调解的违法之处

本案即为调解反悔制度的具体应用。虽然调解笔录最后一句为"上述协议符合有关法律规定本院予以确认，双方当事人在调解协议上签字或按印后即具有法律效力"，且当事人已经签字。但诉讼中法院行使审判权来源于法律的直接规定，不得擅自变更。当事人享有高度意思自治，在法律规定的范围内可自由行使或放弃自己的诉讼权利或实体权利。而作为行使审判权的法院却没有这样的权利。法院行使审判权的范围和程序受法律严格限制，且必须符合法定条件和事由，这是公权力依法行使的必然要求。调解虽是法院处理民事案件的一种方式，但实质是当事人利益的交换。并且目前我国民事诉讼法对反悔只有一个条件限制，即在民事调解书送达之前提出即可。因此，李静民在调解书送达之前可以行使反悔权，铁力市人民法院要求李静民履行调解书显属违法。

反思该案，笔者认为，如我国法律对反悔权条件予以明确规定，则该案在不具备其他法定反悔条件的情况下，由于双方当事人已在记载有"双方当事人在调解协议上签字或按印后即具有法律效力"字样的调解书上签字，则该调解书已具有法律效力及强制执行力，双方当事人均应受其约束。

总之，法院调解作为民事诉讼法的一项基本内容和人民法院审理民事案件的重要方式，在司法实践中具有广泛的适用性，是我国当代司法制度经验的结晶。从实践看，人民法院调解结案占有相当高的比例，而且呈逐年上升趋势。我国《民事诉讼法》第182条规定，当事人对已经发生法律效力的调解书，提出证据证明调解违反自愿原则或者调解协议的内容违反法律的，可以申请再审。经人民法院审查属实的，应当再审。可见，法律已赋予当事人对法院违法调解的救济权，但目前针对该种情况并没有赋予检察机关抗诉权（虽然"两高"文件赋予了有限抗诉权，但毕竟不是法律的规定）。就理论方面而言，有权力必须有制约权力的办法，不受限制的权力必然导致腐败。在诉权与审判权失衡的环境中加进第三者的法律监督是十分必要的。本案中，检察机关以再审检察建议的方式进行监督，有效维护了当事人的合法权益。

案例来源：黑龙江省铁力市人民检察院
案例编写：王学英
案例点评：徐蕾